城乡关系发展理论与实践
——以石家庄为例

(本著作受到江苏省高校自然科学研究面上基金资助,项目名称:大城市边缘区城乡空间转型测度与优化调控机制研究,批准号:15KJB560007)

陈 轶 著

东南大学出版社·南京

内 容 简 介

城乡关系的协调发展是近年来研究的热点,也是我国新一轮改革中的重点。本书在对国内外城乡关系的相关研究和相关理论综述的基础上,归纳总结了国内外不同发展阶段、不同地区城乡统筹的实践,以石家庄这一具体地域为例,梳理了石家庄城乡关系演变的空间特征与动力机制,在此基础上归纳出石家庄城乡关系的问题。最后,提出了石家庄城乡关系重构中的城乡统筹策略。

本书可供城市与乡村研究、地理学、社会学、城乡规划学等领域的研究者阅读和参考,也可供高校地理学、城市规划、社会学等相关专业的师生阅读。

图书在版编目(CIP)数据

城乡关系发展理论与实践:以石家庄为例/陈轶著.
— 南京:东南大学出版社,2016.7
 ISBN 978-7-5641-6484-3

Ⅰ.①城⋯ Ⅱ.①陈⋯ Ⅲ.①城乡关系—研究—石家庄市 Ⅳ.①F299.272.21

中国版本图书馆 CIP 数据核字(2016)第 098794 号

城乡关系发展理论与实践——以石家庄为例

出版发行	东南大学出版社
出 版 人	江建中
网 址	http://www.seupress.com
电子邮箱	press@seupress.com
社 址	南京市四牌楼 2 号
邮 编	210096
电 话	025-83793191(发行)　025-57711295(传真)
经 销	全国各地新华书店
印 刷	南京玉河印刷厂
开 本	787mm×1092mm　1/16
印 张	13.5
字 数	301 千字
版 次	2016 年 7 月第 1 版
印 次	2016 年 7 月第 1 次印刷
书 号	ISBN 978-7-5641-6484-3
定 价	52.00 元

本社图书若有印装质量问题,请直接与营销部联系。电话(传真):025-83791830

序 言

我国经济的高速增长促进了城镇化进程的快速发展,在取得巨大的社会经济发展和城市开发建设成就的同时,资源、环境、人口、社会等方面的问题以及经济发展和城市开发建设的空间矛盾日益凸显。为了应对和解决这些矛盾,探索一条能够逐步实现健康城镇化的路径尤为重要。

城乡统筹发展是我国进入 21 世纪以来的一个重大政策方略。随着改革开放的逐步深入,曾为我国工业化提供强大动力的城乡二元体制日益成为国民经济的桎梏,城乡差距拉大导致了我国新的社会矛盾,进而严重制约着经济体制改革和社会和谐发展的进程。纵观世界发展历史,许多国家也曾经历过由城乡分离走向城乡融合的过程,比如德国"城乡等值化"、日本"市町村合并"、韩国"新村运动"等。在我国,各省市开展的"新民居运动""万顷良田""撤村并点"等也从侧面反映了城乡关系处在调整发展状态。然而,城乡统筹的概念和方法始终未形成统一的认识及明确的指导方针。因此,从城乡关系演变角度寻找城乡关系发展的内在规律性,明晰各种概念的内涵和外延,进一步明确城乡统筹的阶段性及其对应的核心要素,对于指导健康城镇化具有显著的理论与实践意义。

本书作者陈轶博士于 2008 年进入北京大学城市与环境学院城市与区域规划专业进行博士阶段的学习和研究。作为她的博士生导师,依托北大研究团队长期以来在城乡理论与实践方面的学术积累,结合陈轶的专业特长与研究兴趣,选定《石家庄城乡关系演变与城乡统筹发展策略研究》作为她的博士学位论文题目,本书就是她博士论文的全部内容。

陈轶在本书中以城乡关系理论为基础,将"城"与"乡"视为统一整体,按照"一般规律""实证地域"构建了城乡分离、城乡关联、城乡融合三个阶段的城乡关系分析框架,提炼出我国城乡统筹发展过程的核心要素,文中的分析结果表明,农业结构调整、土地制度改革、公共服务均等化是统筹发展的核心环节。采用问卷调查方法,分析了农民城镇化意愿的动因,明确了石家庄当前城乡关系具体问题,体现在小城镇对农业人口就业吸纳不足、公共服务可得性差异及农民城镇化困境等方面,并在此基础上,提出统一规划和管理新市镇建设、加强农村公共服务设施供给渠道,渐进式推进"新民居建设"等城乡统筹策略。

当前,我国城镇化水平已经超过了 50%,农业转移人口市民化进程将进入提速阶段,之前长距离人口涌入大中城市所支撑的异地城镇化模式将发生变化,越来越多的农村人口将出现回流趋势,县域城镇化将成为新时期我国城镇化的主要形式。如何从政策制度设计上强化县域城镇化保障? 如何优化乡村公共服务资源配置? 如何提升县城和中心镇产业和人口的承载力? 这些问题都需要进行系统的研究和探索。陈轶在本书中对这些议题进行了有益的尝试,我认为其研究结论对未来分阶段、分地域优化调整我国城乡空间转型策略具有重要的启示作用,也有助于探讨促进中国特色的新型城镇化持续、健康发展。为此,我特向从事城市与区域发展和规划研究的各位同仁推荐陈轶博士的这部著作,期待各位同仁能从中有所收获。

2016 年 5 月于北京大学燕园

吕斌
北京大学城市与环境学院教授、博士生导师
中国城市规划学会副理事长
国家住建部城市设计专家委员会委员
国际可持续城市化和再生联盟(IASUR)副主席
北京大学建筑与景观学院学术委员会主任
北京大学光华管理学院县域经济与地方金融研究中心副主任

前　言

　　城乡差距和地区差距一直是我国现代化进程中的两大难题。进入21世纪以来,我国的发展阶段由过去的城乡要素单向流动逐渐向城乡一体的新型工农城乡关系转化,其目的在于通过以工促农、以城带乡逐步实现城乡居民基本权益平等化、城乡公共服务均等化、城乡居民收入均衡化、城乡要素配置合理化及城乡产业发展融合化。城乡关系的转型引起了经济学、社会学和地理学领域的学者的浓厚兴趣。大多数研究热衷于城乡关系转型的制度、社会、文化变革等方面,对于空间本身及空间变化的研究相对较少。本书聚焦于转型期大城市边缘区城乡空间的演变与优化,重点研究大城市边缘区的城乡关系。大城市边缘区是各种要素流动最为频繁和剧烈的地带,决定着城乡空间转型的类型与质量,这对丰富中国特色的城乡规划理论和实践具有十分重要的意义。

　　本书的研究按照理论基础、实证分析、政策建议三个层次依次展开。理论基础主要梳理了城市偏向城乡关系理论、城乡联系城乡关系理论、乡村偏向城乡关系理论三种层次的城乡关系理论,在此基础上构建了本书研究城乡关系的理论框架。接下来是实证分析部分,主要包括经验借鉴、案例研究、问卷调查三个部分。经验借鉴参考了不同发展水平、不同发展阶段的世界各国或地区在统筹城乡发展实际中的具体做法;案例研究着重梳理了石家庄城乡关系演变的空间特征及动力机制;在此基础上运用对石家庄鹿泉市的千份农民意愿问卷调查,对石家庄城乡关系的问题与难点进行分析。最后提出了协调石家庄城乡关系的具体政策建议。

　　本书采用案例研究、问卷调查、比较研究的方法揭示了大城市边缘区城乡空间转型的特征,以深入农村和农户当面访谈的形式获得第一手数据,同时也搜集调查样点区域所在乡镇、县(市)的统计数据和问卷调查数据,可以从微观农户视角弥补宏观经济研究的不足。首先,采取比较研究法,与同样面临乡村凋敝的日本、韩国、德国等发达国家及中东欧和中亚等发展中国家和地区进行对比,总结遏制乡村凋敝、缩小城乡差距的宝贵经验与教训,突出我国城乡二元结构的特殊制度背景,强调了我国现阶段城乡统筹区域的典型做法,其中代表性的有天津的宅基地换房以及成都的"三集中"政策,浙江、山东两省的强镇扩权等。其次,采用历史的视角,论述了石家庄在不同历史时期城乡关系变化的特点和趋势,并归纳总结了石家庄在城乡关系分离状态下的空间特征、城乡关系联系状态下的空间特征、城乡关系融合状态下的空间特征。接下来,在分析现状基础上概括了石家庄城乡关系的现状问题,运用实地调研问卷数据,从微观视角回应了石家庄城乡关系调整中的农民意愿,包括农民进城方式选择的差异、公共服务设施均等化的差异以及农民城镇化的困境差异等方面,总结出了石家庄城乡关系的难点,包括"发展新市镇"与"小城镇就业不足"的矛盾、"公共服务向小城镇集中"与"农民意愿基础设施本地延伸"的矛盾、"新民居建设"与"拆旧建新,重复建设"的矛盾。最后,提出石家庄城乡关系的重构策略。从城乡关系统筹发展的策略入手,包括发展小城镇承接城市与乡村、公共服务设施向农村延伸、依法制度规范农村居民点的集中建设和用地调整、强化制度创新和法律保障。

本书通过研究主要得出以下四个方面的结论:一是通过国内外城乡统筹发展的经验表明,农业结构调整、土地制度改革、公共服务均等化是统筹发展的核心环节。二是石家庄城乡关系的历史演变呈现阶段性。具体表现在城乡分离时期农村的被动发展,城乡关联时期农村的主动嵌入以及城乡融合时期城乡协调发展。三是石家庄当前城乡关系的具体问题体现在小城镇对农业人口就业吸纳不足、公共服务可得性差异以及农民城镇化困境等方面。四是石家庄城乡统筹策略包括统一规划和管理新市镇建设、加强农村公共服务设施供给渠道、渐进式推进"新民居建设"。

感谢北京大学吕斌教授和东南大学出版社的支持。本书依托于笔者的博士论文,特别感谢吕斌教授在论文选题、研究分析、撰写凝练等方面给予的悉心指导和帮助。感谢中国城市规划设计研究院深圳分院副院长朱力博士的帮助,感谢东南大学出版社丁丁等编辑的精心编审,感谢家人的全力支持!

陈　轶

2015 年 11 月

目 录

1 绪论 ··· 1
1.1 研究背景和意义 ··· 1
1.2 国内外研究进展与综述 ··· 5
1.2.1 国外研究进展与评述 ··· 5
1.2.2 国内研究进展与评述 ··· 9
1.2.3 国内外研究综述 ·· 13
1.3 城乡界定及典型性 ··· 14
1.3.1 城乡的界定 ·· 14
1.3.2 石家庄的典型性 ·· 14
1.4 本书的结构 ·· 15
1.4.1 研究内容 ··· 15
1.4.2 研究框架 ··· 16

2 城乡关系的理论基础及研究框架 ··· 17
2.1 城市偏向的城乡关系理论 ··· 17
2.1.1 二元结构论 ·· 17
2.1.2 核心—边缘理论 ·· 18
2.1.3 推—拉理论 ·· 19
2.2 城乡联系的城乡关系理论 ··· 20
2.2.1 乌托邦 ··· 20
2.2.2 马克思主义城乡融合理论 ··· 21
2.2.3 田园城市 ··· 22
2.2.4 网络城市规划理论 ··· 23
2.2.5 麦吉的城乡一体化理论 ·· 25
2.2.6 城乡系统关联模型 ··· 26
2.2.7 城乡统筹 ··· 33
2.3 乡村偏向的城乡关系理论 ··· 37
2.3.1 乡村城市战略 ··· 37
2.3.2 农村城镇化 ·· 38

2.4 新马克思主义视角下的城乡关系 ········· 39
2.4.1 批判性视角 ········· 39
2.4.2 资本积累和空间生产 ········· 39
2.5 研究框架 ········· 41
2.6 本章小结 ········· 41

3 城乡关系的国内外经验借鉴 ········· 43
3.1 中东欧和中亚的农村市场化 ········· 43
3.1.1 鼓励农民提高"非农收入",缩小城乡收入差距 ········· 43
3.1.2 推动农村地区市场化进程 ········· 44
3.1.3 注重建立统筹城乡就业的管理体制 ········· 45
3.2 日本的町村改造 ········· 46
3.2.1 注重农村法律保障 ········· 47
3.2.2 采取"市町村合并"提高农村地区行政效率 ········· 47
3.2.3 促进农村多产业发展 ········· 48
3.2.4 加强农村基础设施 ········· 48
3.2.5 实行倾斜政策 ········· 49
3.3 韩国的新村运动 ········· 49
3.3.1 制定阶段性目标 ········· 49
3.3.2 推动小城镇促进政策 ········· 50
3.4 德国的城乡等值化 ········· 51
3.4.1 强调分类型土地整理 ········· 51
3.4.2 保障农民收益 ········· 51
3.5 中国城乡统筹的典型模式 ········· 52
3.5.1 天津模式:安居乐业 ········· 52
3.5.2 成都模式:还权赋能 ········· 67
3.5.3 其他省市做法 ········· 72
3.6 经验总结 ········· 73

4 石家庄城乡关系演变的空间特征及动力机制 ········· 76
4.1 城乡关系的历史演变 ········· 76
4.1.1 正太铁路的兴建与近代城市的兴起(1949年以前) ········· 76
4.1.2 计划经济时期石家庄城乡空间演变(1955—1975年) ········· 80
4.1.3 市场经济转型下石家庄城乡空间演变(1981—2000年) ········· 82
4.1.4 城乡的重新定位与城乡空间重构(1990年以后) ········· 86
4.2 城乡关系分离状态下的空间特征 ········· 88

####### 4.2.1 中心城区辐射能力逐渐加强 ………………………………………………… 88
####### 4.2.2 城市职能向外围县市转移 …………………………………………………… 89
####### 4.2.3 外围县市的功能布局的调整 ………………………………………………… 90
####### 4.2.4 城镇建设用地的"摊大饼"式扩展 …………………………………………… 93
4.3 城乡关系关联状态下的空间特征 ……………………………………………………… 95
####### 4.3.1 都市型农业的兴起 ……………………………………………………………… 95
####### 4.3.2 农民非农收入的增加 …………………………………………………………… 99
####### 4.3.3 农村城镇化进程的加速 ……………………………………………………… 106
####### 4.3.4 就业结构向二、三产业转变 ………………………………………………… 112
4.4 城乡关系融合状态下的空间特征 …………………………………………………… 114
####### 4.4.1 中心城市辐射下的小城镇发展 ……………………………………………… 114
####### 4.4.2 镇村格局变化下的新市镇建设 ……………………………………………… 120
####### 4.4.3 城乡统筹下的城乡各方面变化 ……………………………………………… 126
####### 4.4.4 各区县城乡统筹进程整体评价 ……………………………………………… 129
4.5 城乡关系演变的动力机制 …………………………………………………………… 134
####### 4.5.1 产业聚集区拉动机制 ………………………………………………………… 134
####### 4.5.2 中心城区集聚与扩散的推动机制 …………………………………………… 134
####### 4.5.3 新城及小城镇的加速发展机制 ……………………………………………… 135
####### 4.5.4 城镇化及制度调控机制 ……………………………………………………… 136
4.6 本章小结 ……………………………………………………………………………… 137

5 石家庄城乡关系发展的问题与难点分析——基于问卷调查 ……………………………… 138
5.1 城乡关系的现状问题 ………………………………………………………………………… 138
5.1.1 农地产出高,城乡差别小 ……………………………………………………… 138
5.1.2 村庄规模大,镇区规模小 ……………………………………………………… 139
5.1.3 农村工业园区集中度不高 ……………………………………………………… 141
5.1.4 农村人口滞留,住宅需求大 …………………………………………………… 142
5.2 城乡关系发展的难点——基于问卷调查 ………………………………………………… 143
5.2.1 基于农民意愿的问卷分析 ……………………………………………………… 143
5.2.2 城乡关系发展的难点 …………………………………………………………… 163
5.3 本章小结 …………………………………………………………………………………… 167

6 石家庄城乡关系的重构:城乡统筹 …………………………………………………………… 168
6.1 城乡关系统筹发展的策略 ………………………………………………………………… 168
6.1.1 发展小城镇承接城市与乡村 …………………………………………………… 168
6.1.2 公共服务设施向农村延伸 ……………………………………………………… 169

  6.1.3 依法进行农村居民点的集中建设和用地调整 …………………… 169
  6.1.4 强化制度创新和法律保障 …………………………………………… 170
 6.2 城乡关系统筹发展的保障措施 ……………………………………………… 171
  6.2.1 统一规划和管理新市镇建设 ………………………………………… 171
  6.2.2 增加农村公共服务设施供给方式 …………………………………… 172
  6.2.3 渐进式推进"新民居建设" …………………………………………… 173
 6.3 本章小结 ……………………………………………………………………… 175

7 结语 …………………………………………………………………………… 176

附件 A：鹿泉市城乡一体化规划居民调查问卷 …………………………………… 179
附件 B：鹿泉市城乡一体化规划乡镇调查问卷 …………………………………… 181
附件 C：鹿泉市城乡一体化规划行政村调查问卷 ………………………………… 184

参考文献 ………………………………………………………………………………… 188

1 绪 论

1.1 研究背景和意义

1) 缩小城乡差距是我国全面建设小康社会的重大任务

在中国快速城镇化背景下,城乡差距持续加大已成为不争的事实,缩小城乡差距已成为我国全面建设小康社会面临的重大任务之一。我党在十六大报告中提出了"五个统筹"的观点,其中统筹城乡经济社会发展为"五个统筹"之首,成了重中之重。接着,胡锦涛总书记又在十六届四中全会上提出了"两个趋向"的论断,即纵观世界各国工业化的道路,有两个是共同的:在工业化初期,各国都需要农业支持工业和城市的发展,这是一个基本趋势;但是工业发展到一定阶段之后,各国又采取工业反哺农业、带动农村发展,这也是一个趋势。缩小城乡差距,实现城乡一体化对我国经济社会的发展意义重大。

新中国成立以来至新世纪之前,工农业发展比例呈周期性波动,国民经济运行总体趋势是向工业倾斜。1952—2005年工业增加值年平均增长11.5%,农业增加值年平均增长3.3%,两者之比为3.5:1,其中1952—1978年为5.5:1,1979—2005年为2.5:1,而国际上的工农业增加值年平均增长率之比一般为2:1,相比之下,我国的工农业增加值年平均增长率之比高于这一水平(表1-1)。

表1-1 工农业发展速度比

年 份	农业增加值年递增率(%)	工业增加值年递增率(%)	比例关系(以农业为1)
1949—1952	14.1	34.8	2.5:1
1953—1957	4.5	18	4.0:1
1958—1961	−6.8	9.7	—
1962—1965	9.9	8.2	0.83:1
1966—1978	2.9	10.5	3.6:1
1979—1984	7.8	8.8	1.1:1
1985—1988	3.1	14	4.5:1
1989—1991	4.1	7.5	1.8:1
1992—1995	4.6	18.5	4.0:1

续表

年 份	农业增加值 年递增率(%)	工业增加值 年递增率(%)	比例关系 (以农业为1)
1996—2000	3.5	10.2	2.9∶1
2001—2005	3.9	10.8	2.8∶1

资料来源：何炳生.工业反哺农业的理论与实践研究[M].北京：人民出版社，2008.

2）新型城乡关系下小城镇扮演着重要的角色

中国农民非农化进程日渐加速，仅靠大中城市完成对农民非农化的吸纳是远远不够的。中国国土面积和农业人口数量，决定了必须要建设一批为农业发展和农村生活服务的小城镇。中国目前约有8.9亿人口生活在农村。到2030年中国人口高峰期，中国人口按联合国人口基金的推算将达到18.3亿人左右，按官方计算大约是16亿。如果取中间值按17亿人口计算，城镇化率取50%，到2030年中国还有8.5亿人口在农村生活，也就是比8.9亿只减少4 000万（何炳生，2008）。广大的农村人口将仍在农村地区生活，小城镇无论从生产还是生活角度，都将是农村地区面域的节点。一方面，接受由城市"退二进三"带来的产业，发挥小城镇的生产职能，吸纳人口就业；另一方面，在我国基本公共服务设施均等化的政策引导下，小城镇地区也将成为广大农村地区基础设施、社会服务设施最完善、辐射范围最广的区域，公共服务设施在小城镇集中，有利于小城镇成为农村地区的服务中心和商业中心，在发挥生产职能和生活职能两方面的角度，带动农村地区发展，承接城市产业转移，在城乡统筹中发挥着不可替代的作用。

从表1-2可以看出，我国对农业和基本建设的支出总体上看呈增长趋势，其中农业支出在"七五"时期以后一直在加大，"十五"时期农业支出的总金额是"七五"时期的9倍左右，基本建设支出从"九五"时期开始加大，"九五"时期基本建设支出是"八五"时期的3倍左右，"十五"时期约是"九五"时期的1.6倍。对农业及基本建设支出的增加，能够有效促进工业和农业、城市与乡村的协调发展，有效地促进小城镇的发展。

表1-2 各时期国家财政农业支出及比例

时 期	农业支出		基本建设支出		
	支出(亿元)	占财政总 支出比重(%)	支出(亿元)	占财政总 支出比重(%)	占基建总 支出比重(%)
经济恢复时期	15.97	4.4	3.84	1	4.5
"一五"时期	99.58	7.4	40.91	3	8.1
"二五"时期	283.65	12.4	126.62	5.5	12
调整时期	176.98	14.7	68.16	5.7	18.8
"三五"时期	230.45	9.2	98.45	3.9	10.1
"四五"时期	401.22	10.2	174.75	4.5	11.1

续表

时　期	农业支出		基本建设支出		
	支出(亿元)	占财政总支出比重(%)	支出(亿元)	占财政总支出比重(%)	占基建总支出比重(%)
"五五"时期	693.41	13.2	238.03	4.5	11.9
"六五"时期	658.48	9.5	158.57	2.3	7.6
"七五"时期	1 139.17	8.2	223.71	1.6	6.9
"八五"时期	2 271.95	9.32	427.49	1.94	15.06
"九五"时期	4 938.88	8.66	1 533.45	2.69	20.37
"十五"时期	9 579.88	7.48	2 486.96	1.94	15.01

资料来源:何炳生.工业反哺农业的理论与实践研究[M].北京:人民出版社,2008.

3) 城乡关系的协调与否关系到我国健康城镇化的进程

城乡统筹发展过程中,大城市建设迅速,空间向农村地区蔓延,土地资源紧张。但与之相对,农村地区土地利用效率仍非常低。据相关统计,农村土地闲置率高达17.3%,空置宅基地整理后可以有效增加耕地286.67万 hm²,接近于现状下的整个城镇用地的规模(温铁军,2006)。

伴随农村城镇化进程的加快,更多农民进入城市务工和居住,空心村现象日益严重,农村用地效率进一步降低,不同程度地存在规模失控、结构失衡、集约度低、效益欠佳等现象(张志斌,1999;董黎明等,2000;杨亦民等,2000;石成球,2000;刘彦随等,2005)。现有研究大部分以城镇用地变化及其驱动机制和农用地非农化过程及其驱动机制为主,对农村土地低效利用的动因阐述得较少,对农村土地低效利用强度的研究也较为缺乏。

农村用地粗放与低效降低了小城镇的发展潜力,导致城乡差距进一步加大。

4) 协调的城乡关系是我国深化改革的重要问题

大多学者都意识到我国农村地区发展观的转变,一种是认为农村职能发生转变,由单纯农业向安居之所转变(姚洋,2007),第二种是农村生活品质的转变,建设体面的农村(姚洋,2007)。农村职能的转变涉及的核心要素是土地,经济学家们近年来对土地产权的关注呼声很高,目前主要以土地确权流转,保留农民土地收益的观点为主(周其仁,2010;严冰,2009)。

我国目前的经济社会发展也具有鲜明的阶段性特征,逐渐出现一些阶段性问题。比较突出的是"刘易斯拐点"和"中等收入陷阱"两个现象(中国城市科学研究会,2011)。

"刘易斯拐点"是劳动力过剩向短缺的转折点,它描述的是在工业化过程中,随着农村富余劳动力向非农产业的逐步转移,农村富余劳动力逐渐减少,最终枯竭的一种现象。其理论解释源于刘易斯的人口流动模型。通过将这个模型的原理运用到中国的实际,可以发现,在我国人口众多的宏观背景下,人口的流动决定了我国工业化和城镇化的进程,这大致可以分为以下两个阶段:①在工业化和城镇化的初期,我国大量农村剩余劳动力成为了吸引外资和发展劳动密集型产业的主体;②随着工业化和城镇化进程的加速,光靠发展劳动力密集型产业的传统优势不再成为参与国际竞争的主要力量,这种现象导致了近年来我国珠三角和长三角地区的"用工荒"现象(穆光宗,2011)。这也能从事实上例证了我国到了"刘易斯拐点"阶段,显然,继续保持劳动力密集型产业的发展观念必将落后于时代。但也需要认识到,"刘易斯拐点"将持续相当长的一段时间,劳动力密集型产业仍将在我国大部分地区存在相当长的时间。但对于那些已经面临"用工荒"的地区来说,根据国际产业的变动情况,实现劳动力的使用创新、转变发展思路和调整产业结构成为了当务之急,同时,还应清醒地认识到我国城镇化滞后于非农化的严峻事实,下一阶段要在城镇化进程中逐步完善人口迁移和社会保障政策,从而将2.4亿农民工通过城镇化的方式稳定下来,增强他们与城市的融入程度,增强社会保障等。下图(图1-1)是世界各国或地区"刘易斯拐点"出现的时间,日本在1964年,中国台湾地区在1976年,韩国在1984年,中国大陆地区在2003年。

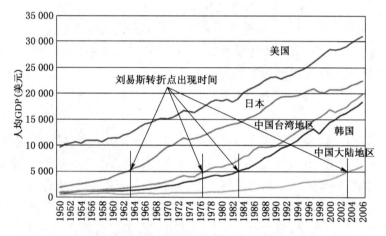

图 1-1　世界各国刘易斯拐点出现的时间

资料来源:王德文,程杰,赵文.重新认识农民收入增长的源泉[J].云南财经大学学报,2011,1:34-45.
Angus Maddison Statistics on World Population, GDP and Per Capita GDP 1-2006[EB/OL].
http://www.ggdc.net/maddison/Historical_Statistics/horizontal-file_02-2010.xls

所谓"中等收入陷阱",是指当一个国家的人均收入达到中等水平后,由于不能顺利实现经济发展方式的转变,导致经济增长动力不足,最终出现经济停滞的一种状态,导致人均国民收入难以突破1万美元。很多国家长期在中等收入国家水平徘徊,长达10年至20年以上。汤敏概括中等收入国家陷阱的特点主要包括五个方面:收入分配差距过大、城镇化以大规模的贫民窟为代价、金融体系脆弱(资本账户开放过程中极易遭遇金融危机冲击)、产业升级缓慢、社会服务滞后(王小广,2010)。按照世界银行的标准,2010年我国人均国内生产总值达到4 000美元以上,已经进入中等收入偏上国家的行列。从中等收入国家向发达国家(高收入国家)的转变仍然充满不确定性,许多国家步入中等国家的发展陷阱,即经济发展面临长期停滞,甚至陷入政治上的长期危机之中。进入中等收入国家水平以后,中国最大的优势在于巨大的国内消费市场,13亿国民的潜在需求是我国最重要的战略资源,其能够及时有效地释放是避免中国落入中等收入国家陷阱的关键,这是一些小国达到中等收入水平后所不具备的条件。中国必须在未来五年内启动经济增长模式,从高投入、高消耗、高增长的模式逐步转向经济结构转型、技术创新和微观企业管理制度创新的模式(中国城市科学研究会,2011)。

人均经济总量与经济发展阶段存在对应关系,见表1-3。

表1-3 人均经济总量与经济发展阶段对应模型(H.钱纳里)

时期	人均GDP(1982年,单位为美元)	经济发展阶段	
1	364—728	初级产品生产阶段	
2	728—1 456	初级阶段	工业化阶段
3	1 456—2 912	中级阶段	
4	2 912—5 460	高级阶段	
5	5 460—8 736	初级阶段	发达经济阶段

资料来源:[美]H.钱纳里,S.鲁宾逊,M.赛尔奎因.工业化和经济增长的比较研究[M].上海:上海三联书店,1989.

小城镇作为联系城与乡的关键节点,它的空间发展路径历来是我国深化改革的重要问题,中国小城镇的健康发展要求实现土地、人口和企业等经济要素在空间上的进一步集聚。这些要素的集中表面上是空间的转移,实际上在空间转移的背后意味着产权制度的交易和转换(邹兵,2003)。

本书采用问卷调查、案例研究与比较研究法揭示中国城乡关系转型趋势,利用调查问卷深入农村和农户,以当面访谈的形式获得第一手数据,同时也搜集调查样点区域所在乡镇、县(市)的统计数据和问卷调查数据。建立在微观农户基础上的实地调查研究能弥补宏观经济研究的很多缺点。如果研究只是局限于宏观的或量的分析,难免套用既有的理论和信念,而建立在实地调查研究基础上的微观的社会经济研究有助于摆脱既有的规范信念,从而得出新颖而有意义的结论(黄宗智,2000)。通过对农村居民点各利益主体进行问卷调查与访谈,分析小城镇就地城镇化面临的问题和特征。

本书的研究对象及研究内容决定了比较法的运用具有重要意义,通过对国内外不同发展状况国家和地区小城镇就地城镇化程度的比较,对我国相关领域的发展进行审视。通过对小城镇就地城镇化影响因素、地域差异的分析,提出我国小城镇就地城镇化的特征,为后续研究打下基础。

1.2 国内外研究进展与综述

1.2.1 国外研究进展与评述

1) 对城乡关联发展的研究

中国在城镇化快速发展、城乡差距拉大的背景下提出的城乡统筹战略和新农村建设的方针,既是出于对国内形势变化的判断,也受国际环境变化的影响。尽管发达国家与发展中国家在城乡协调和空间规划上的阶段、路径、重点、环境等不一样,但是城乡关联发展的目标和方向是一致的。

Tacoli(Cecilia Tacoli,2003)认为,"全球社会、经济和政治变化加剧了城乡人口的社会分化和贫困程度,然而这仅是全球层面的;对于地方而言,它的城乡关系是历史、政治、社会文化、生态和经济演化的结果"。"许多发展理论和实践关注城市或乡村问题而忽略两者之间的联系,为描述城乡关系,区别城市和乡村可能是不可避免的;但这种将空间和部门上紧密联系的两者一分为二看待的做法是武断的。"

根据对西方城乡发展理论的研究脉络梳理(表1-4)(王华等,2006)。可以看出,自20世纪50年代以来,对城市研究的观点大体可以分为三类:一类是以刘易斯为代表的城市偏向理论,其代表理论有增长极理论、核心—边缘理论,其理论实践则体现在世界各国出现的不同发展阶段的都市区空间中,这一类研究几乎止于20世纪90年代。第二类是城乡联系的观点,该观点的理论萌芽是空想社会主义学说及马克思主义城乡发展观,当时城乡分离的阶段持续了很久,当增长极带动地区发展到一定阶段时,强调城市反哺农村的城乡融合系统的理论便出现了,特别是1990年以来,出现了专门研究城乡空间分布的理论模型,如Desakota模型(McGee,1989)、区域网络模型(Douglass,1998)、城乡连续体(Cecilia Tacoli,2003)、城乡动力学(Kenneth Lynch,2005),以及出现了很多强调城乡相互联系的观点。此外,第三类观点则是乡村偏向的理论,这一类观点的理论基础是强调自下而上发展机制对农村和城市的影响,体现在实际生活中则表现为新农村建设。总体上看,三种城乡发展理论是并存的,在不同时期发挥了各自不同的作用,相对而言,城乡联系理论在城市发展到一定阶段时成为了引导实践的主要理论。

表1-4 西方城乡发展理论研究脉络

	20世纪50年代前	20世纪50年代	20世纪50年代末至60年代	20世纪70年代	20世纪80年代	20世纪90年代以来
城市偏向	刘易斯	增长极	城市偏向理论	自上而下发展	大都市区	
	拉尼斯	核心—边缘模型		次级城市战略	大都市伸展区	
	费景汉模型	乔根森模型			巨型城市	
		托达罗模型				
城乡联系	空想社会主义学说	城乡分离	城乡分离	城乡分离	城乡融合系统	Desakota模型
	西方早期城市理论				城乡联系与"流"	区域网络战略
	马克思主义城乡发展					城乡相互作用

续表

	20世纪50年代前	20世纪50年代	20世纪50年代末至60年代	20世纪70年代	20世纪80年代	20世纪90年代以来
乡村偏向			农村综合发展	乡村城市战略	自下而上发展 选择性空间封闭	新乡村建设

资料来源:王华,陈烈.西方城乡发展理论研究进展[J].经济地理,2006,3:463-468.

2) 对发达国家和发展中国家的研究

总体来看,发达国家城乡关系处于第三阶段。在该阶段,城乡的地域特征和区别越来越不明显,农业人口所占比重很低,发展的重点和目标转向城乡之间人流、物流、信息流、资金和技术流形成的网络结构,人们更多地考虑从空间整合、社会文化融合的角度进一步推动"城乡一体化"(Bengs,2005)。城乡劳动力分工越来越不明显,城乡界限被乡村城镇化取代,相对大多数发展中国家,发达国家的城乡差距可以说基本不存在。随着农村工业化和城镇化程度的不断提高,都市与非都市的区别越来越模糊不清,传统"乡村—城市"的划分已基本失去了意义。

在人口就业结构上,发达国家农村人口所占比例一般在20%以下,有的甚至低于10%,农业就业人口在总就业人口中的比重大多数下降到了10%以下,其中英国为2.6%,美国为3.9%,加拿大为6.7%,法国为10%,日本为13.8%(杜志雄等,2006)。Bengs认为(Bengs,2005),欧洲城乡关系正在经历发展的第三个阶段的特征是:城乡关系超出了单一交换的方式,而显示出一个动态网络的特征,它通过有形或无形的人流、物流、信息流、资金和技术流等将城乡联系在一起,并给城乡都带来发展机会。但是一份来自欧盟的空间规划报告认为:发达国家城乡关系的这些变化带来一些新问题并使城乡关系复杂化;从空间规划的角度看,城市和乡村已经不再作为明显的独立地域单元而存在,它们与邻近地区以不同的方式联系起来;这种地域关系的复杂性和空间延伸不仅使传统的中心地等级模型面临挑战,而且对政策制定者提出了挑战(ESDP,1999)。如果按照Bengs的发展阶段定义来划分的话,大多数发展中国家的城乡关系还处在第一或第二阶段,即农业主导型和乡村依附城市。这些状况离发达国家通过各种"流"实现一种"网络结构"的第三阶段还有非常大的差距。但是从国内外对发展中国家城乡关系的研究来看,对"流"的强调一直是热点。有学者曾概括出城乡之间的7种联系:物质、经济、人口迁移、社会、服务供应、政治行政(Rondinelli,1976)。近年来联合国人居署研究发展中国家城乡关系问题的专家(Tacoli,1998)强调了人流、物流、信息及资金流在联系城乡的空间和部门之间的作用。他们强调城乡紧密结合发展的重要性、可持续生计的实现、对生态环境的保护以及创造各种"流"的通道等思想给予我们很大启发。同时,我们应当结合不同国家和区域的发展阶段考察其适用性。

通过与发达国家的比较研究发现(表1-5),学者们在研究发展中国家城乡关系时,避免不了出现将发达国家已形成的模式和结果"套用"在发展中国家的倾向。忽视历史演变的影响,对发展中国家各自所处阶段的定位模糊使这些理论很难具有说服力,也直接影响了这些计划的实施效果。与早期注重政策和技术的发展经济学家相比,现代的学者更注重对诸如"可持续生计"等发展理念和目标的强调。在一些联合国人居署专家研究发展中国家城乡关系的论述中,似乎不太重视系统总结和吸取早期发展经济学家理论与政策建议的经验与教训,这是一个不应有的疏忽。发展中国家最突出的问题之一——城乡二元结构仍然限制着这些新的概念框架的适用性和一般性。因为它不仅是经济、地理、技术、政策、文化等多种因素共同作用的结果,而且有其历史必然性。中国城乡二元结构还具有典型的区域性特征。

表1-5 人类社会发展阶段与城乡发展阶段对应关系

人类社会发展阶段	城乡发展阶段	过程
农业社会	乡育城市、城乡模糊阶段	乡育城市后期
工业化前期	城乡分离阶段	城乡分离前期、城乡分离后期
工业化后期	城乡融合阶段、城乡一体化阶段	城乡融合

3) 对工业化阶段与城乡关系的研究

工业化国家的人口转变及城乡人口迁移表现出四个阶段,分别是高位静止阶段、早期人口扩张阶段、后期人口扩张阶段、低位静止阶段(图1-2),这四个阶段都与人口的出生率和死亡率密切相关(理查德·P.格林等,2011)。按照一般的工业化进程,工业化带动城镇化,城市第三产业的发展将成为推动城镇化的后续动力。

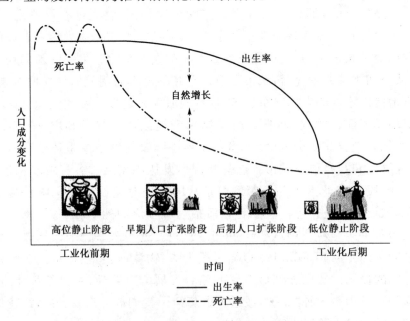

图1-2 工业化国家的人口转变及城乡人口迁移
资料来源:[美]理查德·P.格林,詹姆斯·B.皮克.城市地理学[M].北京:商务印书馆,2011.

1.2.2 国内研究进展与评述

1) 对城乡互动发展的研究

自20世纪90年代以来,国内总结归纳城乡关系理论的文章增多。主要有:胡必亮、马昂主对国外城乡联系理论的类型和模式进行划分(胡必亮等,1993);王振亮将城乡空间关系划分为共生、分立、对立、平等、融合五个阶段(王振亮,1999);王华、陈烈主要总结了20世纪50年代以来的理论进展,提出了大致相同的观点(王华等,2006),即认为国外研究"经历了朴素城乡发展整体观、城乡分割发展观、城乡融合发展观"三个阶段;夏安桃、许学强、薛德升主要从城乡协调的角度对国内研究文献进行了综述(夏安桃等,2003);马远军、张小林等从经济和社会地理角度对国内外城乡关系研究进行了比较(马远军等,2006);段娟等对近十五年国内外城乡互动发展进行了评述(段娟等,2006);陈明生从马克思主义角度分析了城乡统筹的内涵(陈明生,2005);安虎森也阐述了城乡联系的部分理论、模式和途径(安虎森等,2005)。此外还有一些文章从城乡一体化、城镇化的角度对城乡关系进行了论述。

2) 对动力机制的研究

现有对城镇化动力机制的总结主要有以下几种:

(1)"自上而下"。"自上而下"强调政府在城镇化进程中的主导地位,其决策行为直接导致生产力的宏观布局及产业结构的调整、城镇规划、开发区的建设等方面。有关学者对此进行了个案研究,涉及的城市和地区包括南京市、东北地区、新疆维吾尔自治区等(何流等,2000;胡智勇,2001;刘西锋等,2002;李春华等,2003),认为这些城市发展的动力机制以政府带动为主,是典型的"自上而下"型。

(2)"自下而上"。"自下而上"型强调农民按自身需求对城镇化的推动作用(图1-3),主要发生在我国改革开放以后,计划经济向市场经济的转型时期,代表地区以江浙一带为

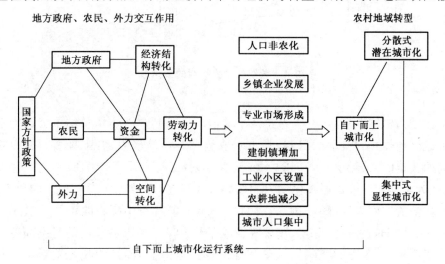

图 1-3 自下而上式城镇化的运行系统

资料来源:崔功豪,马润潮.中国自下而上城镇化的发展及其机制[J].地理学报,1999,2:12-21.

主,我国学者就此提出了江浙模式、温州模式等(石忆邵,2002;朱磊等,2002)。国家体制改革委员会中国小城镇课题组对我国"自下而上"的动力机制做了深刻的分析,认为农村非农产业的迅速发展和农村非农就业人数的增加,以及随之而来的农民人均收入的增加和社区各种收入的增长直接产生了农村城镇化的动力。崔功豪和马润潮肯定了中国的二元城镇化模式,并认为农村城镇化在综合整个城镇化过程中起着重要作用。由地方政府和农民群众力量推动的城镇化是自下而上的,具有中国特色(崔功豪等,1999)。

(3) 多元化主体。强调多元化主体的观点认为推动城镇化的力量不只是政府或者民众,而是多方力量综合的结果,多元化主体包括政府、企业、农民及城市居民等各种经济主体。多元化主体的出现与我国经济转型、投资力量多元化分不开,我国学者的主要观点是以多元城镇化动力替代以往单一的或以二元为主的城镇化动力,多元化动力主体的产生也与各主体的职能转化分不开,大部分认为中央政府带动设施城镇化,企业投资带动人口城镇化,国际贸易带动产业城镇化,制度创新带动土地城镇化(宁越敏,1998;路永忠等,2005;丁万钧等,2004)。曹广忠以图示的形式归纳了我国改革开放以来城镇化动力机制的多元形式(曹广忠,1998)(图1-4)。

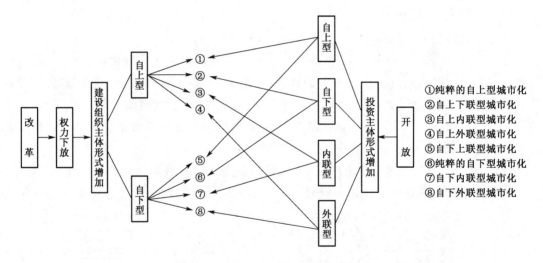

图1-4 城镇化动力机制的多元形式
资料来源:曹广忠.改革开放以来中国城市体系空间格局发展变化研究[D].北京:北京大学,1998.

除上述动力机制以外,还有学者总结了其他动力机制。孟晓晨总结了劳动力在农村与城市两大经济载体之间流动的机制,指出农业容纳力与排斥力、城市吸引力与吸收力是劳动力流动的决定因素(孟晓晨,1992)。陈波翀、郝寿义等归纳了中国城镇化快速发展的动力机制,认为集聚和扩散是城镇化动力的核心表现形态,城镇化作为一种流的形态,其本质是集聚和扩散的空间表现(陈波翀等,2004)。Kevin解释了中国自改革开放以来城镇化的特点(Zhang. K.H,2002)。陈洋、李郇等就改革开放以来中国城镇化的时空演变及其影响因素进行了分析,认为影响我国城镇化省际差异因素方面,传统的农业发展水平对城镇化的影响正在逐渐减弱,乡镇企业和外商直接投资成为20世纪90年代后期中国城镇化发展的重要影响因素(陈洋等,2007)。

3) 对小城镇的研究

大多数学者强调了小城镇在联系城乡之间的关键作用,因此,有很多学者对小城镇做了专门的研究,主要集中在以下几个方面:

(1) 地域差异明显。从总体情况看,我国乡村城镇化水平东高西低。20世纪80年代以来,东部沿海地区逐步形成珠江三角洲、长江三角洲、京津唐、辽中南等城镇密集地区,该区成为国家推进乡村城镇化战略的重心所在。就东部地区而言,其内部经济发展水平的差异也很大,南北间纬向差异,以及紧靠中心城市或大城市的地域差异也十分明显,这些差异在中国乡村城镇化研究中是极其重要的内容(郑弘毅,1998)。

(2) 以小城镇为主。关于农村地区就地城镇化的主流观点是以小城镇为依托,强化"自下而上"的动力机制,带动农村地区发展。新中国成立以来,中国城市的发展仍被纳入政治体系之中,并且建立了更为完备的等级制,计划经济体制下非均衡的投资直接与城市的行政级别相关,城镇化则以国家投资为指向"自上而下"地进行,同时城乡相对隔绝,大量农村一直处于"发展的低级阶段",二元结构特征明显。如今乡镇企业异军突起,给小城镇建设带来了机遇,基本上形成了以小城镇为依托的农村城镇化框架,可以说这是一种"自下而上"的城镇化,是对长期以来"自上而下"型城镇化的一个"补偿",它代表了城镇化的一个侧面,有着相当的必然性。

(3) 发展模式多样。中国幅员辽阔,广大乡村地区自然、经济、人口、历史等情况千差万别,尽管各地的乡村城镇化发展从总体上看都以小城镇建设为主,但其具体情形各有特色,形成了不同的发展模式。从乡村城镇化的动力来源看,有乡村工业主导型,这种模式遍及沿海、内地中心城市和大型工矿区的周围,以苏南地区最为典型;有市场导向型,主要以温州地区为代表;有外资促进型,这在珠江三角洲和福建等地较为突出;等等。有鉴于此,我国乡村城镇化必须立足本地,因地制宜,因势利导,选择适合本地区的发展模式。

(4) 居民点布局相当分散。我国乡村地区农村居民点布局特点为小、散、乱,大多数学者都从不同角度对此加以论证,概括了布局分散的特征、原因、问题及对策建议(葛雄灿等,2002;朱连海,2004;刘觉民等,2002;朱红波,2005;朱传民等,2005;周滔等,2003;杨庆媛等,2003)。针对布局分散的特点,也有学者从节省耕地角度对农村居民点优化的可行性与必要性进行了探讨,并在此基础上总结了发展趋势和整理模式(杨庆媛等,2004;樊琳等,2005;高燕,2004)。

(5) 阶段性特征显著。夏振坤与李享章提出了城镇化道路的"三阶段论",认为人口向城市或城镇的转移具有垂直与平面两种不同的形式,应当在不同的阶段走不同的道路,即第一阶段以向小城镇转移为主,第二、三阶段则主要是向城市转移(夏振坤等,1988)。十六大之后,政策的取向也是大中小城市和小城镇协调发展。此外,由于我国区域发展的不平衡,城镇化水平也参差不齐,有的学者在城镇化道路多元化的基础上,研究更加深入,倾向更加具体,主张东部地区实施"深度城镇化",而西部地区实施"广度城镇化"的策略(傅崇兰等,2003)。

(6) 发展阶段问题。小城镇就地城镇化的发展阶段主要受经济发展水平、资金配置能力、农地流转速度等的影响。有关学者对就地城镇化与发展阶段之间的关系进行了研究，主要观点如下：城镇化呈"S"形曲线发展，我国目前正面临拐点，符合世界城镇化发展的总体趋势（王建军，2009）。闵捷等以江汉平原为例研究了农地流转速率与经济发展阶段的关系，结果表明，在不同的经济发展阶段，农地城市流转类型也不同；在相同经济发展阶段，如果产业结构和就业结构不同，农地流转类型也不同（闵捷等，2007）。郑国、叶裕民等研究了我国城乡关系的阶段性与统筹发展模式之间的关系，认为不同区域的城乡关系存在巨大差异，并处于不同的阶段，因此，城乡统筹的对策和政策也应有所差别（郑国等，2009）。对处于城乡融合阶段的区域，重点要破解城乡二元制度，实行城乡合治，以城市社会的治理方式来治理整个区域；对处于城乡分离后期的区域，要给予乡村公平的发展机会，实现城乡规划、产业发展、基础设施及公共服务等的一体化发展；对处于城乡分离前期的区域，要在发展中心城市的基础上，以财政转移支付等方式提升乡村基础设施和公共服务水平；对处于乡育城市后期的区域，要积极推进工业化和城镇化进程，发展特色产业，培育城乡统筹能力。

(7) 人口流动问题。城乡人口流动是导致城乡差距的主要原因。人口流动问题也是就地城镇化面临的主要问题。相关学者对此做了研究，主要涵盖以下几方面的内容：一是人口流动的方向。在"民工荒"未出现以前，我国人口流动主要方向是农村向城市流动，出现"民工荒"以后人口流动方向转变为农村人口停留原地（穆光宗，2011），有学者认为这种趋势的出现是我国城镇化面临转型的重要信号。二是人口流动的地域。这与就地城镇化的内涵有直接的关系，所谓就地城镇化不是僵化地限定人口要逐级流动或者逐层流动，更不是限定在一个固定的地域范围，广义的就地城镇化更好理解，即凡在县以下的都叫就地城镇化。对人口流动的研究主要集中在人口流动迁移机理、流动人口空间分布模式及变化、区域影响、流动人口的选择性与监测方法等方面。刘剑锋等对我国西南地区中小城市的人口流动与城镇化之间的关系进行了研究，结论是西南地区存在两种城镇化模式并存，大中小城市面临的课题不同等现象（陈天惠等，2009；刘剑锋等，2005）。

(8) 土地低效问题。就地城镇化也是为了改变我国农村居民点用地低效的现状。关于我国农村用地低效的原因，相关学者进行了如下概括：一是制度因素。这与我国长期以来实行的"无偿、无限期、无流动"的使用制度是分不开的，包括制度不健全，农村居民点产权不明，土地管理缺乏法制，这种制度也是导致"空心村"出现的原因（陈玉福等，2010；龙花楼等，2009；朱晓华等，2010）。二是社会因素。越来越多的青年人外出打工，导致闲置宅基地越来越多。龙花楼、刘彦随等揭示了城乡结合部和平原农区空心化村庄发展演化的阶段特征。三是人口因素。近年来我国农村人口社会结构发生了很大的变化，人口老龄化、妇女化趋势明显。袁俊、吴殿廷等揭示了我国农村人口老龄化程度区域差异扩大的内在机制。王国霞、鲁奇等从省际、省内两个空间尺度，分迁入、迁出两个角度对中国农村人口迁移的规模和流向态势进行了分析（王国霞等，2007；袁俊等，2007）。四是城市发展政策。城市偏向的土地使用制度导致农村土地低效利用（冯健等，2000；冯健，2001）。

(9) 空间结构分散问题。我国现阶段存在城镇化滞后于工业化的现象,有学者认为我国城乡二元结构不同于发达国家的城乡二元结构,即为城市工业—农村工业,甚至有学者认为我国城乡间是三元结构,即城市工业—农村工业—农村农业(何流等,2000;胡智勇,2001;刘西锋等,2002;李春华等,2003)。这种现象直接导致小城镇地区空间结构分散的问题主要集中在两个方面:一是产业结构分散。郑弘毅认为乡村城镇化的核心是人口和就业问题,其乡镇企业的布局应该结合小城镇建设适当集中,由此带来小城镇第三产业的发展(郑弘毅,1998)。二是公共服务设施供给分散。也有学者探讨了小城镇的基本问题,包括发展模式、核心问题、发展战略的制定等(石忆邵,2002;朱磊等,2002;国家体改委中国小城镇课题组,1996)。

1.2.3 国内外研究综述

1) 在理论支撑下,引进和验证国外理论为主,补充和修正不足

从总体上看,国外对城乡关系的研究已经较为深入,世界各国相继开展了城乡关联发展的研究和计划。国内学者的研究侧重于从系统论的角度将城市和乡村看作两大独立的系统,两者相互作用产生各种"流"。国外学者从城乡人口增长、可持续生计、城乡发展阶段、城乡发展动力等角度对城乡进行研究,比国内学者的研究更为深入,考虑的因素也更为全面,如考虑了制度、社会宏观背景、结构性因素、文化因素等。

国外城乡关系的发展阶段与我国存在差异,然而我国却存在着套用国外发达地区城乡关系的倾向。城乡关联发展的理论脉络可以大体归纳为三类,分别是城市偏向理论、城乡联系理论、乡村偏向理论。这三种理论之间的关系是同时存在的,在不同时期有不同的作用。通过对城乡关系发展的梳理,可以发现,20世纪90年代,随着发达国家或者发展中国家经济发展到一定程度,当城市有条件反哺农村、工业有条件反哺农业时,城乡联系理论开始逐渐占了上风。但可以明确的是,不同城乡发展阶段的重点并不相同,发达国家更多地考虑从空间融合、社会文化融合的角度去考量城乡一体化,而发展中国家则更多地从城乡劳动地域分工方面来阐述。但可以肯定的是,发展中国家最突出的城乡二元结构仍然制约着这些新概念的适用性和一般性。而且,在研究发展中国家问题时,容易套用发达国家城乡关系的已有"模式",却忽视了发展中国家自身的现实问题。此外,中国的城乡二元结构还具有典型的区域性特征。

2) 在研究方法上,过于强调定性研究,对研究对象和微观行为关注不够

对城乡关系的现有研究大部分停留在定性描述或者模式概括上,对具体地区的研究并不深入,也很少考虑特定地区微观行为主体的因素。不考虑从人出发的城乡关系难免过于宏大,使研究难以深入,少有的定量研究也停留在城乡关联模型的计算上,并不能从实际出发,发现和解决现实问题。

1.3 城乡界定及典型性

1.3.1 城乡的界定

1) 中心城区—外围县市

这个层面属于宏观层面的城乡关系,主要考虑了中心城区辐射力作用下外围县市的变化,以及外围县市变化后对中心城区产生的影响。考虑到了解宏观层面的城乡关系有助于把握整体性,本书采用了这一宏观视角分析具体的城乡关系问题(图 1-5,图 1-6)。

2) 县城—乡镇

这个层面属于中观层面的城乡关系,主要从城镇体系考虑县城与乡镇之间物质的联系,它在城乡关系中占有一定的地位,也是传统县域城镇体系的核心内容。但这一层面不属于本书的研究重点,因此在文中少有涉及。

3) 乡镇—农村

这个层面属于微观层面的城乡关系,主要从乡镇和农村已经发生和即将发生的关系入手,考虑城乡关系的变化,由于本书在研究中较多地涉及了农村的变化,因此,这个层面属于本书的研究重点。此外,本书考虑到现有研究对小城镇研究范围无统一定义,为了方便界定本书的研究对象,现将研究的小城镇界定为有建制的乡镇单元,包括建制镇驻地及规模较大的乡政府驻地及开发区驻地内的居民点(图 1-5,图 1-6)。(注:开发区通常为政府的派出机构,一般不应包含在小城镇中,但因本书数据涵盖了开发区驻地的人口与产业,因此,特别指出本书的小城镇研究范围涵盖开发区驻地的居民点)

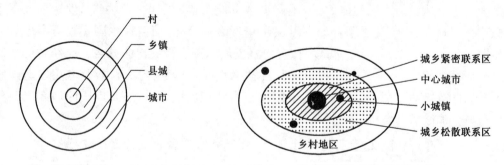

图 1-5 城乡的界定——三个尺度的城乡关系　　图 1-6 城乡空间联系示意图

1.3.2 石家庄的典型性

选择石家庄作为案例地,与其具有的典型性是分不开的。首先,从工业化阶段和城镇化阶段看,我国大部分城市都处于工业化中期向工业化后期转变阶段,城镇化处于快速发展阶段,石家庄恰好是这一发展阶段的典型。其次,都市区是我国城乡一体化效率最高的地区,通过中心城市的辐射和带动能够在都市区层面上实现城乡一体化格局,石家庄都市区处于刚刚启动期。第三,北京、上海只是我国少数处于工业化后期的特大城市,相比较广大处于工业化中期的城市而言,典型性稍有不足,从这个角度来看,选择石家庄作为案例地具有理论与现实的意义。

1.4 本书的结构

1.4.1 研究内容

根据对城乡关系演变的理解,结合本书研究的石家庄案例,本书共包括八个章节,采用理论研究—实证分析—理论回归的逻辑框架。在实证分析过程中,按照城市对乡村、乡村对城市两对力量的发生、发展过程组织研究脉络。其中,第1章为绪论,第2章为理论研究,第3章至第6章为本书的核心部分,分别从经验借鉴、城乡关系形成与演变、城乡关系的策略构建等几个方面研究了石家庄城乡关系的演变与城乡统筹策略。第7章为结论与展望。

第1章:绪论。指出本书的选题背景,辨析本书涉及的基本概念,确定本书的研究内容、研究方法、研究框架及创新点。

第2章:城乡关系的理论基础及研究框架。通过梳理城市偏向、城乡联系、乡村偏向以及新马克思主义视角下的城乡关系理论基础,搭建了本书研究城乡关系的研究框架。

第3章至第6章为本书的实体部分。从对城乡关系的国内外经验借鉴、石家庄城乡关系的形成与演变城乡关系的动力机制、城乡关系的问题及对策几个方面分析了石家庄城乡关系演变与城乡统筹策略。

第3章:城乡关系的国内外经验借鉴。这一章选取了处于不同发展程度的国家在城市反哺农村、工业反哺农业过程中的具体经验,基本上代表了发达国家、发展中国家和地区统筹的阶段和特点。发展中国家和地区以中东欧和中亚为代表,发达国家以日本、韩国、德国为代表,分别阐述了中东欧和中亚的农村市场化过程,日本的町村改造,韩国的新村运动,以及德国城乡等值化。最后,总结了我国现阶段发生城乡统筹的典型地区的具体做法,其中代表性的有天津的宅基地换房、成都的三集中政策,以及浙江、山东两省的强镇扩权等。

第4章:石家庄城乡关系演变的空间特征及动力机制。本章从石家庄城乡关系的历史演变入手,论述了石家庄在不同历史时期城乡关系变化的特点和趋势,接着描述了不同状态下城乡关系的空间特征,包括城乡关系分离状态下的空间特征、城乡关系关联状态下的空间特征、城乡关系融合状态下的空间特征。

第5章:石家庄城乡关系发展的问题与难点分析——基于问卷调查。本章首先概括了石家庄城乡关系的现状问题。其次,运用实地调研问卷数据,从微观视角回应了石家庄城乡关系调整中的农民意愿,包括农民进城方式选择的差异、公共服务设施均等化的差异以及农民城镇化的困境差异等几方面,在此基础上,总结出石家庄城乡关系的难点分别是"发展新市镇"与"小城镇就业不足"的矛盾,"公共服务向小城镇集中"与"农民意愿基础设施本地延伸"的矛盾,"新民居建设"与"拆旧建新,重复建设"的矛盾。

第6章:石家庄城乡关系的重构:城乡统筹。从城乡关系统筹发展的策略入手,包括发展小城镇承接城市与乡村,公共服务设施向农村延伸,依法规制度规范农村居民点的集中建设和用地调整,强化制度创新和法律保障。最后,提出了石家庄城乡关系统筹发展的保障措施,包括统一规划和管理新市镇建设,加强农村公共服务设施供给渠道,渐进式推进"新民居建设"几个方面。

1.4.2 研究框架

本书的研究总体上按照理论基础、实证分析、政策建议三个层次依次展开。理论基础主要梳理了三种层次的城乡关系理论,分别是城市偏向城乡关系理论、城乡联系城乡关系理论、乡村偏向城乡关系理论,在此基础上进行了本书研究城乡关系的理论框架构建。接下来进入本书的实证分析部分,主要包括经验借鉴、案例研究、问卷调查三个部分,借鉴参考了处于不同发展水平、不同发展阶段的世界各国在统筹城乡发展实际中的具体做法。之后进入本书的案例研究,着重梳理了石家庄城乡关系演变的空间特征及动力机制,在此基础上利用对石家庄鹿泉市的千份农民意愿问卷调查,进行石家庄城乡关系的问题与难点分析,最后,提出了本书协调石家庄城乡关系的具体政策建议,即城乡统筹。

本书的研究框架详见图1-7。

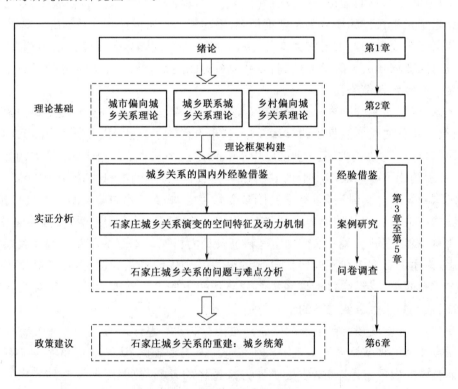

图1-7 本书的研究框架

2 城乡关系的理论基础及研究框架

2.1 城市偏向的城乡关系理论

2.1.1 二元结构论

二元结构理论由美国著名发展经济学家刘易斯在20世纪50年代中期创立(阿瑟·刘易斯,1999;1998),直到20世纪70年代末一直被认为是解释劳动力剩余国家经济发展的经典理论(W. Lewis,1954),并因此获得诺贝尔经济学奖。在刘易斯的二元结构理论中,刘易斯把发展中国家的经济划分为资本主义部门和非资本主义部门。面对发展中国家的二元经济结构情况,刘易斯把经济发展看作城市现代经济部门吸收农业部门剩余劳动力的过程,也提出了发展模式,即劳动力从传统农业部门转移到现代工业部门。这也导致了城乡空间的二元结构,小城镇在这种形势下自然分化,只有一小部分小城镇发展成为小城市或者大中城市,而大部分小城镇仍作为农村的基层服务中心(苏雪串,2005)。

美国耶鲁大学的拉尼斯和费景汉于1961年发表了一篇题为《经济发展的一种理论》的文章,在刘易斯二元结构理论的基础上提出了他们的二元结构理论,被称为拉尼斯—费景汉二元结构理论。他们认为刘易斯没有重视农业在促进经济发展方面的作用,忽视了农业生产率提高是农业劳动力向工业部门流动的先决条件,并对刘易斯的理论进行了补充和发展,建立了自己的二元结构模型,指出了发展中国家发展的不平衡性——城乡呈现二元结构,并提出了相应的人口流动途径的城镇化战略。

在刘易斯和拉尼斯—费景汉的二元结构理论中,都存在一个基本假定,即城市中不存在失业,任何一个愿意到城市里的农村人都可以在城市里找到工作,在这样一个前提下,劳动力从农村迁往城市的决策仅仅取决于城乡的收入差距(苏雪串,2005)。美国的发展经济学家托达罗在20世纪60年代末70年代初创立了托达罗模型,根据发展中国家20世纪60年代至70年代城市和农村普遍失业的情况,发表了以《人口流动、失业和发展:两部门分析》为代表的一系列文章,分析了发展中国家的城乡二元结构经济,阐述了他的二元结构理论(Todaro. M. P,1988;1996)。托达罗认为,由于城市中失业的存在,农村劳动者在决定是否迁往城市时就不能仅仅考虑城乡的实际收入差距,同时也要考虑城市的就业率或失业率,即在城市中找到工作的概率。其对小城镇发展的政策是不单纯地依靠工业扩张解决发展中国家严重的失业问题,而应该同时发展农村经济。托达罗还认为,城市创造的就业机会越多,失业问题就会越严重。这在客观上是鼓励小城镇的发展,并认为只靠城市发展解决不了所有的经济、社会问题,作为"城尾村头"的小城镇应该承担起这个重任(袁中金,2007)。

图2-1为新技术在城镇体系中的扩散(约翰·伦尼·肖特,2011),可以看出主要城市在接受新技术时间上是用时最短的,大城镇次之,小城镇用时最长,而且有些小城镇由于所处的区位或者自身条件的影响,并不能与所在城镇体系中的主要城市产生联系,在接受新技术方面成了孤立的点。

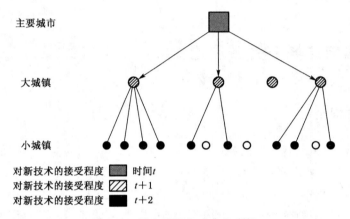

图 2-1 城市等级体系中的扩散

资料来源:[英]约翰·伦尼·肖特.城市秩序:城市、文化与权力导论[M].郑娟,梁捷,译.上海:上海人民出版社,2011.

2.1.2 核心—边缘理论

完整提出"核心—边缘"理论模式的是美国区域规划专家弗里德曼(J. R. Friedmann)。1966年弗里德曼根据对委内瑞拉区域发展演变特征的研究,以及根据缪尔达尔(K. G. Myrdal)和赫希曼(A. O. Hirschman)等人有关区域间经济增长和相互传递的理论,出版了他的学术著作《区域发展政策》一书,系统提出了核心—边缘的理论模式(图2-2)。

弗里德曼认为,任何一个国家都是由核心区域和边缘区域组成,核心区域由一个城市或城市集群及其周围地区所组成,边缘的界限由核心与外围的关系来确定。

核心区域指城市集聚区,工业发达,技术水平较高,资本集中,人口密集,经济增长速度快,包括:①国内都会区;②区域的中心城市;③亚区的中心;④地方服务中心。边缘区域是那些相对于核心区域来说,经济较为落后的区域,又可分为过渡区域和资源前沿区域。过渡区域包括上过渡区域和下过渡区域。上过渡区域是联结两个或多个核心区域的开发走廊,虽然处在核心区域外围,但与核心区域之间建立了一定程度的经济联系,受核心区域的影响,经济发展呈上升趋势,就业机会增加,能吸引移民,具有资源集约利用和经济持续增长等特征,该区域有新城市、附属的或次级中心形成的可能。下过渡区域的社会经济特征处于停滞或衰落的向下发展状态。这类区域可能曾经有中小城市发展的水平,其衰落向下的原因,可能由于初级资源的消耗,产业部门的老化,以及缺乏某些成长机制的传递,放弃原有的工业部门,与核心区域的联系不紧密等。资源前沿区域,又称资源边疆区,虽然地处边远地区但拥有丰富的资源,有经济发展的潜力,有新城镇形成的可能,可能出现新的增长势头并发展成为次一级的核心区域。

根据核心—边缘理论,在区域经济增长过程中,核心与边缘之间存在着不平等的发展关系。总体上,核心居于统治地位,边缘在发展上依赖于核心。由于核心与边缘之间的贸易不平等,经济权力因素集中在核心区,技术进步、高效的生产活动以及生产的创新等也都集中在核心区。核心区依赖这些优势从边缘区获取剩余价值,使边缘区的资金、人口和劳动力向核心区流动的趋势得以强化,构成核心与边缘区的不平等发展格局。核心区发展与创新有密切关系。核心区存在着对创新的潜在需求,创新增强了核心区的发展能力和活力,在向边缘区扩散中进一步加强了核心区的统治地位。但核心区与边缘区的空间结构地位不是一成不变的。核心区与边缘区的边界会发生变化,区域的空间关系会不断调整,经济的区域空间结构不断变化,最终达到区域空间一体化(汪宇明,2002)。

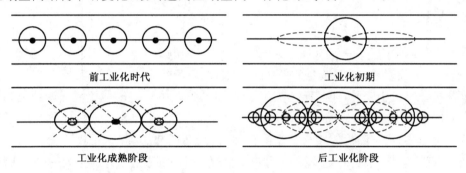

图 2-2 弗里德曼的"核心—边缘"空间组织模式

资料来源:Friedman J R. Regional Development Policy: A Case Study of Venezuela [M]. Cambridge: MIT Press,1966.

2.1.3 推—拉理论

英国经济学家拉文斯坦(E. G. Ravenstein)等人最早提出了推—拉理论。这一理论认为,人口迁移是两种力量相互作用的结果。一种力量是原住地的推动力或称排斥力,如迁出地缺少就业机会、农作物收成不好、社会关系不和、居住环境恶劣等因素都属于推力;另一种力量是迁入地的拉力或称吸引力,如公共设施较好、气候好、收入高、文化氛围好等则是拉力。

这一理论虽然概括了人口迁移的本质,但从实际应用来看,却显得过于简化,无法满足人口迁移研究的需要。于是一些学者对其进行了修改和完善,如人口学家 E. S. 李(E. S. Lee)在 1966 年美国《人口学》杂志上发表题为《迁移理论》的文章中,对推—拉理论进行了系统的总结,并将影响迁移的因素进一步概括为 4 个方面:(1)与迁入地有关的因素;(2)与迁出地有关的因素;(3)各种中间障碍;(4)个人因素(E. S. Lee,1966)。

迁入地和迁出地因素包括吸引因素、排斥因素以及中间因素,其中中间因素对迁移不起作用。吸引因素和排斥因素对不同的人来说也是不同的,例如好的学校,对学龄前儿童的父母来说,可能是吸引力,但对没有学龄儿童的父母来说却可能是推力,因为这样的地方可能要承担较高的税率,对未婚的年轻人来说,可能没有影响,因为他们无须为此纳税。中间障碍主要指移民限制规定以及迁移距离等因素。个人因素对迁移行为有重要的影响作用,如年龄、性别、文化程度、生活方式、收入水平等,都会影响到一个人对外界信息的判断和迁移的决策。人口迁移过程正是这4种因素共同作用的结果(李聚,2000)。

改革开放以来,尤其是20世纪80年代中期以来,农民部分地获得了流动就业的自由,但正式的迁移还面临着包括户籍在内的多方面的限制和约束,从而形成一种就业和生活在某一地区但又不具有当地居民身份的"准迁移人口"——外来人口,总人数不断增加的这一特殊社会群体是中国经济社会发展的产物,也是影响中国社会结构变革和社会稳定的重要力量(李银河,1994;刘世定,1995)

2.2 城乡联系的城乡关系理论

2.2.1 乌托邦

托马斯·莫尔(Thomas More)、罗伯特·欧文(Robert Owen)、夏尔·傅立叶(Charles Fourier)消灭城乡对立,提倡城乡公平与融合,建设和谐社会。

随着社会的快速发展,托马斯·莫尔在1516年出版的《乌托邦》中提出的理论和思想得到了越来越多的关注(Thomas More,1982)。莫尔对私有制和金钱万能导致的虚荣等恶德进行批判,在思想认识和价值观念上崇尚自然,借用乌托邦的理想,希望改变人们的现实生活,不但进行了思想上的深入探索,而且有具体的设计和规定。莫尔作为一个意识形态意义上的批判者和一个设计者,思想是伟大的,这也对后来的马克思、霍华德、芒福德等巨人都有深远的影响。

莫尔的主要思想包括:

第一,莫尔对城市和乡村关系的设想建立在乌托邦人的核心价值观——"自然+乐观"的基础之上,而最终起决定作用的是"自然",如"自然指示我们过舒适的亦即快乐的生活,作为我们全部行为的目标"(Thomas More,1982),"乌托邦人把德行解释为遵循自然的生活,至善是符合自然的生活","一个人在追求什么和避免什么的问题上如果服从理性的盼咐,那就是遵循自然的指导"。在快乐的类别方面,强调精神愉悦和身体健康的重要性。

第二,建立在公有制基础上的城乡平等。在生产上,"乌托邦人不分男女都以务农为业",而且要接受农业教育;市民轮流搬到农村居住,住满两年返回;农产品富余而且城市帮助农业生产。在交换和消费上,交易市场位于城市中心而且各取所需。在分配方面,不但在城市内部、城市之间,而且在城乡之间平均分享物资,任何地方都没有一样东西是私产。

第三,城市规划的合理和超前。城市应该均衡和整体布局,不进行城市扩张(仅仅是土地的耕种者,不是占有者);城市的家庭属性(城市由家组成,家是由有亲属关系的成员共同居住);城市人口的合理配置(6万—10万),超出则进行人口迁移或拓建殖民地;重视健康和卫生(对医院和医疗条件、食品卫生、公共食堂有相应的规定),重视生活质量(如旅行、音乐、知识);采用六小时工作制,强调娱乐、教育和学术对人精神快乐和自由的重要意义;街道布局利于交通,建筑安全美观,积极建设花园(这个城的建立者所最爱护的就是花园)。

上述观点与霍华德的田园城市理论在思想上、设计上有很多一致性。"乌托邦"逐步成为人类思想史上的一座高峰,它同时成为检验人类发展与进步的重要参照物之一。

2.2.2 马克思主义城乡融合理论

马克思和恩格斯对城乡关系问题的阐述散见于许多文稿,他们分析了城乡对立及其根源,并将城乡关系分为三个阶段,分别是城乡浑然一体、城乡分离与对立、城乡融合三个阶段。要达到上述三个阶段,必须具备两个条件:生产力高度发展,特别是工业化发展;消灭私有制,建立社会主义。在城乡关系上,虽然马克思反对城乡对立以及由此引起的社会矛盾,但是他更侧重于发现并阐明城乡发展的必然历史趋势以及左右这种趋势的规律,只有在认识和把握这种趋势变化的规律的前提之下,才有解决城乡对立问题的可能。基于此,我们将其城乡关系理论归纳为三个方面:城乡对立及其根源,城镇化与资本主义人口和工业化规律,城乡对立的消除。

在城乡对立及其根源的分析中,马克思认为,城乡分离或对立是文明进步和历史发展的必然。"一切发达的、以商品交换为媒介的分工的基础,都是城乡的分离。可以说,社会的全部经济史,都概括为这种对立的运动。"(马克思、恩格斯,1972)其次,产业分工引起城乡分离和对立,马克思指出,"某一民族内部的分工,首先引起工商业劳动和农业劳动的分离,从而也引起城乡的分离和城乡利益的对立。分工的进一步发展导致商业劳动和工业劳动的分离"。两次社会分工对城乡关系的影响是,"城市工业本身一旦和农业分离,它的产品一开始就是商品,因而它的产品的出售就需要有商业作为媒介,这是理所当然的。因此,商业依赖于城市的发展,而城市的发展也要以商业为条件,这是不言而喻的。但工业的发展在多大程度上与此齐头并进,在这里,却完全取决于另外一些情况"(马克思,1953)。第三,分工的演化导致城市的集中和乡村的分散,"城市本身表明了人口、生产工具、资本、享乐和需求的集中;而在乡村里所看到的却是完全相反的情况:孤立和分散"(马克思,1953)。私有制是城乡对立的根源,因为"分工发展的不同阶段,同时也就是所有制的各种形式",而"城乡之间的对立只有在私有制的范围内才能存在。这种对立鲜明地反映出个人屈从于分工、屈从于他被迫从事的某种活动,这种屈从把一部分人变为受局限的城市动物,把另一部分人变为受局限的乡村动物,并且每天都不断地产生他们利益之间的对立。在这里劳动仍然是最主要的,它是凌驾于个人之上的力量;只要这种力量还存在,私有制也就必然会存在下去"(马克思,2004)。

在城镇化与资本主义人口和工业化规律上,马克思认为城镇化受相对人口过剩规律的影响。其次,资本主义工业化是推动力也是摧毁力。这是由于资本主义无法调和的矛盾,在此情况下,"随着大工业的发展,资产阶级赖以生产和占有产品的基础本身也就从它的脚下被挖掉了。它首先生产的是它自身的掘墓人。资产阶级的灭亡和无产阶级的胜利是同样不可避免的"(马克思,1997)。

在如何消除城乡差距的观点上,马克思和恩格斯认为其根本是废除私有制,其次是要为消灭城乡对立需要的物质和精神方面准备足够的条件,最后"把农业和工业结合起来,促使城乡对立逐步消灭"(马克思,1997)。

2.2.3 田园城市

将城市和乡村结合是霍华德田园城市规划设想的出发点和目标。因此,与其说霍华德的田园城市是个理想城市,不如说霍华德的田园城市是一个社会城市(Social City)。霍华德在 1898 年出版的《明日:一条通向真正改革的和平之路》一书中认为,社会城市是无贫民窟无烟尘的城市群,由若干田园城市组成,建设田园城市的初衷是针对当时英国大城市所面临的问题,用逐步实现土地的社区所有制、建设田园城市的方法来逐步消灭土地私有制,逐步消灭大城市,建立城乡一体化的新社会。其核心是进行社会改革,用城乡一体的新社会结构形态来取代城乡分离的旧社会结构形态,包括城市拥挤、环境恶化、犯罪、城市贫富差距、两极分化、城乡分离、乡村停滞、乡村落后等情况。霍华德在书中写到:"……这种该诅咒的社会和自然的畸形分隔再也不能继续下去了。城市和乡村必须成婚,这种愉快的结合将迸发出新的希望、新的生活、新的文明。""那些拥挤的城市已经完成了它们的使命;它们是一个主要以自私和掠夺为基础的社会所能建造的最好形式,但是它们在本质上就不适合于那种正需要更重视我们本性中的社会面的社会——无论哪一个非常自爱的社会,都会使我们强调更多关注我们同伴的福利。"(霍华德,2010)对此,刘易斯·芒福德的评价是:"霍华德把乡村和城市的改进作为一个统一的问题来处理,大大走在了时代的前列;他是一位比我们的许多同代人更高明的社会衰退问题诊断家。"(刘易斯,2005)

霍华德还总结了要实现社会变革必须注意的关键问题,包括土地公有(社区所有)、局地以田园城市为主,整体以社会城市—区域统一管理结构(城市联盟)为主。此外,霍华德提出了田园城市的有效规模,考虑到田园城市是为安排健康的生活和工业而设计的城镇,其规模要有可能满足各种社会生活,但不能太大,被乡村带包围,全部土地归公众所有或者托社区代管,理想的规模为城市用地 1 000 acre①,农业用地 5 000 acre,人口 32 000 人,200~225 人/hm²。

霍华德特别强调了田园城市的对外联系性和社会组织性。他认为,田园城市既不意味着隔离孤立,也不是指那些位于偏远地区、好像与世隔绝的寂静的乡村城镇。如果田园城市在一些较高级的设施上不去依赖负担已经过重的大都市,不把它自己降低到仅仅是卫星城的地位,那么,一旦较小的新城发展到一定的个数,就必须精心组合成一个新的政治文化组织,他称之为"社会城市"。"田园城市一直增长到人口达到 32 000 人。……它将在其'乡村'地带以外不远的地方,靠建设另一座城市来发展,因而新城镇也会有其自己的乡村地带。"其中,"社会城市"的结构形态是由一个中心城市和若干个田园城市组成的城市群,中心城市人口规模大致 53 000 人,城市群总人口大致 250 000 人,总面积 66 000 acre。田园城市四周布满了农业用地和其他城市功能用地,从中心城市中心到各田园城市中心约 4 mile②,从中心城市边缘到各田园城市边缘约 2 mile,"10 个各为 3 万人口的城市,用高速公共交通

---

① 1 acre=0.404 685 6 hm²。
② 1 mile=1 609.344 m。

联系起来,政治上是联盟,文化上相互协作,就能享受到一个 30 万人口的城市才可能享受到的一切设施和便利;然而却不会像大城市那样效率低下"。各个组团之间通过交通网络联系在一起,包括各城市之间放射道路、环形的市际铁路、从中心城市向各田园城市放射的地下铁道、环行的市际运河、从中心城市边缘向田园城市放射的可通向海洋的大运河等。

图 2-3 是霍华德田园城市的示意图(霍华德,2010)。

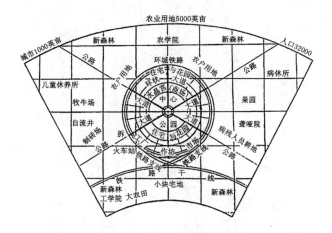

图 2-3 霍华德田园城市示意图
资料来源:[英]霍华德. 明日的田园城市[M]. 金经元,译. 北京:商务印书馆,2010.

2.2.4 网络城市规划理论

网络城市规划理论源于网络化集聚城市、网状整合型都市等概念。Batten 在 1995 年提出了网络化集聚城市(图 2-4),这种形态强调了功能互补、快速交通联系,其具体的内涵是多个功能互补且相互独立的城市,通过快速可靠的交通和通讯联系,在空间相互作用的前提下形成网络城市;网络化集聚城市是廊道城市复杂网络聚合体,强调了城市与区域之间的关系由垂直等级(中心地理论模式)向网络化结构发展。Roberts 在 1999 年提出了网状整合型都市,他比 Batten 更强调地方特性。他的网状整合型都市包括基于公共交通、通信网络的多中心区域;传统的城市中心与边缘次中心以及郊区相互依赖、共同发展;次中心专业化发展,地方特性(图 2-5)。Bertolini,Dijst(2003)提出了网络城市(Network Cities)的概念,其形态包括多中心区域、由功能互补且竞争的中等城市组成的城市聚合体,次中心的出现可以脱离区域内的传统中心影响(图 2-6,图 2-7)。他们通过物质和虚

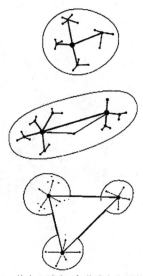

图 2-4 单中心城市、廊道城市和网络城市
资料来源:David F Batten. Network Cities:Creative Urban Agglomerations for the 21st Century[J]. Urban Studies,1995,32(2):313-327.

拟网络联接的重叠网状作用流进行空间相互作用。这时的网络城市不仅仅包括垂直联系，还包括水平联系，网络城市之间也不存在绝对的支配关系，结点（城市）功能及其在区域中的作用不完全取决于其规模，而是其专业化服务，任何结点之间都可以相互作用和交流信息，各种流可以通过网络实现同步性(David F Batten，1995)。

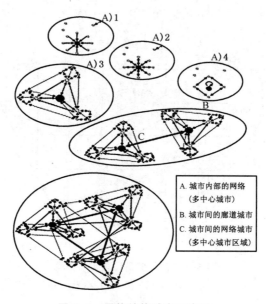

图 2-5 网络结构城市示意图

资料来源：Zhao P. Managing urban growth in a transforming China: Evidence from Beijing[J]. Land Use Policy, 2011, 28(1): 96-109.

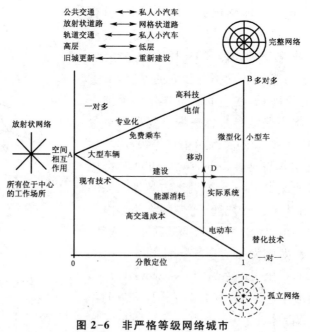

图 2-6 非严格等级网络城市

资料来源：Zhao P, Lü B, de Roo G. Urban expansion and transportation: the impact of urban form on commuting patterns on the city fringe of Beijing[J]. Environment and planning. A, 2010, 42(10): 2467.

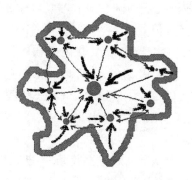

图 2-7 网络城市示意图

资料来源:Zhao P, Lü B, de Roo G. Urban expansion and transportation: the impact of urban form on commuting patterns on the city fringe of Beijing[J]. Environment and planning. A, 2010, 42(10): 2467.

2.2.5 麦吉的城乡一体化理论

20世纪80年代末,加拿大学者麦吉(T. G. McGee)通过在印度尼西亚爪哇地区对城市和区域发展问题多年的实地研究(图2-8),认为传统的以城市为基础的模式不可能是亚洲城镇化的唯一表现形式,出现了大城市周围或之间整个地区的城镇化(T. G. McGee, 1989)。

McGee认为能概括亚洲城镇化模式的为Desakota模式,该模式的要点有:Desakota是一种农村及城市作为高密度的混合区;劳动密集型工业服务业及其他非农活动在此地区快速成长;人口密度很高;城乡联系紧密;此类地区包括大城市周围地区,大城市间的发展走廊,高度发达的农业地区;与大都市连绵带中的空隙地区的区别主要表现为人口密度高,非城市行为力量强,工业扩散为主要动力。可见,在McGee的眼中,Desakota实质是一种不同于大都市连绵区的新空间地域类型,是城市要素和农村要素共同作用下形成的一种新的社会经济现象。

麦吉的城乡一体化模式见图2-8。

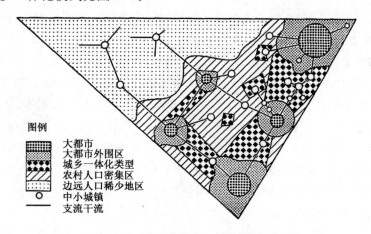

图 2-8 麦吉的城乡一体化模式图

资料来源:曹菊新. 现代城乡网络化发展模式[M]. 北京:科学出版社, 2001.

麦吉的 Desakota 是根据亚洲发展中国家的实践总结出来的理论模式,尽管目前它的实践价值还不如理论意义那么明显,但对于在我国这样一个人口众多、经济发展水平较低的大国如何有效组织城乡经济活动,实现工业化、城镇化和现代化发展目标,尤其对我们总结城乡一体化的成败得失,具有一定的借鉴意义(T.G. McGee,1989)。

此外,McGee 据此将亚洲各国的 Desakota 归纳为三种类型(表 2-1)(曹菊新,2001):

(1) 邻近大城市的乡村地区。由于人口大量流入城市或转入非农产业部门而形成的 Desakota,以日本和韩国较为典型。

(2) 交通便利的两个或多个大城市向对方扩散(而不是向各自周边扩张)而形成的连接地带或新发展区域,比较典型的是中国的沪宁杭地区、台北—高雄地区和印度的加尔各答地区。

(3) 内陆次级中心城市(如省会),其周边人口密集、非农产业与经济发展缓慢的传统农业区,比较典型的有中国的四川盆地、孟加拉国、印尼南部的爪哇等。

表 2-1 麦吉的城乡一体化发展类型及特征分析

项目	类别	区位	成长动因	范 例
基本类型	I	邻近大都市的农村地区	城镇化过程为主	日本和韩国等地
	II	沿铁路和高速公路干线	多个大城市彼此扩散	中国的长江三角洲、珠江三角洲、台北—高雄都市带,泰国的曼谷大都市区
	III	邻近区域性城市增长地区	人口长期高速增长	中国的四川盆地、印度南部的喀拉拉邦
总体特征	1. 农业生产条件好、生产水平高;2. 非农业增长迅速;3. 人口密度大;4. 邻近大都市和主要交通干线;5. 城乡交易环境良好;6. 土地利用多元化;7. 外资不断进入;8. 妇女在非农业中就业率较高;9. 制度建设和行政管理相当复杂			

资料来源:曹菊新.现代城乡网络化发展模式[M].北京:科学出版社,2001.

2.2.6 城乡系统关联模型

1) 张富刚和刘彦随的城乡地域系统关联模型

根据系统论原理,区域系统是由乡村系统和城镇系统两大子系统构成(图 2-9)。其中,乡村系统主要包括村庄、中心村(社区)、集镇、中心镇等村镇空间体系,城镇系统主要包括大都市、中等城市、小城市及城郊社区等城市等级体系。两个子系统之间相互融合、交互叠加,形成一个独特的城乡交错系统,包括小城镇、城郊社区、农村等城乡融合体系。区域系统是一个连续的城乡统一体,不存在明显的空间断裂点。在水平尺度下,由城镇系统到城乡交错系统再过渡到乡村系统,区域系统的乡村性逐步增强,城市性逐步减弱。基于距离衰减效应与扩散模式的理论基础,乡村系统和城镇系统两者之间相互作用、相互联系,城乡之间的物质流、能量流、信息流在空间上的流动形成点与点、点与面、面与面之间的各种力量模式。乡村系统、城乡交错系统与城镇系统分别通过农村城镇化、城乡一体化和区域城市化的战略途径,实现各种要素流在空间上由分散到聚集再到两者的动态平衡,推动区域的运行和发展。乡村系统为城镇系统输入大量的人力、食物和原材料等,支撑城镇系统的良性运转;后者则反馈给前者相应的资金、技术、信息以及管理等。区域发展的实质就是城乡地域系统内部各子系统之间相互作用、由低级协调共生向高级协调发展的不断上升的过程(张富刚等,2008)。

农村发展系统是一个多层次、多要素综合作用的庞大系统,具有复杂性、开放性、非线性等特点(图2-10)。区域农村发展系统是由农村发展内核系统和农村发展外缘系统组成,其核心是由农村主体系统和农村本体系统耦合而成的农村发展内核系统,两者之间相互耦合作用的效果直接决定了农村发展系统能否可持续运转。农村本体系统是由包括土地、水、气候等在内的自然资源以及各种生态环境要素组成,属于基础支撑系统,农村主体系统包括农村经济系统和农村社会系统,其运行受特定的农村经营体制、机制和管理水平的直接影响。农村外缘系统,是一个由影响和制约农村发展的诸多外部性因素条件组成的复杂系统,并由其本身所特有的尺度空间效应异质性决定,包括区域发展政策、工业化和城镇化发展阶段、发展模式等方面(张富刚等,2008)。

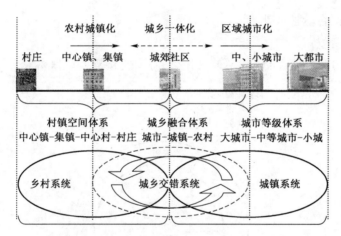

图2-9 城乡地域系统关联分析

资料来源:张富刚,刘彦随.中国区域农村发展动力机制及其发展模式[J].地理学报,2008,63(2):115-122.

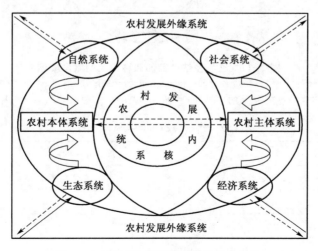

图2-10 区域农村发展系统的层次结构

资料来源:张富刚,刘彦随.中国区域农村发展动力机制及其发展模式[J].地理学报,2008,63(2):115-122.

2) Tania Ford 的城乡人口增长模型

有些过程产生于区域增长的自身,有些起源于外围农村的边缘,因此,城郊区域可以概念化成为一个环形地区,在生长过程中同时有内部和外部的净迁入人口以及区域自己增加的人口(图 2-11,表 2-2)。先前的研究很难分清这四种增长,虽然四者相互关联,但在城郊却有不同(Tania Ford,1999)。为了实施这个概念模型,这个过程的每个步骤都需要考虑。这四个过程可以被分解成六个关键步骤,其中三个是与移民自身有直接关系的:

- 移民的来源
- 大都市区域的联接性
- 移民的动机

另外三个与移民自身的行为只存在间接的关系,他们选择在城郊居住是表达了对目前住址质量的肯定(Tania,1999)。

- 当地的容量
- 与大都市区可达性的距离
- 住房的自身发展

四种箭头分别代表郊区化、逆郊区化、向心力迁移与人口保留。

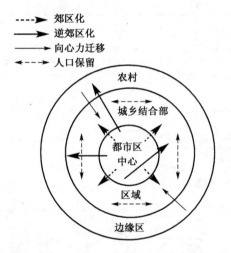

图 2-11 在城乡结合部的四种增长的概念模型

资料来源:Ford T. Understanding population growth in the peri-urban region[J]. International Journal of Population Geography, 1999, 5(4): 297-311.

表 2-2 克拉森的城市发展阶段模式

主要指标	人口增加数的差异			
发展阶段	城区	郊区	整个都市区	
1	+	-	+	城市化
2	++	+	+++	

续表

主要指标	人口增加数的差异			
发展阶段	城区	郊区	整个都市区	
3	+	++	+++	郊区化
4	-	++	+	
5	-	+	±0	停滞期
6	--	+	-	逆城市化
7	--	-	---	
8	-	--	--	再城市化
9	+	--	-	
10	+	-	+	城市化

注：+：人口增加　　++：大幅度的人口增加　　+++：更大幅度的人口增加　　±0：人口基本维持不变
　　-：人口减少　　--：大幅度的人口减少　　---：更大幅度的人口减少
资料来源：李国平.首都圈结构、分工与营建战略[M].北京：中国城市出版社，2004.

3) Kombe 的移民安置和生计改善模型

Kombe 则从移民安置和生计改善的路径对外来人口在城郊的安置进行了解（图2-12），他认为移民安置有三个阶段。第一个阶段是在推力和拉力的作用下选择了向外移民；第二个阶段是在社会文化因素和社会网络的影响下，得到了被雇佣的机会并受到了培训，积累了一定的资本；第三个阶段是为了改善生计，他们努力在此安家，建立了住房并从事家禽养殖和园艺（W.J. Kombe，2005）。

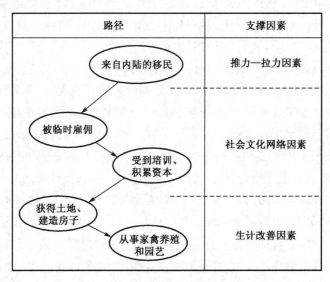

图 2-12　移民安置和生计改善途径

资料来源：Kombe J W M. The demise of public urban land management and the emergence of the informal land markets in Tanzania：A case of Dar-es-Salaam city[J]. Habitat International，1994，18(1)，23-43.

4) Hudalah 和 De Roo 的城乡发展阶段模型

对于城乡转型可以视为城乡关系从一个层次达到另外一个层次,城乡关系的转变意味着结构的变化和空间相互作用达到了一个新的水平。它也预示着城乡关系发展到了一个关键的阶段。

一般来说,有三种城乡过渡的类型,分别是类型 A、类型 B 和类型 C(图 2-13)。

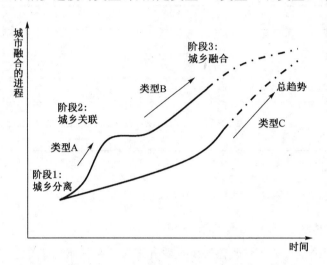

图 2-13 城乡关系变迁的基本类型

资料来源:Rauws W S, Roo G de. Peri-urban dynamics: towards managing transitional change. 16th Framework PLUREL European research project[R]. University of Groningen, 2010.

首先,由类型 A 逐渐转向类型 B,在这个阶段由城乡分离走向城乡联动,世界上大多数发展中国家都在这个阶段,它的特点是越来越多的货物流、人流在城市及其腹地乃至各部门之间的互动(C. Tacoli,2003)。在类型 B 中,逐渐由城乡联动转向城乡融合,欧洲多中心城市区域正在经历这个阶段,表现在城市边缘开始出现娱乐公园、大型基础设施和新的城市中心(G. Overbeek,2003;T. Sieverts, 2003;M. Bontje,2005)。此外,快速的社会经济变化可能会导致区域发展到类型 C,即由城乡分离阶段直接跳到城乡融合阶段。东亚快速增长的大都市区可被看作是类型 C 的早期阶段。在这些区域中,大规模的住房发展和工业出现在城郊地区,导致区域网络功能的扩散(D. Webster, 2002;D. Hudalah, 2007)。总体而言,城乡发展的三阶段假设论及相关类型的过渡是想说明城乡的变化并不是线性发展的。

图 2-14 是分析城乡关系变化的多层次结构模型。它是由 Hudalah 和 De Roo 在 2007 年提出来的(W. S. Rauws,2009)。它由"三个层面"和"三个转变"共同构成了该模型。"三个层面"分别是微观层面、中观层面和宏观层面,"三个转变"分别是功能转变、组织转变和制度转变。所谓功能转变包括土地利用用途和基础设施的变化,城市和地区的人口、经济、就业的变化以及灾难性事件的变化如战争和灾害等。组织转变包括影响地区发展的相关利益者,如企业、政府和公众。制度转变是根本,可以导致功能转变和组织转变,制度组成了文化价值观,包括正式的和非正式的规则,如新的立法和政策框架等。总体上看,结构决定了土地是怎样被利用的以及城市组织和区域人口的空间分布等城乡关联的显著特征。

但是由于城乡之间的多因素存在各种各样的复杂关系,因此也很难提出明确的因果解释。从整体上看,功能、组织、制度三者是相互关联的,但往往不以同一速度转变。因此该框架不是一成不变的,城郊变化的驱动力始终在根据时间变化而有自身的特点。

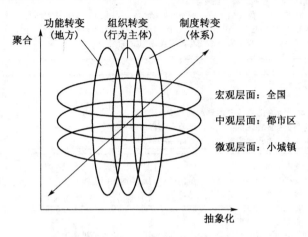

图 2-14 城乡过渡的多层变化

资料来源:Rauws W S, Roo G de. Peri-urban dynamics: towards managing transitional change. 6th Framework PLUREL European research project[R]. University of Groningen,2010.

5) Tacoli 的城乡动力模型

地方中心在积极的城乡关系中扮演着关键的角色,它们与大城市有些距离或者在城镇化过程中被大城市城镇化(C. Tacoli,2003)。相反的,当经济流通过地方城市中心,这些中心在提高服务和区域发展方面的作用也在下降,对于减少贫困的作用是负面的(见表2-3)。地方政府在支持地方行动中扮演着重要的角色,但是它们的决策也受限制于更高一级的政府。表2-4与表2-5分别是消极的城乡互动与积极的城乡互动与区域发展的关系。

表 2-3 生计与城乡联系

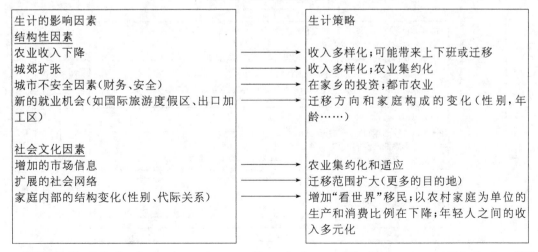

资料来源:Tacoli C. Rural-urban interactions: a guide to the literature[J]. Environment and Urbanization, 1998, 10: 147-166.

表 2-4　消极的城乡互动与区域发展

> 国际背景：中小型生产者进入国际市场的机会有限；不稳定的商品价格；外商投资集中在大型出口生产，进口产品与本地产品存在竞争
> 国家背景：获得土地分配不公平；区域不平衡增长战略导致为中小型生产者提供的基础设施、信贷和基本服务(教育、卫生、供水和卫生设施)有限；缺乏当地政府的支持；不受监管的市场体制
> 地方政府：有限的资源和能力；无法与国家规划相衔接

> 区域农村地区
> - 农产品以大的出口为导向
> - 非农产品和服务主要供给富裕的精英阶层
> - 地方收入多样化机会有限，低收入人群规模地迁移
> - 本地劳动力短缺和农业生产下降

> 地方城市中心(S)
> - 提供基本公共服务和提供廉价的进口商品中的作用有限
> - 经济、人口呈现停滞和衰退的趋势

> 国家和国际中心城市
> - 地方中心通常以有利于大型出口为特征，有利于外部投资进入
> - 增加进口商品的需求
> - 增加来自农村贫困家庭的移民涌入

资料来源：Tacoli C. The links between urban and rural development[J]. Environment and Urbanization, 2003, 15(1): 3-12.

表 2-5　积极的城乡互动与区域发展

> 国际背景：给予中小型生产者进入国际市场的机会；商品价格基本稳定；外商投资支持当地的生产，进口货物对本地货物不造成竞争
> 国家背景：获得土地分配相对公平；区域均衡增长带来为中小型生产者提供令人满意的基础设施、信贷设施和基本公共服务(教育、医疗、供水和卫生设施)；收入用于支持当地政府，市场监管的体制结构
> 地方政府：足够的资源和能力，确定当地的需要和优先级并响应，前向、后向支持位于地方城市中心农业、服务业和工业，调节当地自然资源管理；融入国家规划体系

> 区域农村地区
> - 公平获得农业资产，包括土地
> - 生产适应需求，增加收入
> - 对基本非农业产品和服务需求的增加
> - 生计多样化增加收入，农业投资和货物需求

> 地方城市中心(S)
> - 进入当地的城市市场并共享基础设施建设
> - 增加非农业产品的生产，提供公共服务
> - 增加非农业就业机会

> 国家和国际中心城市
> - 扩大区域生产的市场
> - 提供多样性的商品和服务

资料来源：Tacoli C. The links between urban and rural development[J]. Environment and Urbanization, 2003, 15(1): 3-12.

6) Douglass 的城乡网络模型

表 2-6 是在考虑了村镇及周边地区的相互作用进行的城乡联系的分类,包括农业生产、农业生产率、农业产业化、非农就业、农业收入等。这些复杂的联系最终可以归结为物质联系、经济联系、社会政治联系。相比较而言,物质联系和经济联系都相对好测度,而社会政治联系的测度难度较大,但相对物质联系和经济联系对城乡联系的影响也更为重要。

表 2-6 城乡联系和相互依赖性:低等级的村镇

城市系统功能	相互关系	乡村系统功能
农业贸易/交通中心(与区域外部地区有着进一步的联系)	↔	农业生产(变化)和生产率(增长)
农业支持系统(复杂化和高附加值): — 生产投入 — 修理服务 — 生产性贷款 — 有关生产方法的信息(创新)	↔	农业生产强度的影响因素: — 农村基础设施 — 生产的刺激因素 — 教育和能力对创新适应/应用的程度
非农业消费市场(复杂化): — 经过加工的农产品 — 私人部门提供的服务 — 公共服务(医疗、教育、管理)	↔	农业收入增长带来需求增长(关注权力和消费者的偏好): — 非农产品 — 非农服务
农业产业(在区域中保持高附加值)	↔	商品作物的生产和多样化
非农就业(随着农业繁荣和教育的提升)	↔	与上述所有要素都相关

资料来源:Douglass M. A regional network strategy for reciprocal rural-urban linkages: An agenda for policy research with reference to Indonesia[J]. Third World Planning Review, 1998, 20:1-34.

7) 岸根卓郎的"城乡融合设计"理论

日本学者试图通过超越城市、农村界限的"人类经营空间"的建立,提出"城乡融合设计"的理念(岸根卓郎,1990)。通过对过去一些做法的反思,如分别考虑城乡规划建设,提出发展规划要强调工农业协调发展,不能用城市建设的思路和办法来建设农村,也不能通过"改造"农村来实现城乡融合。要重视农村的经济功能、生态保护功能以及其他衍生功能。

2.2.7 城乡统筹

1) 城乡统筹的内涵

城乡统筹的核心内涵是通过城乡要素双向流动使双方都受益。城乡统筹也可以理解为新型城镇化,之所以称之为"新",是因其对城镇化的概念、城镇化内涵的理解乃至对城镇化分析的思路和框架都与传统城镇化思路迥然有别。新型城镇化将城市农村、经济环境、设施服务综合考虑,拓宽了城镇化的模式与路径,提供了更加丰富的选择,以便适应不同类

型地区的实际情况,也缩小了日益扩大的城乡差别。目前,城乡差别主要表现在以下几个方面(表2-7):

表2-7 现阶段城乡主要差别示意图

城乡收入差别
城乡公共服务普及性差别(教育等)
城乡发展阶段差别
城乡就业行业差别
城乡制度差别(社会保障制度等)

为了缩小日益扩大的城乡差别,中央政府近年来提出"城乡统筹",城乡统筹的内涵主要包括以下几个方面:

(1) 强调城乡融合与互促。有关研究表明,对收入差距分解的结果显示,地区间和人口收入差距与我国巨大的城乡收入差距有关(Ravi Kanbur,1999;Athar Hussain,1994)。统筹城乡就是要打破计划经济时期城乡割裂带来的种种壁垒,通过制度变迁和改革促进城乡融合的进程。其内涵主要有以下几个方面:一是统筹城乡发展不是单纯的城市反哺农村,工业反哺农业,而是通过新的发展路径,盘活农村存量资产,推进城镇化的进程;二是统筹城乡发展体现在城乡布局、产业选择、基础设施与公共服务均等等具体问题之上;三是统筹城乡发展是要创造发展机会的公平和发展收益的公平,其实现是一个逐渐推进的过程。通过城乡统筹改善计划经济背景下城乡关系的割裂与冲突、剥夺与被剥夺的城乡差距不断加大的困境,达到融合与互促、共创与共享的城乡一体化远景。

(2) 采用人本主义方法探究城乡问题。统筹城乡发展由原先的关注"地"发展到现在的关注"人",2010年中央一号文件进一步提出:"积极稳妥推进城镇化,提高城镇规划水平和发展质量,当前要把加强中小城市和小城镇发展作为重点。深化户籍制度改革,加快落实放宽中小城市、小城镇特别是县城和中心镇落户条件的政策,促进符合条件的农业转移人口在城镇落户并享有与当地城镇居民同等的权益。"具体体现在以下几个方面:一是强调社会公平,包括新落户城镇和农村居民享有与城镇居民同等待遇;二是强调关注弱势群体,该文件中有多次提到了关注民生,关注农村转移人口的居住和生活问题;三是强调微观机制的研究,文件提到统筹研究农业转移人口进城落户后城乡出现的新情况新问题。近年来连续出台的中央一号文件,确立了公正对待农民工、建立城乡劳动者平等就业制度、让进城农民融入城市的政策框架。

(3) 强调辩证关系。统筹城乡关系需弄清三对关系:一是数量和质量的关系,新型城镇化是对传统城镇化道路的反思,更为关注城镇化的质量;二是效率和公平的关系,新型城镇化不仅要关注以往的人口城镇化过程,还要提倡人口、空间、产业的协同发展;三是兼顾与倾斜的关系,新型城镇化要将区域内的农村地区纳入通盘考虑,对城市发展提出了更高的要求。为了更好地说明我国自21世纪以来对破除城乡分割格局的决心,政府连续出台了多个政策,为打破城乡割裂的局面创造了良好的政策环境(表2-8)。

表 2-8　21 世纪以来我国采取的破除城乡分割格局的主要政策

时间	政策名称
2000.3	《关于进行农村税费改革试点工作的通知》
2001.3	《关于推进小城镇户籍管理制度改革意见的通知》
2001.11	《关于全面清理整顿外出或外来务工人员收费的通知》
2002.1	《中共中央国务院关于做好 2002 年农业和农村工作意见》
2003.1	《关于做好农民进城务工就业管理和服务工作的通知》
2004.1	《中共中央国务院关于促进农民增加收入若干政策的意见》
2009.12	《中共中央国务院关于加大统筹城乡发展力度　进一步夯实农业农村发展基础的若干意见》

通过回顾我国城镇化道路的发展脉络,可以看出我国历年来城市发展方针历经了几次大的调整,分别是控制大城市规模阶段、积极发展小城镇阶段、强调新农村建设阶段、强调大城市群阶段、强调中小城市和小城镇的城乡统筹阶段(表 2-9)。

表 2-9　中央关于城镇化道路的政策表述

时间	会议名称	城镇化道路方针
1956.5	国务院常务会议	"城市发展规模不宜过大。今后新建城市规模一般控制在几万至十几万人口的范围内"
1980	《全国城市规划工作会议纪要》	"控制大城市规模,合理发展中等城市,积极发展小城市"
1990	《城市规划法》	"严格控制大城市规模,合理发展中等城市和小城市"
1998.1	党的十五届三中全会《中共中央关于农业和农村工作若干重大问题的决定》	第一次提出"小城镇、大战略"
2000.6	《中共中央、国务院关于促进小城镇健康发展的若干意见》	"小城镇、大战略"
2005.1	十六届五中全会	按照"生产发展、生活富裕、乡风文明、村容整洁、管理民主"的要求,扎实推进社会主义新农村建设
2007.1	中共十七大	"以特大城市为依托,形成辐射作用大的城市群,培育新的经济增长极"
2010	中央一号文件	"当前要把加强中小城市和小城镇发展作为重点"

2) 城市视角与城乡统筹视角的差别

(1) 对城乡关系看法的比较。城乡统筹包括以下几个重点方面:一是统筹城乡发展阶段。我国城镇化属于快速发展阶段,要素在空间上的集聚仍将以大城市群、大都市圈、特大城市和大城市为主,一些大城市周边的地区由于受大城市的辐射带动逐渐有了新的发展机遇。城乡发展阶段因地域不同有明显的差别,需要在科学分析的基础上,明确各个地区的城乡发展阶段,做到因地制宜,避免以城乡统筹为幌子,将发展的重点由城市直接转向农村。城市仍将是我国城镇化的主战场,只有城市发展好了,才能带动周边地区小城镇的发展,才能在"兼顾型"城乡统筹发展思路下走好小城镇发展的道路。二是统筹城乡就业。统筹城乡就业就是要把解决农村剩余劳动力转移放在首要位置,尽可能为农村富余劳动力向非农产业和城镇转移创造更多机会,为稳定就业和农民工市民化创造更为有利的环境,解决目前农民富余劳动力在城市打工却不能真正融入城市的困境,要为稳定就业的农村剩余劳动力在城市安居乐业创造条件,逐步改变在城市就业却不能在城里安居的状况,改变城市、农村两头跑的状况,从而在一定层面上解决社会问题,诸如留守儿童、空心村整治等。三是统筹城乡公共服务设施均等化。农村地区公共服务设施的严重缺失大大影响了我国城乡公平性。城乡公共服务设施均等化需要以民生为重点,发挥城市在科学、文化、教育、卫生等方面的领先优势,支持农村各项社会事业的发展。公共服务设施的供给不应以城乡为界限,需要加大公共服务设施的供给力度,改变农村教育落后、科学文化水平低、疾病防治和医疗卫生条件差的局面,促使城乡要素双向流动。

(2)研究内容的比较。从表2-10中可以看出传统城市视角和城乡统筹视角对问题的关注是有着显著差别的,其基本思路的转变与我国城镇化背景条件的变化是分不开的。党的十七大报告中提出要实现经济发展方式的"三个转变":一是促进经济增长由主要依靠投资、出口拉动向依靠消费、投资、出口协调拉动转变;二是促进经济增长由主要依靠第二产业带动向依靠第一、第二、第三产业协同带动转变;三是促进经济增长由主要依靠增加物质资源消耗向主要依靠科技进步、劳动者素质提高、管理创新转变。党的十七届五中全会提出要"更加注重以人为本,更加注重全面协调可持续发展,更加注重统筹兼顾,更加注重以人为本,更加注重全面协调可持续发展,更加注重统筹兼顾,更加注重保障和改善民生,促进社会公平正义"。充分体现了要在发展中从根本上改善发展质量的思路。

表2-10 传统城市视角和城乡统筹视角对城市发展的关注点对比

	传统城市视角	城乡统筹视角
区别	割裂与冲突、剥夺与被剥夺、城乡差距拉大	融合与互促、共创共享、城乡一体化
城乡发展阶段	城市偏向、城乡分离	城乡融合
非农就业	农民工难以融入城市	农民工融入城市或城镇成为新市民
公共服务	乡村公共服务严重缺乏	城乡公共服务均等化

(3)研究思想的差别。城乡统筹的核心思路包括以下几个方面(图2-15,图2-16):

一是中心和外围。强调中心和外围的关系即是强调中心城市和周边地区的关系,统筹城乡发展不是要由城市偏向转为农村偏向,而是要在城市发展的基础上,兼顾农村的发展,通过城市对周边地区的人口、产业方面的辐射作用,带动周边地区的发展,周边地区通过承接中心城市的产业转移和人口流动,得到进一步发展的机会。因此,本书的小城镇发展模式的分析框架需放在中心、外围这两个层面的相互作用中分析。二是城乡关系。强调城乡关系即是工农带动关系,通过对工农差距的研究,反映出工农之间的相互作用力,工业反哺农业,达到城市、农村互惠互利的目标。具体包括城乡功能的高度混合、城市郊区化趋势、农村的都市功能化特征等。三是农村地区。农村地区要求巩固现代农业基础,促进农村经济发展,农民增收。实行对农业进行补贴后,我国的城乡、工农关系发生显著转折,标志着以工促农、以城带乡局面的形成。通过提高最大的低收入群体——农民的收入,加强农村建设。

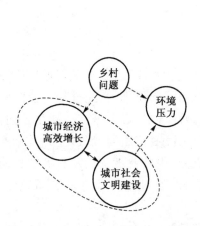

图 2-15 城市视角下的城镇化思路

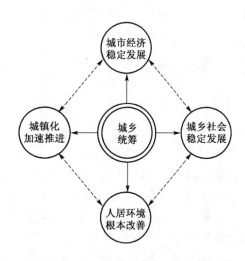

图 2-16 城乡统筹视角下的城市和农村联动发展

2.3 乡村偏向的城乡关系理论

2.3.1 乡村城市战略

从 1858 年马克思提出"乡村城镇化"的概念至今,城镇化理论已经有一个半世纪的发展史,城镇化理论的发展大致分为三个阶段:描述阶段(1858—1920)、建构阶段(1920—2000)和方法阶段(2000—至今)(李汉宗等,2007)。

描述阶段是在没有理论与宏观政策的指导下,自然、随意而盲目的实践性发展,这个阶段的人们对城镇化发展中的社会现象并没有明确的认识。

在构建阶段中,面对城镇化产生的诸多问题,城镇化理论进入实质性阶段,主要表现在学科探索与学科整合两个层次上,各个学科的城镇化理论建立。罗西在《社会科学词典》中综合了人口、经济、地理及社会学家的城镇化理论,含义为:一是城市中心对农村腹地影响的传播过程;二是全社会人口逐步接受城市文化的过程;三是人口集中的过程,包括集中点的增加和每个集中点的扩大;四是城市人口占全社会人口比例提高的过程。

在方法阶段中,人们逐渐认识到城镇化的本质和目标,城镇化理论成为城镇化发展的主要依据,城镇化问题的解决以预防为主,城镇化理论是一个以人为中心,逐步实现城乡协调发展,最终消除城乡差别与工农差别的过程,通过产业结构优化,人口素质提高和经济质量提高来促进社会发展,从而使农业文明向现代工业文明进化的工程(周毅,2003)。

当前"三农"问题严峻,农村城镇化的提出相对于城镇化来讲,更加侧重从农村经济社会发展的视角来思考城镇化问题。它既强调农村资源要素向城镇流动集中,城镇不断发展;也强调城镇反哺农村,城镇产业对农业现代化的带动能力增强,农民在生活方式、价值观念等方面逐渐融入城镇,城乡差距不断缩小,最终走向城乡协调发展。从范围上来讲,农村城镇化的关注领域在于县域经济范畴,它主要考察县域经济框架下的城乡经济社会结构的变迁过程和基本规律(苗运周,2007)。

2.3.2 农村城镇化

农村城镇化是通过农村工业化将大量的农村人口转变为城镇人口,并获得城镇生活方式的过程。所谓工业化是一个国家由传统的、落后的农业国向现代的、先进的工业国转变的一系列经济社会与文化发展过程。工业化通常表现为三种形态:一是在工业生产内部,现代工业取代手工业和家庭工业占据优势地位;二是在国民经济层面,制造业和采掘业明显超过其他经济部门;三是工业生产方式逐渐渗透到农业、服务业等部门。从城镇化的发展历史来看,区域城镇化水平与工业化进程密切相关。农村工业化推动了农村城镇化,农村城镇化又推动了农村工业化。

诺贝尔经济学得主西蒙·库兹涅茨在《现代经济增长》一书中指出:伴随经济的增长,会出现两个重要的变化,这就是"产品的来源和资源的去处从农业活动转向非农业生产活动,即工业化的过程;城市和乡村之间的人口分布发生变化,即城镇化的过程"。从这两个过程的关系来看,城镇化是工业化的必然结果。

农村城镇化不但表现为人口就业结构、经济产业结构的转化过程和城乡空间结构的变迁过程等物化的城镇化,还表现为农民意识和农村生活方式向城镇意识和生活方式转变的无形的城镇化。

发展经济学家路易斯提出了农村小城镇理论。他在对发展中国家的城镇化做了研究后指出:"一个城市在其规模达到 30 万人以后,就会失去其规模经济效益。相当经济的办法是发展大批的农村小城镇,每一个城镇都拥有一些工厂、电站、中等学校、医院以及其他一些能够吸引居民的设施。"

2.4 新马克思主义视角下的城乡关系

2.4.1 批判性视角

新马克思主义继承了马克思主义分析城乡关系的视角,在此基础上加入了空间的内涵,整体上看,新马克思主义的突出特点是批判性视角。其代表性的观点包括资本主义生产方式不是被消灭而是被不断迁移,剩余的生产、人口的增长、城镇化之间存在必然的联系,城镇化和阶级的形成总是相伴随而生等。其代表性人物有大卫·哈维、列斐伏尔、卡斯特尔等。新马克思主义由于采用政治经济学的分析框架分析城乡关系,从整个社会的资本循环维度对城乡关系重新解析,其强烈的批判性在关于城乡关系的探讨中独树一帜、观点鲜明。

针对资本主义生产方式不是被消灭而是被不断迁移的观点,马克思和恩格斯的原始阐述为:"资本主义生产方式每夜用来禁锢我们的工人的这些传染病发源地、最可耻的洞穴和地窟,并不是在被消灭,而只是在被迁移!同一个经济必然性在一个地方产生了它们,也会在另一个地方产生它们。"(恩格斯,1872)实际上描述的是资本主义的生产方式在城市发展史上不断重复的过程。

剩余的生产、人口的增长、城镇化之间存在必然的联系则体现在"各地看上去毫无章法的发展差异是资本积累过程开始的必要条件。英国工业革命的发源地是像曼彻斯特、伯明翰这样社会与政治管制都比较宽松的小村庄或乡镇,而不是像诺里奇、布里斯托尔这样的团体政治和工会组织大肆盛行的中心城市"。"城镇化在资本主义社会已成为吸收过剩资本的重要途径,之前的巴黎市区改建、纽约重造等都证明了哈维的这一观点。以永无止境地追求剩余价值的生产为目标的阶级形态,这意味着它一直在为城镇化创造必要的条件。这样一来,剩余的生产、人口的增长、城镇化之间就产生了一种内在联系。"

城镇化和阶级的形成总是相伴随而生则表现在"城市从诞生的那一天起,其存续就依赖于有剩余的物资和劳动力供其利用。这些物资或劳动力是从其他地方、其他人(通常是被雇佣的农民、奴隶)那里转移到城市中来的。而且决定应该如何使用和分配这些剩余的权利一般来说集中在少数几个人手中,比如,某位宗教领袖、备受尊敬的军事领导人。正因为如此,城镇化和阶级的形成总是相伴随而生"。(大卫·哈维,2006;2011)

2.4.2 资本积累和空间生产

新马克思主义的核心框架是采用了资本循环的分析框架理解资本主义再生产方式的,20世纪70年代以来,新马克思主义者的社会理论空间化转向是在与经典马克思主义的对话中展开的。列斐伏尔将空间和地理的分析带进马恩城乡关系理论中,强化了马克思主义的空间的一面。列斐伏尔借助马克思对商品的交换价值和使用价值的分析来分析资本主义的资本矛盾。他认为在资本主义制度下,空间是一种沿着有益于资本主义制度发展的轨迹创造出来的产物。列斐伏尔极富创意的空间理论深刻地影响了后来的城市研究。

大卫·哈维在《资本之谜：人人需要知道的资本主义真相》一书中，分析了资本演化的地域分布，他提出了地理学的三个准则，分别是打破资本积累的地域限制，恰当的时间和地点，经济活动集中在某地区。此外，还分析了资本地域分布的特殊例子——城镇化建设。为了更好地解析资本主义的城镇化进程，哈维于1978年在《资本主义中的城市进程》一书中提到有两种资本循环，第一种是对于商品生产的投资，第二种是对于像道路和建筑一样的固定资本的投资（Harvey D, 1978）。第二种循环中的投资可以暂时性地缓解由于第一种循环汇总的过度积累造成的危机。哈维认为，空间布局的形成和空间经济的机能被视作处于危机中的资本主义经济的中心问题。首先是价值和剩余价值的生产通过消费品进行商品的消费和劳动力的再生产，商品的消费和劳动力的再生产又通过更多的劳动力产生更多的剩余价值。接下来，生产的剩余价值分别进入资本市场和政府职能中，用于更大层面的社会再生产，从而产生更多的剩余价值。循环往复，通过资本的无限循环使社会得到了空前的发展（Harvey D, 1978）。

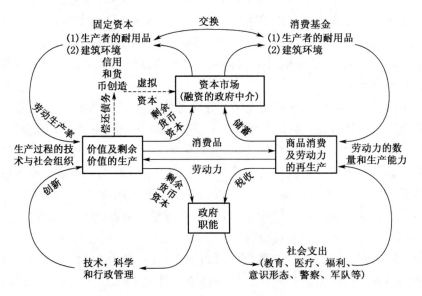

图 2-17 资本的循环

资料来源：Harvey, D. (1978). The urban process under capitalism: a framework for analysis. *International journal of urban and regional research*, 2(1-4): 101-131.

除了以"生产"为切入点的分析方法，还有以"消费"为切入点的分析，其代表人物是卡斯特尔。他认为集体消费满足了空间单位与社会单位的一致性，因此，它应该成为城乡关系的研究对象。在集体消费的视角下，城市被看作是一个组织起来以提供每日生活所需各种服务的系统，并且直接或间接地受到国家的指导或控制。

总体上看，经典马克思主义关于城乡空间对立的分析、建构城乡和谐关系的理论以及新马克思主义相关理论带来的启示是需要重视和分析资本力量在城市发展中的作用，同时也要重视政府角色的研究。

2.5 研究框架

从总体上看,本书采用实证主义和人本主义的分析框架,即按照"一般规律"、"实证地域"的框架,通过对宏观城乡关系的整体把握,具体划分城乡关系的类型,包括城乡分离、城乡关联和城乡融合,这三种类型分别对应三个阶段,分别是工业化初期、工业化中期和工业化后期,通过对功能、制度、组织三者的研究,支撑起整个城乡关系的研究内容(图2-18)。功能转变实际上属于看得见的实体空间地域,包括土地利用用途和基础设施的变化;组织转变实际上是该地域的相关利益者如企业、政府和公众,在本书研究中则对应政府、农民、产业等;制度转变主要是政策要素,它对功能转变和组织转变有决定性力量。尽管本书标题中鲜见功能转变、制度转变、组织转变等明显字样,但该内容划分在本书梳理整体思路中起着至关重要的作用,由于三者之间往往不以同一速度转变,该框架也是在不断变化中的。最后,本书着重对处于工业化中期时点的石家庄进行了具体的分析。

本书的城乡关系分析框架见图2-18。

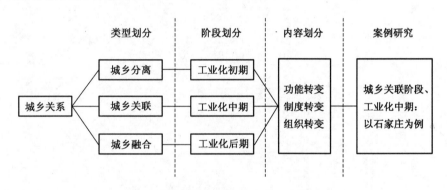

图2-18 石家庄城乡关系的分析框架

2.6 本章小结

通过对城乡协调发展的理论模型解析可以看出,城乡联系理论源于将城市和乡村整体看待的思想源泉,不论是发达国家还是发展中国家都经历过或即将经历乡育城市、城乡分离、城乡融合、城乡一体化阶段,这几个阶段的发展顺序并不完全是逐一更替的,在机遇可以的情况下,是可以跳跃其中几个发展阶段,直接到达高级发展阶段的。总体上看,发达国家目前已经处于城乡融合阶段,它们的城乡关系关注的问题更多是从空间整体、社会文化融合层面考虑,而发展中国家的城乡关系刚从城乡分离向城乡融合阶段转化,它们更加强调城市与乡村"流"的畅通。因此,发达国家和发展中国家由于城乡所处阶段不同,发达国家的经验未必能全部应用于我国,运用时需要结合我国实际选择性地吸取。

通过对城乡统筹内涵的解读可以看出,我国现阶段强调城乡统筹是为了改变长期以来由于人为设定的制度导致城乡割裂的状况。为了扭转这一状况,我国现阶段的城乡统筹核心是通过完善制度,达到城乡要素"流"的畅通,通过城镇化盘活农村存量资产,通过城乡布局、产业选择、基础设施和公共服务均等化等具体手段达到城乡融合和共促的目的。

新中国成立以来,经历了计划经济、计划经济向市场经济转型、市场经济几个阶段,伴随着宏观层面的制度变迁,我国城镇化道路几经波折。由控制大城市到大中小城市和谐发展,再到中小城市、小城镇作为发展的重点,我国的城市发展方针随着形势的不同而不同。在城市偏向的城镇化方针指导下,带来了城市经济的高速增长和农村问题的凸显;在城乡统筹的城镇化方针指导下,将带来城乡经济、社会、环境的和谐发展。

3 城乡关系的国内外经验借鉴

发达国家在现代化进程中也面临着统筹城乡的发展问题,德国、韩国、日本等均作出了相应的尝试。尽管国情不同、政府在城乡统筹过程中发挥的作用不同,但了解国外统筹城乡的具体实践可以为推进我国城乡统筹打下基础。按人均GDP达到5 000美元做一划分,可以看到世界上不同发展阶段的国家和地区对城乡统筹问题关注的时间节点,日本在20世纪60年代中期,中国台湾地区和韩国分别在20世纪70年代中期和80年代初期出现了城乡统筹发展的实践,中国大陆地区在2003年左右开始统筹城乡发展的理论与实践(王德文等,2011)。城乡统筹发展带来了劳动力市场的正常反应,预示着社会经济发生急剧的结构性变化。

3.1 中东欧和中亚的农村市场化

由于中东欧和独联体①在20世纪90年代初经历了剧烈的经济衰退期,因此,重振农业经济成为了各国的首要任务。中东欧国家意识到增加非农就业对改善农村经济有直接的作用,进而对非农业人口往城镇迁移有推动作用。他们对中东欧国家非农就业的内部结构进行了细致的研究,在此基础上对如何进一步完善农业改革、提高非农就业比重、加快农村人口向城镇转化进行了必要的探讨。

3.1.1 鼓励农民提高"非农收入",缩小城乡收入差距

中东欧国家农村地区的农民兼业特征明显,从事非农产业带来了收入的提高。有学者研究,中东欧国家非农收入的提高主要来源于五个方面,分别是家庭内部非农活动、农村小城镇的非农业活动、大城市的非农业活动(涉及通勤)、家庭成员从城市中的汇款、家庭成员从国外的汇款(N. Islam,1997)。这些分类有助于更好地理解家庭非农收入的真正来源。但难以从空间角度界定非农业活动发生的具体区位,比如非农业活动会发生在农村、小城镇附近以及城乡结合部等不同的区位。

从表3-1可以看出(H. Bright,2000),中东欧国家非农业收入的来源方式多种多样,主要分为兼职类的通勤和施工、自谋职业类的农产品贸易和乡村旅游以及农业本身的农产

---

① 中东欧国家包括捷克共和国、匈牙利、波兰、罗马尼亚等;独联体国家包括亚美尼亚等。中东欧国家以市场经济为主,独联体国家以计划经济为主。

品加工,在这些类别中又以施工、农产品贸易以及农产品加工这几类为主。

中东欧国家农民兼业现象表明农业不再是收入的重要来源,非农就业收入才是提高收入的源泉。按照世界各国城镇化的一般道路来看,农民进入城市或城镇就业是一条适合大部分农民的道路,但也仍有相当一部分离不开土地的农民不能到城镇就业,这样一来,鼓励农民以兼业的方式提高收入,减少了"举家离农"式的农业人口外流,有利于缓解城市人口的过度集中。

表 3-1 部分中东欧国家农业额外收入的主要来源

国家名称	非农业收入百分比(%)				
	兼职		自谋职业		农业部分
	A. 通勤	B. 施工**	C. 农产品贸易	D. 乡村旅游	E. 农产品加工
捷克共和国	—	26	21	(3)	—
斯洛伐克	—	(25)	(25)	(3)	—
匈牙利	<1	30	(50)	(2)	(2—10)
斯洛文尼亚	14		17		(50)
波兰	—	38	26	(3)	7
罗马尼亚	—	(20)	(10)	—	(2—5)
拉脱维亚	—	(20)	(10)	—	(5)

资料来源:Bright H, Davis J, Janowski M, et al. Rural non-farm livelihoods in Central and Eastern Europe and Central Asia and the reform process: A literature review[J]. World Bank Natural Resources Institute Report, 2000 (2633).
注:
A 代表在当地工作或国外工作
B 代表在施工行业工作
C 代表从事商业或贸易
D 代表从事农村旅游业
E 代表从事农产品加工业或直销农产品
( )括号内的数字只是粗略估计
＊＊粗略估计

3.1.2 推动农村地区市场化进程

中东欧国家意识到制约农业改革的主要因素是制度因素。他们用计划和市场两种体制对农业增长的影响进行了研究,发现以计划经济为主的独联体国家在农业改革的各方面都落后于以市场经济为主的中东欧国家,再一次说明了制度在农业改革和城乡统筹中的重要性。推动农村市场化进程包括推动价格和市场、土地改革、农产品加工市场化、农村金融市场化以及体制市场化等方面。

在表 3-2 里以 1 分代表计划经济,10 分代表市场经济,数值越小表明该国家计划经济比重越大,数值越大表明该国家市场经济比重越大(H. Bright,2000)。从表 3-2 中可以看出,市场化程度较高的捷克共和国、匈牙利、波兰在农业改革的各方面都优于市场化程度较低的罗马尼亚、亚美尼亚。

表3-2 部分中东欧和独联体国家农业改革评分

国家名称	价格和市场	土地改革	农产品加工	农村金融	体制
捷克共和国	9	8	9	9	8
匈牙利	9	9	10	9	8
波兰	8	8	8	7	8
罗马尼亚	7	8	7	7	8
亚美尼亚	7	6	6	6	5

资料来源:Bright H, Davis J, Janowski M, et al. Rural non-farm livelihoods in Central and Eastern Europe and Central Asia and the reform process: A literature review[J]. World Bank Natural Resources Institute Report, 2000 (2633).
注:从1到10,分数越高,表示国内经济环境越接近市场经济

农业改革的重点是对农业结构进行调整,在影响农业改革的诸多因素中,土地改革和农村金融是制约农村经济发展的关键要素。不完善的土地和资本市场抑制了乡镇企业的进一步发展,从而抑制了非农业人口向城镇迁移的进程。

3.1.3 注重建立统筹城乡就业的管理体制

中东欧国家在城乡统筹过程中注重建立健全农村劳动力转移服务体系,在加强职业技能培训、保护农民合法权益方面建立和完善相关的法律法规和政策,有效地促进了农村劳动力的转移,农村劳动力的转移与农村劳动生产率的提高相互促进,带来了国民经济的快速增长,形成良性循环。

从表3-3可以看出,农业就业比重在中东欧国家接近十年的变化情况,在改革之前,中东欧和独联体各国的农业就业比重在10%—30%之间,其中波兰和罗马尼亚的农业就业比重达到26.4%和27.5%。伴随着体制改革,各国的农业就业比重发生了显著变化,大体的趋势是中东欧国家从事农业的劳动力呈下降趋势(罗马尼亚除外),而独联体国家从事农业的劳动力不但没有下降,反而上升了。这与中东欧国家农村劳动力转向非农就业的趋势紧密相连。由于中东欧国家逐步的市场化进程带来了国民经济的增长,推动了农业劳动生产率的提高,快速增长的GDP为农业劳动力提供了越来越多的非农就业机会,促使了农业劳动力向城镇及二、三产业转移。而独联体国家由于计划经济体制的束缚,国民经济增长缓慢,难以提供非农就业岗位,导致劳动力向农业转移,引发高水平的农业隐性失业(H. Bright, 2000)。[①]

---

① 当失业率居高不下时,农业成为了解决就业的最后缓冲,导致高水平的农业隐性失业,这在经济转型期的国家经常出现,比如亚美尼亚和格鲁吉亚。

表 3-3　部分中东欧国家农业就业占总就业的比重(%)

国家名称	1989	1996	1997
捷克共和国	9.9	4.3	4
匈牙利	17.9	7.9	8.1
波兰	26.4	25.7	—
罗马尼亚	27.5	37.3	39.7

* 1990 年数据

资料来源：Bright H, Davis J, Janowski M, et al. Rural non-farm livelihoods in Central and Eastern Europe and Central Asia and the reform process: A literature review[J]. World Bank Natural Resources Institute Report, 2000 (2633).

3.2　日本的町村改造

日本是个岛国，耕地面积只占全国国土面积的 13.6%，二战初期城乡差距较大，农业资源大量流向城市，耕地被大量占用，农业生产出现萎缩的状况。针对这一状况，当日本经济战后稍微有所好转时，日本当局就重点关注农村的凋敝现象，以此扭转城乡失调的局面。

日本的城乡统筹开始于 20 世纪 60 年代初，这个时期日本的人均 GDP 达到 5 000 美元，一跃成为仅次于美国的第二经济大国。日本经济的快速增长在很长一段时间内是以片面重视工业、忽视城乡差距拉大为代价的。有数据显示，1959 年日本农民的收入水平仅相当于市民的 60%，这种收入差距导致农村人口急剧流向城市，地域间差异不断扩大，传统农村社会迅速凋敝，乡村人口急剧减少。

图 3-1 是东京都市区在 1940—2000 年间的人口变动情况，可以看出，1950—1960 年仍处于人口快速增长的时期，其中东京 23 区和外围 4 县的人口基本保持稳定，人口增长最快的地区是东京的近郊区（王宏远等，2007）。城市周边的区域农村人口不断涌向城市，都市区外围县市的人口增长速度极其缓慢，表明郊区化特征显著。为此，日本采取了下列一系列措施。

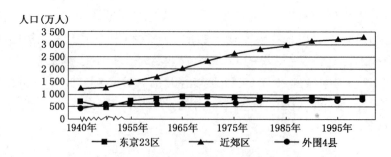

图 3-1　东京 1940—2000 年间的人口变化情况

资料来源：王宏远，樊杰. 北京的城市发展阶段对新城建设的影响[J]. 城市规划，2007，31(3)：20-24.

3.2.1 注重农村法律保障

为了遏制城乡差距继续扩大的事实,日本政府在 20 世纪 60 年代以后出台了一系列法律和发展计划以努力缩小城乡差异,具有代表性的有《农业基本法》《经济社会发展计划》《农振法》《农地法》《农协法》《过疏地域对策特别措施法》等。

日本城乡统筹发展的具体内容围绕六个方面展开,包括发展农村工商业、建设农村基础设施、推进农村土地规模经营、发展农村基础教育和职业教育、建立农村与城市一体化的社会保障体系、支持农业协会开展农村建设。为了让这六方面的内容能够顺利开展,日本政府将制定和实施扶持农业和振兴农村的法规政策放在了首要位置,这也是日本城乡统筹的一大特色,通过政府制定的法规政策对农业这个弱势产业进行扶持。此外,还通过财政转移支付制度、增加农业基础设施建设和农村社区公共事业建设的财政投入对农村地区的发展予以支持(郭建军,2007)。

20 世纪 90 年代末,经过近 30 年对农村地区的持续关注,日本的城乡差距得到了实质性的缩小,表现在城乡居民收入基本持平,农业和农村的全面现代化等方面。

3.2.2 采取"市町村合并"提高农村地区行政效率

日本在实现农村社会管理与经济发展的现代化过程中,为增强地区经济实力、降低政府管理成本、提高行政管理的规模效应、扩大社会公共设施的覆盖面与提高使用效益、适应经济发展的阶段性变化、拓展市町村区域范围,减少市町村数目的"市町村合并"曾是多次运用的手段。明治维新以来,曾有三次大规模的市町村合并,即"明治大合并"、"昭和大合并"和当前的"平成大合并",三次合并都极大地促进了日本地区经济的建设发展(焦必方等,2008)。

1878 年(明治十一年),日本制定"郡区町村编制法"后,町村作为最基本的行政单元,进行教育、税收、规划、救助及进行户籍登记等,1889 年为加强行政管理目的,推行"町村制"。由于 1886 年日本首次提出在全国范围内普及小学 4 年义务教育,因此,町村规模的建设就与小学需要的人口规模联系起来,制定了每一町户数为 300—500 户。町村数由 1888 年的71 314 个迅速减少到 1889 年的 15 820 个,这次合并时间短、数量多、影响大,是日本历史上的"明治大合并"。

1945 年,第二次世界大战结束后,町、村数分别为 1 797 个、8 518 个。日本为加快民主化进程,1947 年颁布实施《地方自治法》,对市町村承担的任务做了明确的规定,与过去相比,增添了许多新工作、新业务。但当时町村规模较小,无力承担伴随新业务而增加的业务经费支出。于是为了提高行政事务的效率,1953 年日本制定了《町村合并促进法》,该法再次以学校为基准,即根据 1 所初级中学最有效的区域人口规模为 8 000 人的设想,为町村制定了人口规模标准,1953—1956 年町村数目减少了 6 000 余个。1956 年,为继续推进町村合并,日本实施《新市町村建设促进法》,町村数量再次下降。1953—1961 年的町村合并称为"昭和大合并"(焦必方等,2008)。仅 1950—1955 年,村的数量就从 8 357 个锐减至 2 506

个,减少约70%(中国建筑设计研究院,2005)。

1965年日本出台并实施《关于市町村合并特例的法律》(《合并特例法》),规定对市町村的自主合并行为继续予以支持,但强调要稳定地方自治制度,从1970年至2000年的30年间,町村数量由2 027个町、689个村减少为1 991个町、567个村。2000年以后日本町村合并的速度加快,到2007年市、町、村分别为782个、827个和195个,进入21世纪后的这次市町村合并高潮称为"平成大合并"。

其中,"平成大合并"影响范围最广,市町村合并同步于城镇化过程,直到现在还在进行。目前,日本已提出广域市町村的概念,为多个行政单位共享区域内的资源提供行政上的准备,以适应城市社会中社会经济范围的进一步扩大(李阿琳,2009)。

日本的土地属于私有,市町村的合并也仅局限在行政区划的调整,并未造成人员的搬迁,但也在一定程度上说明,日本意识到提高农村运行效率的必要性,采用行政手段和财政转移支付的制度使农村地区的效率大大提高了。

3.2.3 促进农村多产业发展

随着日本工业化和城镇化进程的推进,农村地区多种产业形态日益发达,农业的发展和农民生活水平的提高,在很大程度上依赖于工业的高速发展。二战前,日本大力倡导发展工业,围绕农村当地的传统工业建立了现代工业系统。二战期间,日本把许多工厂疏散到农村,其中一部分战后就留在了农村。为防止城市人口过分集中和农村人口大量外流,日本政府也推行振兴区域经济政策,鼓励工厂"下乡",让城市大企业到农村地区投资设厂,使解放出来的农村劳动力进入到工业、副业和第三产业领域,促使农民离农。同时,完善的交通设施也为农民兼业创造了必不可少的条件。日本农民在人数下降的同时,兼业化程度也很高,以非农业收入为主的农民占日本农民的大多数(张泉,2006)。

3.2.4 加强农村基础设施

日本在城镇化中后期加大了农村基础设施的投入,对农村投资的方式及渠道较多,其中央政府主要是对建设项目进行财政拨款及贷款,地方政府除财政拨款外,还可以发行地方债券,用于公共设施建设。日本政府对农村基本建设投入很大,1998年为10 840亿日元(约73.7亿美元),1999年增至10 910亿日元(约74.2亿美元)。

在日本农村地区,市政设施水平值得称道,尤其是污水、固废处置设备完备,日本的3 000多个町村地区基本上都配备了污水、固废处置设施。市政基础设施的建设与配套都是市场化的,农户主要通过申请向市政管理部门要求配备市政设施。但是,对于部分居住特别分散的农村地区,管线到户必然带来超额的铺设成本,那么,在日本这样的农户就仅配套了水、电等基础设施,燃气则使用液化天然气,这体现了一种实事求是的做法。农村基础设施的改善,加强了城镇间、城乡间的联系,有效提升了农村的发展能力,而农村发展也为城市产业和人口的扩散提供了良好的条件(张泉,2006)。

3.2.5 实行倾斜政策

日本农村建设的政策取向集中反映在农村地区的土地规划、明确的投资体制、严格的环境保护、农民的参与机制等四个方面。一是在土地放开的前提下,日益加强规划调控政策,这主要体现在推行农田整备、围海造田后的统一规划和鼓励住房集中等方面,特别是农田整备方面,政府花费了大量财力物力,日渐成效。二是在财政政策上,日本实行新一轮的政策倾斜,为农村各类建设事业提供新的支持。同时,明确建设投资的分工政策,这一点从水利事业方面可以略见一斑,如在石川县手取河建设事业中,国家财政承担50%,县级政府承担25%,市町村承担20%左右,在涉及农田改造时也由农户承担小份额的经费。三是实行严格的自然环境保护政策,日本在农村地区污水、固废处置和封山育林方面的努力和成效明显。四是将成功的城市管理经验"移植"到农村的管理中,鼓励农村居民参与地区活动,制定各类村民公约和规范。从地区发展规划的制定,到地区环境建设事业的知晓、参与,到一系列地区居民与建设事业的"共建"式活动,反映了日本农村居民对地区建设事业的影响力,甚至某种程度上起了主导作用(张泉,2006)。

3.3 韩国的新村运动

3.3.1 制定阶段性目标

韩国是一个以丘陵、山地居多的国家,国土面积10.03万 km²,耕地只占国土面积的22%。20世纪70年代,韩国经济正处于快速发展阶段,但与蒸蒸日上的城市相比,农村发展缓慢,相对萧条。面对城乡的严重失衡,韩国政府认识到,无论从经济还是政治角度来讲,加快农村地区的发展都是十分必要的。韩国政府开始重视工农业均衡,并把农村开发上升到国家发展战略高度,"新村运动"便应运而生。

韩国的"新村运动"至今已40多年。1962—1971年韩国政府开始实施第一、二个经济发展五年计划,重点扶持产业发展和扩大出口,工农业发展严重失调,城乡收入具有拉大的趋势,导致农村人口大量流动、无序迁移,带来诸多城市问题和社会问题。农村劳动力老龄化、弱质化,农业后继无人,再加上机械化发展滞后,导致部分农村地区的农业濒临崩溃的边缘。为解决农村和社会问题,韩国政府在第三个五年计划中重视农村问题,1970年发起"新村运动",制定了阶段性目标,提供了一个发展中国家跨越式、超常规发展的模式(李水山,2006)。

基础建设阶段(1971—1973)的目标是改善农民的居住条件,如改善厨房、屋顶、厕所,修筑围墙、公路、公用洗衣房,改良作物、蔬菜、畜禽品种等,这些改变了农村的生活居住条件,引起了广大农民立足家乡、建设家乡的积极性。

扩散阶段(1974—1976)中"新村运动"迅速向城镇扩大,成为全国性的现代化建设活动。新村建设的重点从基础阶段的改善农民居住生活条件发展为居住环境和生活质量的改善和提高,修建村民会馆和自来水设施以及生产公用设施,新建住房,发展多种经营,农民收入大幅度提高,农业实现了连年丰收。

充实和提高阶段(1977—1980)中城乡差距逐步缩小,社区经济开发日趋红火,政府工作重点是在鼓励发展畜牧业、农产品加工业和特产农业上,积极推动农村保险业的发展,此时"新村运动"从政府主导的"下乡式运动"转变为民间自发的,更加注重活动内涵、发展规律和社会实效的群众活动。

国民自发运动阶段(1981—1988)中政府调整了相关的政策和措施,建立和完善全国性新农村运动的民间组织,培训和信息、宣传工作改由民间组织来承担,农民的经济收入和生活水平渐渐接近了城市居民生活水准。这一期间以提高农村自我发展能力为目的,经历了由政府主导向民间主导的转变,主要通过发展多种经营、建立完善农村合作组织,提高农民自立能力,扩大农业收入。1980年时,其人均GDP为2 330美元,到1987年时已经增长为4 110美元。

自我发展阶段(1988年以后)启动了各项农村经济、文化活动,在不断优化农村组织机构中传承新农村运动的精神和理念。大批有助于农村经济、文化发展的机构和组织开始发挥重要作用,同时,各行各业支援农村的活动依然在延续(吴自聪等,2008)。

3.3.2 推动小城镇促进政策

表3-4是韩国小城镇促进政策总结表,可以看出韩国的小城镇发展分为三个阶段,分别是营造城镇阶段、营造小城镇阶段、开发小城镇阶段。

表3-4 韩国小城镇促进政策总结表

措施名称	营造城镇(1972—1976)	营造小城镇(1977—1989)	开发小城镇(1990—2001)
目标	促成据点生活圈	提高区域开发据点、准城市职能	强化行政、经济、社会、文化等区域中心职能,搞活区域经济,扩大居民福利
计划对象	1 505个城镇(小城市、镇乡所在地)	1 443个小城镇(镇乡所在地)	1 443个小城镇(镇乡所在地)
落实对象	397个城镇	844个小城镇	533个小城镇
重点事业	环境整备事业	环境整备事业生产流通设施	城市基础设施、生产流通设施、环境整备事业

资料来源:[韩]权晤赫.韩国小城镇政策展开过程与发展方向[C]//韩国地方行政研究院.小城镇开发,如何进行,2002.

新农村"造村"运动后,韩国的农户为155.8万户,农业人口516.7万,占全国总人口的10.9%,户均耕地1.3 hm^2。韩国1994年颁布实施了《农业机械化促进法》,农业基本是机械化生产。农村居民和城镇居民的收入差距明显缩小,韩国农户人均收入从1970年的137美元增加到1978年的649美元,根据世界银行1995年《世界发展报告》和韩国政府统计资料显示,农村居民的收入显著提高,韩国农村居民的人均收入已达到城市居民的95.5%,并且全国实现了电气化,每100户农民拥有彩电率达到123.6%、电冰箱率105%、电话率99.9%、计算机率6.7%。农村居民的恩格尔系数为21%,基本达到了中等发达国家的水平,到2004年韩国人均GDP跃升为1.4万美元。与此同时,农村基础设施得到改善,灌溉设施和排水沟等生产性基础设施比较完善,农民生活条件得到改善,电气化设备进入家庭中(权晤赫,2002;黄建伟等,2009)。

3.4 德国的城乡等值化

3.4.1 强调分类型土地整理

二战以后,德国的农村问题长时间比较突出,基础设施严重缺乏,大量人口涌向城市,农村经济凋敝。在此背景下,德国政府提出"在农村地区生活,并不代表可以降低生活质量"、"与城市生活不同类但等值"的"城乡等值化"理念(表3-5)。巴伐利亚州采用"城乡等值化"理念,开始通过土地整理、村庄革新等方式,使农村经济与城市经济得以平衡发展,创造性地解决了农业、农村和农民问题。此后,这一发展方式成为德国农村发展的普遍模式,并从1990年起成为欧盟农村政策的方向。

表3-5 德国巴伐利亚州土地整理类型

类 型	说 明
常规性土地整理	通过全面重新安排村庄、道路、更新村庄、保护自然等实现改善农林业经济生产和作业条件,并在此过程中通过协调不同参与主体的权益,为乡村的进一步发展创造良好的条件
简化土地整理	适用于已经进行了土地整理但需进一步合并土地的地区
项目土地整理	将铁路、公路、水利等基础设施建设项目中被征用的土地让更大范围内的地产所有者分担;避免强制性征购土地,实施建设项目土地征用计划
快速合并土地	在已经完善的道路网络和完善的水利设施建设方面,仅限于涉及地产所有者的地产或者部分地产,不包括农村居民点的合并
自愿交换土地	在改善土地利用条件和保持自然保护景观的条件下,不同土地所有者之间的互换行为,适用于个别地产主之间要消除零碎地块、没有建设项目、只需少量测量工作的情况

3.4.2 保障农民收益

巴伐利亚州的实践经验和启示(刘英杰,2004;徐雪林等,2002):第一,进行"土地整理",如将分散的小块土地进行合并、将优等的土地置换用于农业生产等,以提高农业生产的集约化水平、提高土地利用率和生产效率。第二,农民的田产和房产是农民自己的财富,农民有权变卖,也有权将其作为信贷抵押到银行申请贷款,开辟新的致富途径。第三,动员大公司到农村开办企业,给离开土地的农民提供新的就业岗位。第四,鼓励各地区因地制宜、发挥优势,展开多种经营,实行积极的产业引导政策。第五,政府设立专项资金,通过职业培训促进农民就业,并对农民开办中小企业提供帮助。第六,采取"开发"和"保护"相结合的方式,实现可持续发展。

3.5 中国城乡统筹的典型模式

3.5.1 天津模式:安居乐业

天津市是我国经济重地,是全国发展程度较高的地区,在统筹城乡发展方面做出了许多有益的探索,尤其作为大都市郊区农村城镇化的典型,其发展经验值得借鉴。以下将从天津市城乡统筹的背景与总体策略、天津城乡发展的独特性、城乡统筹的基本路径、机制保障与示范小城镇建设的典型地区分析等几个方面,对天津城乡统筹进行剖析与透视,力图抽取对于石家庄城乡统筹有益的经验。

1)背景与总体策略

天津作为环渤海地区的重要经济中心,根据天津市总体规划,规划建设成为国际港口城市、北方经济中心、生态城市、文化名城,新时期、新职能对天津的城乡发展一体化提出了更高的要求。基于大都市郊区的区位背景,天津城乡统筹的关键是核心资源的识别与利用——充分利用大都市郊区的区位优势,借助工业化和郊区化的推力,释放土地级差收入潜力。

2003年,天津市将统筹城乡发展作为全市发展的三大战略之一,城乡统筹发展进入了加速期。2006年,天津纳入城镇建设用地增加与农村建设用地减少相挂钩的第一批试点。① 2009年出台《天津市城乡建设用地增加挂钩试点管理办法》,示范小城镇建设全面展开。2009年6月,市政府出台了《天津市以宅基地换房建设示范小城镇管理办法》,进一步规范完善了宅基地换房建设小城镇工作。随着城乡统筹工作的不断深入,天津城乡统筹的做法也越来越成熟。以宅基地换房、建设示范小城镇为龙头,推进农村居住社区、工业园区、农业产业园区"三区"统筹联动发展,打造拥有薪金、租金、股金、保障金的"四金"农民,天津在破解农村城镇化进程中的土地、资金和出路三大难题,促进大城市在郊区农村城镇化进程方面实现有益的探索(中国经济时报,2010)。

2)天津城乡发展的独特性

(1)地域狭小的城镇密集区

天津市域面积119 173 km²(中国省级行政区第30名),建成中心城区面积530 km²,市

---

① 国土资源部下发《关于天津等五省(市)城镇建设用地增加与农村建设用地减少相挂钩第一批试点的批复》,2006。

域人口密度861人/km²(中国省级行政区第5名)(图3-2)。地域本就狭小,人口和经济的增长进一步加大了城市扩张的压力,天津发展面临空间约束,广大的农村地域成为促发展的关键。

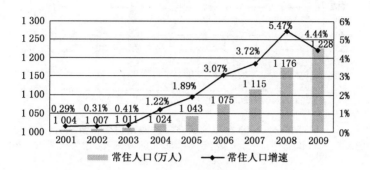

图3-2 2000年以来天津市常住人口增长情况
资料来源:天津市统计局.天津市统计年鉴[M].北京:中国统计出版社,2002—2010.

(2)天津的跨越式发展

2003年以来,天津进入跨越式发展期(图3-3),GDP快速增长,国家级、区域性项目纷纷进入,产业结构迅速转变。2004年六大支柱产业为电子信息、汽车、化工、冶金、医药、新能源及环保;2009年八大支柱产业是航空航天、石油化工、装备制造、电子信息、生物制药、新能源新材料、轻工纺织、国防科技。经济与人口快速增长和膨胀,城市扩张的态势明显,对天津的城乡一体化发展提出了更高的要求。

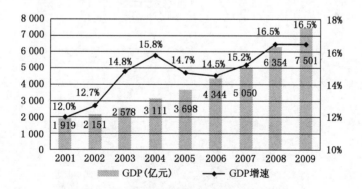

图3-3 2000年以来天津市GDP增长情况
资料来源:天津市统计局.天津市统计年鉴[M].北京:中国统计出版社,2002—2010.

随着沿海都市型现代农业的发展,工业结构的优化升级,现代服务业体系的完善,天津产业结构不断优化,基本实现了经济结构的高度化。2009年天津市三次产业比重为3.7∶50.8∶45.5(图3-4),进入工业化后期,城乡统筹的条件已经成熟。

(3)区域发展不平衡,区县经济滞后于市域整体水平

在滨海新区上升为国家战略后,滨海新区作为全市经济发展强力引擎的作用日益彰显,龙头带动作用突出(图3-5)。中心城区以现代服务业为依托,优化提升动力显著,最

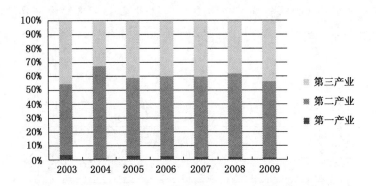

图 3-4　2003 年以来天津市产业结构变化情况
数据来源：天津市统计局.天津市统计年鉴[M].北京：中国统计出版社，2004—2010.

薄弱的是各个区县的发展。"为加快区县发展，天津市委、市政府对小城镇的发展高度重视，从 2005 年就开始谋划小城镇的建设，特别是像华明、小站、八里台等一批示范小城镇对整个区县的经济拉动作用显著，提升了农民未来的居住水平及环境质量。"发展区县经济，推进滨海新区、中心城区和各区县三个层面联动协调发展，也是实现天津区域协调的内在要求。

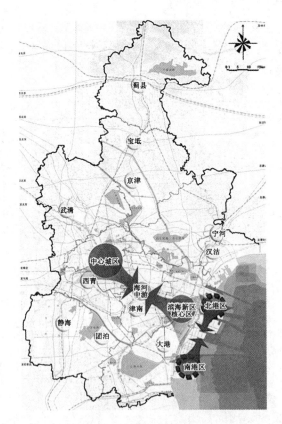

图 3-5　天津市发展格局
资料来源：中国城市规划设计研究院.石家庄城乡统筹规划(2010—2030)[R]，2010.

(4) 城乡协调程度较高，城乡收入差距呈良性发展态势

天津 2009 年城乡居民收入比约为 2∶1，低于全国平均水平。农民人均纯收入 10 675 元，说明天津的农村发展水平较高。随着天津城乡发展的推进，城乡差距逐年缩小，说明天津城乡关系进入良性发展的阶段，这与自 2005 年来天津城乡统筹的推进不无关系。

3) 天津统筹城乡的基本路径

天津通过构建新型城镇体系，以小城镇示范建设为龙头，统筹"三区"联动发展，发挥高度工业化的带动作用，实现工业化与城镇化的互动，在推进城乡一体化方面探索出了适合本地情况的模式。其中，以示范小城镇建设为龙头，推动农民居住社区、示范工业园区、农业产业园区"三区"联动发展，是天津建设社会主义新农村的基本路径。

(1) 构建新型城镇体系

根据天津市总体规划，天津将构建四级城镇体系，即"双城—新城—新市镇—中心镇"的新型城镇体系。这一体系通过对城镇等级、规模的调整，明确各层次的服务职能，结合与中心城市的关系，形成了有利于城乡互动发展和要素流通的网络化格局。

构建双城即中心城区、滨海核心区；构建 10 个 20 万人以上的新城，即西青、津南、汉沽、大港、蓟县、宝坻、武清、宁河、静海、滨海高新城；构建 22 个 10 万人以上的新市镇；构建 18 个 2 万～5 万人的中心镇（图 3-6）。

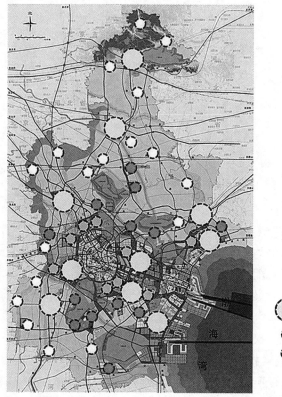

图 3-6　天津总规划修改提出的新型城镇体系

资料来源：中国城市规划设计研究院. 石家庄城乡统筹规划(2010—2030)[R], 2010.

(2) 示范小城镇建设为龙头,宅基地换房的成功探索

从 2005 年下半年开始,为了进一步破解小城镇建设中普遍存在的土地和资金等难题,天津探索以"宅基地换房"建设新型小城镇、推进社会主义新农村建设的新路子(图 3-7)。2006 年启动华明镇示范小城镇建设,至 2010 年已推动三批示范小城镇,共 23 镇 6 村,涉及 272 个村、16 万户、42.5 万人,目前正在筹划第四批。小城镇是带动和服务农村地域的核心单元和纽带,以小城镇为主力,撬动城市和乡村两大经济板块,是天津城乡统筹的关键环节。

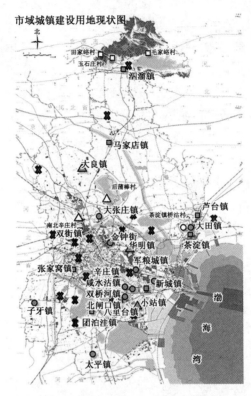

图 3-7 天津市域小城镇建设现状
资料来源:中国城市规划设计研究院.石家庄城乡统筹规划(2010—2030)[R],2010.

小城镇建设的本质是在"城乡建设用地增减挂钩"框架下,推动集体建设用地流转,释放外围乡村地区的土地级差收入潜力;同时以小城镇建设为核心引导人口集聚,为生产资源流转提供空间,为设施完善提供平台;配套产业园区等经营性设施建设,完善社会保障体系,为农民提供就业与生活保障。其根本意义在于实现了城乡生产要素(土地、人口、资金)的顺畅流通。

在具体操作模式上,天津采取以"宅基地换房"的方法。以宅基地换房具体分八步走:由区(县)政府编制总体规划,报市政府审批;组建投融资机构,负责小城镇建设;市政府国土管理部门下达土地挂钩周转指标;村民提出宅基地换房申请并与村民委员会签订换房协议;村民委员会与镇政府签订换房协议;镇政府与小城镇投融资机构签订总体换房协议;小城镇农民住宅建成后,由村民委员会按照全体村民通过的分房办法进行分配;农民搬迁后,对原宅基地整理复耕,复耕的土地用于归还小城镇建设占用的土地挂钩周转指标(中国经济时报,2010)。其具体流程如图3-8所示。

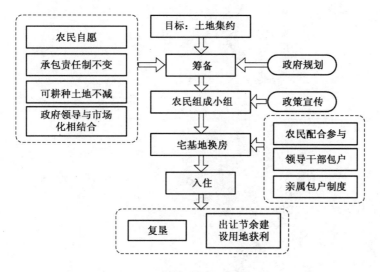

图3-8 宅基地换房具体流程

资料来源:中国城市规划设计研究院.石家庄城乡统筹规划(2010—2030)[R],2010.

(3)三区联动战略部署

以"宅基地换房"建设示范小城镇为龙头,推进农村居住社区、工业园区、农业产业园区"三区"统筹联动发展(图3-9,图3-10),是具有天津特色的城镇化发展战略。其中,三区联动统筹有效破解了城镇化进程中的土地、资金和出路三大难题,探索出一条大城市农村城镇化的新路子,具有较强的典型性和可推广性。

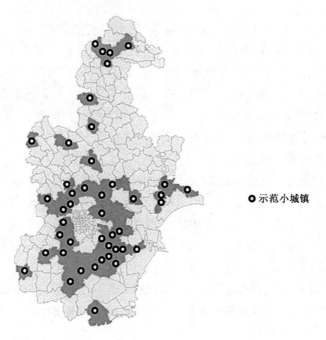

图3-9 天津城乡"三区统筹"示范小城镇

资料来源:中国城市规划设计研究院.石家庄城乡统筹规划(2010—2030)[R],2010.

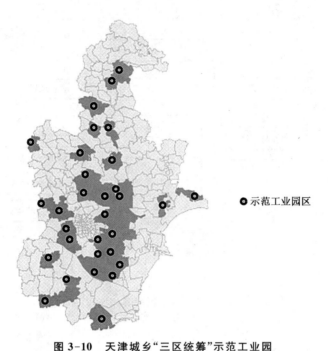

图 3-10 天津城乡"三区统筹"示范工业园
资料来源：中国城市规划设计研究院.石家庄城乡统筹规划(2010—2030)[R],2010.

2008年天津市政府下发《关于加快天津市乡镇工业区发展的意见》，推动乡镇示范工业区发展。2009年8月确定第一批15个区县示范工业园区。至2010年把103个工业小区合并，形成31个示范工业园区、31个乡镇示范工业区。2009年，同期启动农业产业园区建设。

三区联动的创新性在于：通过"宅基地换房"的土地置换，规划建设了生态宜居的新市镇，解决了农民的居住问题；产业聚集的现代产业园区，在为农民提供了充分就业岗位的同时，也增强了区域经济实力和可持续发展能力；统一复耕还田，这种做法为大规模建设现代化设施农业的实施铺平了道路，农业增效10倍，农民实现增收。三区联动一箭三雕，解决土地、资金、出路的问题。同时，实施居住社区、工业园区和农业产业园区的联动也是建设强县强镇的重要途径，是发展区县经济的有效方式。

（4）发挥工业化强带动的优势

天津2009年的第二产业比重为50.8%，工业化程度较高。在推进工业化进程、产业结构优化方面，天津近年来成就斐然。2007年，六大优势产业占全市规模以上企业72.4%，工业增长贡献率为62.8%；2009年，八大优势产业初步形成，航空航天、石油化工、装备制造、电子信息、生物医药、新能源新材料、国防科技、轻工纺织占全市规模以上工业总产值的92.8%，贡献率极高；2010年第一季度，重大工业项目贡献率超六成，八大优势产业贡献率超九成。随着产业结构的高级化，天津工业的结构效益初现。发挥强大的工业优势对农村、农业的带动，是天津市城乡统筹的重要举措，其中最为典型的是滨海新区核心区的城乡统筹战略。

天津滨海新区被纳入国家宏观经济战略布局，将成为环渤海地区的新增长点。区域地位的提升进一步促进了滨海新区的发展,一方面是经济总量的快速增加,另一方面则是产业结构的不断演进。农业在地区生产总值中的比重开始下降到1%以下,农村经济地位的下降直接威胁着农村地域的存在。如何利用高速发展、高度工业化这一核心资源,发挥工业化优势,实现经济增长极域内的城乡统筹,是滨海新区核心区城乡统筹的关键。

以原塘沽区为例,受产业结构的影响,滨海新区核心区的城镇化模式以下特征明显:①先进制造业推动。滨海新区主要行业为石油和天然气开采业、化学原料及化学制品制造业、交通运输设备制造业。②企业性质具有国有化大型企业主导特征。国有及国有控股企业的工业总产值占全区规模以上工业企业工业总产值的84%,大中型企业在全部规模以上工业企业工业总产值中占到84%。③主要行业集中在原料制造业和重工业。塘沽区石油和天然气开采业、化学原料及化学制品制造业两类行业的工业总产值占到了全部规模以上工业企业工业总产值的84%,重工业与轻工业工业总产值之比高达67∶1。④外部联系相对单一。塘沽区的内资企业贡献了全部工业总产值的88%,经济外向化程度低。综上所述,塘沽区的城镇化动力主要来自国有内资大中型企业,产业结构偏重。

这些门类的工业企业经济增长对劳动力的需求弹性很小,因而对推动地区城镇化作用甚微,远远低于珠三角和长三角的机械、服装、玩具等轻工业主导地区,由此导致滨海新区核心区内工业化进程大大快于城镇化进程。为实现工业化与城镇化的协调发展,滨海新区对城镇化模式进行了重构。

由此,塘沽区主要通过调整产业结构实现城镇化动力的多元化,主要方向有:①以民营企业作为吸纳农村剩余劳动力的主要载体。民营经济的充分发展不但能使地方经济充满活力,更能促进产业集群的产生,提升乡镇企业的竞争能力,成长为可以与核心大型企业竞争的产业形态,从而使塘沽区产业结构由少数大企业主导的"刚性结构"转变为"弹性结构",将推动农村城镇化的动力演变为私营企业、三资企业、联营企业等多元化的格局。②将扶持生产性服务业大发展作为推动城镇化进程的持续动力。目前,塘沽区农村地域三产以低端服务业为主导,其中的生产性服务业已经成为农民生产活动的主要类型。一旦大量中小型民营企业发展起来,对生产性服务业将产生大量需求。而生产性服务业大发展,则有利于促进民营企业之间的分工协作,通过为企业提供供需信息,实现产业的集群式发展。从生产性服务业定位来看,宜与中心城区的高端服务业形成分工,比较合适的业态是物流产业,一是符合广大农村劳动力素质的实际情况,二是可为现状大企业生产活动进行配套,使国有及国有控股大企业进一步融入地方经济体系中。③依靠外资企业提升乡镇企业的管理和技术层次。本地发展起来的乡镇企业在管理水平和技术层次上具有先天不足的特征,通过引入外资企业的先进管理方法和生产技术,可以从根本上提高乡镇企业的生产水平,为乡镇企业逐渐进入集约型发展的良性循环奠定基础。

(5) 积极发展沿海现代化农业与都市农业

为改善农民生活水平,天津市近年大力发展沿海都市型现代农业(齐永忠等,2008)。设施农业、都市现代农业与观光农业发展良好,农业产业化和规模化初具成效。其中,现代农业园区建设、科技支农是重要举措。

现代农业园区是"三区"联动发展的重要组成部分,天津共确定15个现代农业园区,其中有9个现代农业示范园、6个滨海农业科技园区。2010年已开始建设9个现代农业示范园,共涉及7个区县19个乡镇113个村,总面积25万亩,总投资为53亿元。每个现代农业示范园总面积不少于5 000亩,其中核心区面积不少于1 000亩。示范园2011年全部建成后,预计年增加经济效益近30亿元,可新增加2万个农村劳动力就业。

农业科技进步贡献率是指农业技术进步率占农业总产出增长率的份额,可集中反映某一区域农业科技进步对于促进农业各生产要素合理有效配置,进而推进农业发展的水平和潜力。至2009年年末,天津农业科技进步贡献率为60.4%,远高于全国农业科技进步贡献率51%的平均水平,在沿海农业发达的省市位居前列。天津财政对农业科技的投入逐年增加,2009年达到18 131万元,占当年农业增加值的1.5%。与此同时,千余名科技特派员走街串巷,深入田间地头,手把手地传授设施农业、规模化养殖等新技术,实现了有农区县全覆盖。截至去年年底,科技专家们已培训农民108 743人,推广了274项新技术,同时引进新品种397个,有力地促进了农业增产和农民增收。农作物良种率达95%,无公害蔬菜的覆盖率超过90%,畜禽良种率达90%,农业机械化综合作业率达到75%,有效地推动了农业发展。

4) 保障机制

在引导"三个集中"的基础上,天津着力打造"四金农民"(股金、薪金、租金、保障金):保障劳动就业,多渠道解决还迁村民的就业问题;扩大养老保险;广开增收渠道;采取个人流转经营、集体承包经营、全街统一流转经营三种方式,解决搬迁村民的土地耕种问题。其中较为突出的两个表现是对社会保障机制的重视。

(1) 城乡居民同等享受医疗养老低保待遇并实现省级统筹

天津于2007年实行农村低保制度,2009年城乡全面实施医疗、养老社会保障制度,在促进城乡社会保障一体化省级统筹方面走在了全国前列。通过多档筹资标准和政府补助办法,天津市的养老、医疗保险覆盖人数已达到550万人以上。

① 养老保险全覆盖

养老保障范围包括具有天津市农业户籍,从事农林牧渔劳动,年龄在18岁至60岁之间的农村居民以及丧失城镇企业职工基本养老保险参保条件和无就业能力的城镇居民。

在具体实施上,天津根据本地的居民收入与消费水准,将城乡居民基本养老保险缴费基数设定为上年度本市农村居民人均纯收入,缴费比例为10%至30%,由城乡居民自主选择。政府对于个人缴费不再按年龄给予补贴,改为退休享受待遇时补贴,即由"进口"补改为"出口"补。将现行农村居民养老保险个人账户完全积累制,改为个人账户与基础养老金相结合,与城镇企业职工养老保险模式接轨。养老金由个人账户养老金和基础养老金两部分组成,其中基础养老金标准为150元/月,全部由财政补贴。2009年当年达到退休年龄,并且一次性缴足15年养老保险费用的人员,个人账户养老金最低可达到105元,加上基础养老金150元,每月可领取255元,比原办法125元的待遇水平提高1倍,财政补贴占待遇水平的60%。今后,随着农民纯收入逐年提高,城乡居民养老金也会逐年增长,2009年天津财政补贴城乡老年人基本生活费补助将达 5.74 亿元,增加了 3.6 亿元。对城乡老年人补助标准,由现行按年龄高低每月分别给予 60 元(适用于 60 岁人群)、70 元(70 岁)、80 元(80 岁)补贴。年满 60 周岁不满 65 周岁人员,可以选择参加养老保险或者享受老年人基本生活费补助。城乡居民可根据自身情况参加城乡居民养老保险,对于不参保的,也可享受老年人基本生活费补助(政务网,2009)。

同时,在财政划拨方面加大了对养老补助的支持力度。为保证城乡居民基本养老保障制度的实施,天津市、区两级财政给予居民养老补助全额拨款,政府财政全年将支付 7.28 亿元,保障老年人养老补贴逐月发放。

② 分步实现城乡医疗保险保障一体化

天津自 2004 年起开展新型农村合作医疗试点工作,取得经验后逐步推广。新型农村合作医疗在全市 12 个有农业区县全面铺开,覆盖 3 800 多个行政村,参合农民达到 330 万人,参合率突破 96%,人均筹资水平超过 144 元,农民每年只需交纳 40 元就可享受全年的医疗保障。

2009 年 4 月《天津城乡居民基本医疗保险规定》出台,在新农合"一区一样,一县一策"区县统筹的基础上,进一步实现全市统筹。城乡居民基本医疗保险把学生、儿童和其他不属于城镇职工基本医疗保险制度覆盖范围的非从业城乡居民,也就是原城镇居民医疗保险参保范围和新农合参合人员,全部纳入社会保障范围(政务网,2009)。设立三个缴费档,自由参与,政府分别补助 41%、54% 和 73%,困难群体全额补助,其具体做法如下:

缴费档次和政府补贴不区分城乡户籍身份,在制度安排上打破城市居民和农村居民的户籍界限。在个人缴费标准上,城乡统一提供了三个缴费档:一档为每人每年 560 元,二档为每人每年 350 元,三档为每人每年 220 元。也就是说,经济状况较弱的城市居民可以选择较低档次(220 元)参保,经济状况较好的农村居民也可以选择较高档次(560 元)参保(新华网,2009)。

此外,城镇居民和农村居民在政府补贴标准上是完全一样的。上面说的三个缴费档次,个人缴费多的,政府补贴额高,个人缴费低的,政府补贴额低。具体标准是,一档 560 元,个人缴纳 330 元,政府补助 230 元,占 41%;二档为 350 元,其中个人缴纳 160 元,政府补助 190 元,占 54%;三档 220 元,其中个人缴纳 60 元,政府补助 160 元,占 73%。另外,对重度残疾人、享受低保待遇的人员、特殊困难家庭人员和城镇低收入家庭 60 周岁以上的老年人等,个人不缴费,由政府全额补助(新华网,2009)。

统一医保待遇只与缴费档次挂钩,在医保待遇上,农村居民和城镇居民完全相同,实行医保待遇与缴费档次挂钩(学生儿童除外)(新华网,2009)。

具体内容有:第一,住院起付线一样,所有参保居民一年只交一次起付线的钱。一级医院没有起付线,二级医院起付线为 300 元,三级医院起付线为 500 元。第二,住院最高支付限额和报销比例一样,只与缴费档次挂钩。具体标准是:一档 560 元,最高支付限额为 11 万元;一级医院(城乡社区卫生服务中心)报销比例为 65%,二级医院报销比例为 60%,三级医院报销比例为 55%。二档 350 元,最高支付限额为 9 万元;一级医院(城乡社区卫生服务中心)报销比例为60%;二级医院报销比例为55%,三级医院报销比例为50%。三档220元,最高支付限额为9万元;一级医院(城乡社区卫生服务中心)报销比例为55%,二级医院报销比例为50%,三级医院报销比例为45%。第三,门诊报销比例一致,只与缴费档次挂钩。在一级医院和社区医疗机构门诊就医的,起付标准为800元,最高支付限额同为3 000元。一档560元,报销40%;二档350元,报销35%;三档220元,报销30%。第四,城乡居民享受统一的门诊特殊病医保待遇,门诊特殊病享受住院医疗费报销待遇(新华网,2009)。

(2) 明确规定公共品服务的统筹标准

在统筹城乡、整理土地的过程中,"宅基地换房"模式对示范镇的公共服务设施项目做了详细的规定,要求配置行政管理、教育机构、文体科技、医疗保健、商业金融、集贸设施六大类公共服务设施。通过对公共服务设施的详细规定,降低了城乡统筹过程中的漏洞风险。

其具体标准如下:示范镇人均居住面积达到36—50 m²;绿地率达到30%—40%以上;每3 000户以上设1处卫生站;每4 000户设1处通信设备间;负荷达10万—15万 m² 设1座热交换站;负荷4 000户设1座煤气调压站;变电室负荷半径不得超过250 m;每700户以上设置1处居委会;每500—700户设置1处综合服务组,负责送报、送信、拆洗加工等;社区级路面宽度为6—7 m,邻里级道路宽度为3—5 m;社区公建的服务半径必须控制在0.5 km以内,步行大约10分钟可达;示范镇至少应与1条以上的一级公路或快速路相连接,且进入高速公路的时间不超过15分钟;示范镇到达中心城区及本区县政府所在地之间的公交运营达到小城市公交运营标准;公交首末站根据服务半径(300—500 m)分散布置,每条线路1.5万人;人均生活供水130 L/日;到2020年污水处理率达到90%,燃气气化率达到98%,宽带接入比例达到60%,集中供热率达到70%;每 km² 设1处垃圾转运站,每100 m² 设置1处垃圾收集点。此外,环境保护、消防、防灾、医疗预防等公共设施和机构都有详细的配置标准。从上述配置可以看出,"宅基地换房"模式对示范镇的规划提出了相当高的标准和要求,部分标准甚至远远超过了城市居民。

5) 示范小城镇建设的典型区域分析

2005年1月以来,天津不断探索现代小城镇的发展模式,逐渐摸索出以"宅基地换房"为主与土地挂钩政策相结合的城镇建设改革模式,在这个过程中涌现出多样化的类型,可以为石家庄不同类型地区的统筹发展提供一些有益的经验。

(1) 华明镇

华明镇是我国重要的改革试点示范镇(图3-11,图3-12)。天津市城市总体规划提出以滨海新区发展带动全市经济协调发展。东丽区华明镇,地处市中心区和"天津滨海新区"之间,紧邻滨海新区,从镇中心区到天津机场仅5 km,距天津市中心区13 km。完备的交通设施使这里成为连接天津市区与滨海新区、国际机场、首都北京以及东北三省的重要枢纽。

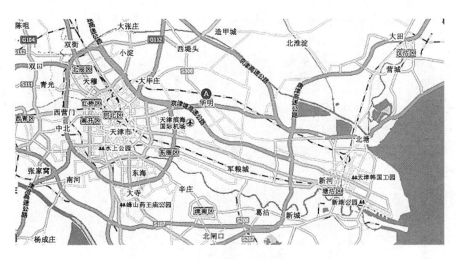

图 3-11 华明镇区位图
资料来源：网络图片

图 3-12 华明镇风貌
资料来源：网络图片

① "宅基地换房"的先行者

作为第一批小城镇改革的试点镇，华明镇是我国新农村建设"宅基地换房"的先行者。通过这一策略，在坚持承包责任制不变、可耕种土地不减，尊重农民自愿的原则下，华明镇农民可以将宅基地按照规定的置换标准，换取中心镇内的一套住宅，迁入城镇居住。原村庄宅基地建设用地进行复耕，复耕的宅基地要大于安置农民所有的土地，节约下来的宅基地土地量则部分用于商业开发。

其通过全镇迁并，实现住宅集约化和土地增值化。具体操作模式是：由东丽区政府编制总体规划报市政府审批，组建投融资机构（滨丽公司）负责小城镇建设，向开发银行贷款融资。市政府国土管理部门下达土地挂钩周转指标（426.8万 m^2），村民提出宅基地换房申请，其中 95% 同意。示范镇住宅建成后，由村委会按照全体村民通过的分房办法进行分配。农民搬迁后,对原宅基地整理复耕,归还小城镇建设占用的土地挂钩周转指标。

② 村与镇的建设用地指标置换

华明镇原来12个村共有宅基地804.7万 m^2,建设新城镇需要新占用耕地561.2万 m^2,通过对农民宅基地复耕后,完全可以实现耕地的占补平衡。小城镇规划建设中,农民住宅占用地233.3万 m^2,另有经营开发用地327.9万 m^2,另可节约宅基地量243.5万 m^2。通过出让节约的土地,补贴农民安置住宅建设的成本,实现小城镇建设的资金平衡,实现了农民居住条件的改善,提高了生活质量。通过宅基地换房,华明镇农民的家庭财产大幅增加:原来农民住房估价在2万元到5万元,新的小城镇住宅价值超过了40万元,农民的平均住房资产增加了10倍左右。

③ 城镇建设资金平衡

小城镇规划建设中,农民住宅预计投资为37亿元,经营开发用地通过"招、拍、挂"方式出让后,预期收入38亿元,实现小城镇建设的资金平衡。同时,利用节约建设用地进行其他产业功能区的商业开发,建设用地的土地流转所得收益金用于安置农民住房及农民生活保障资金。

④ 主导产业多功能分区集中开发

新镇区规划分区为四个功能区,即居住区、经济功能区、商贸功能区和商品住宅区。产业功能区与居住商品房用于商业开发,所得收益金用于平衡安置农民住房资金。商贸功能区是集商务会展、培训教育、住宿、餐饮于一体的,并与华明经济功能区内人流、物流相协调的服务配套区。经济功能区有华明线缆科技园项目,三年将建成集研发、生产、交易、物流于一体的北方最大的高端通信线缆产业基地。天津滨海东丽农业科技园区是以高科技为支撑,重点打造高档花卉生产、技术推广、生态休闲三大产业体系,成为我国北方花卉高新技术孵化中心、科技培训服务中心、物流集散中心。

⑤ 乡土文化的传承

由于取消了全部原有村屯,建成了城市型居住区,这意味着原农民的生产、生活方式的转变。为了传承其地域乡土文化,便于依恋原有生活环境的老人追思,华明镇建设了一座记录过去生活的博物馆。博物馆通过雕塑、纪录片、旧物等记录了该地区原农村的生产生活方式,让广大农民在享受新农村居住环境的同时,重温浓郁的地域文化。

⑥ 搬迁村民的生活保障

政府将土地增值收益用于还迁农民的社会保险。还迁农民达到规定的年龄,就可以享受每月400元到500元不等的社会保障金。华明示范镇选址在空港物流加工区对面,规划建设留有第二、三产业发展用地,建成后将提供28万个就业岗位。

(2) 小站镇

小站镇距今已有一百多年的历史,是中国近代历史上有重大影响的历史文化名镇。其位于天津市东南部,东邻天津港,南靠大港石化工业区,处于市中心和滨海新区之间,东有汉港路、东上路,西有津港公路,北有丹拉高速公路。全镇总面积62 km^2,辖26个行政村和

5个社区居委会。

① 以"宅基地换房"模式进行村屯迁并

小站镇为天津市总体规划(2005—2020)确定的30个中心镇之一,小站镇于2006年成为天津市首批启动的"三镇一村"试点镇之一。小站镇被国家发改委批准为全国示范镇,在试点改革过程中,启动了集约整合土地,以宅基地换房推进社会主义新农村建设工程,规划到2020年把全镇整合成一个中心镇和一个中心村。

② 土地资源优化重组

小站镇城镇建设总体规划于2006年制定完成,规划面积62.6 km²,镇区功能区由五部分组成,分别是西部产业园区、中部城市中心区、东部安置区、南部老城区、南部和北部新移民区,其中镇区规模达到12.8 km²,镇域北边界调整到唐津高速公路以南,5个功能区搭建起小城镇成长经营的效能框架。

按照新的镇域规划,小站镇镇域空间发展布局结构为"一城、二村、一田园"的空间发展布局。"一城"是指小站镇突出津徽文化、秀水宜居的城镇特色,"二村"是指东大站和迎新村,以关联产品生产为主的工业园和商贸三产服务业为支撑,"一田园"是指小站镇周边的耕地,发展为新型农业耕作园区。

③ 按城市居住区标准打造新居住区

新镇区农民安置区按城市居住小区标准进行建设,每层住宅楼高4—5层,以村为单位进行邻里划分,保持原有村屯内部的社会网络。公共服务设施则集中布置,包括颐养院、安养院、示范高中、小站医院、卫生院、小站三小、幼儿园、社区服务中心、文化中心、行政管理中心等。全镇水、电、气、路等基础设施配套建设也逐渐完善。

④ 著名的"沽上徽城"

由于历史上淮军屯兵于此,使得小站镇形成了徽派的乡土文化。为了传承小站镇原有的徽派民居特色,农民安置区建筑设计中融入了徽州民居的特色代表符号。规划中体现新徽派风格,以建设秀水宜居城镇为特色,打造原住居民、文化居士、成功人士共享田园与文化的理想宿地,融合了传统与现代精神,形成了"沽上徽城"之独特魅力。

(3) 八里台镇

津南区八里台镇位于天津市津南区的西南部,处于天津中心城区和滨海新区之间,地理位置优越,紧邻西青微电子产业园区和大港石化基地,距市中心城区15 km、天津机场20 km、天津港25 km、滨海新区10 km。丹拉高速、津晋高速、津港快速、八二公路等道路穿越镇区,交通条件便捷、发达。全镇地域面积106.33 km²,土地资源丰富,水域面积2 896万 m²,占全镇面积的25%,独具北方水乡特色。

① 国家重点经济发展区域

随着天津市滨海新区纳入国家发展总体规划,津南区作为滨海新区的扩展区,其发展必将受到滨海新区的大发展、大开发的辐射和带动,八里台镇在此背景下被纳入天津市规划城区范围。同时,津南区确定了"东进、西连、南生态、北提升"的发展战略,八里台镇地处津南区产业发展带和生态涵养带上,是"西连、南生态"发展战略的战略预控区域。

② "宅基地换房"试点镇

2006年八里台镇被市政府批准为示范小城镇建设试点,目前八里台还迁楼房总面积约31万 m^2,共计77栋楼,已开工70栋楼,开工面积达90%。村民每人在得到30 m^2 住宅面积的同时,还可以得到20 m^2 的经营房面积,村民在通过经营房的收益来平衡自己的生活成本。其中安置用房的总面积约为43万 m^2,经营性用房总面积约18万 m^2。

③ 规划注重文脉的延续

新镇规划中,延续了老镇街、巷、宅、院、水乡等自然肌理,是为身份转变中的农民量身定做的安置社区,共分为12个街坊、3个社区,规划建设后的新农村仍然亲切宜居。

④ 一、二产业集中规模化建设

八里台镇拥有天津市唯一一家国家级农业科技园区,是天津市重要的农业科技研发和成果转化基地。八里台工业园区位于天津市中心城区与滨海新区的交通走廊,并与天津经济技术开发区西区、微电子工业区相连,土地资源丰富,生态良好,交通发达,配套齐全,产业基础雄厚,非常适合发展IT产业。强大的产业聚集效应使微电子工业区的龙头辐射作用日益显现,沿津港公路已基本形成了以微电子工业区为龙头的IT产业集聚区域。

(4) 张家窝镇

张家窝镇隶属天津市西青区,位于天津市西南部,西靠京沪铁路,辖区总面积44.5 km^2,辖16个自然村、3个居委会。

① 城市标准的居住区建设模式

镇区规划为农民社区,占地约270万 m^2,规划建筑面积183.2万 m^2。现已建成成套住宅面积70万 m^2,公建配套10万 m^2。规划将现有多层住宅纳入三个社区统一管理,保证社区配套功能的资源。除满足张家窝镇现有村庄的拆迁外,适当安排商品住宅开发,布局沿用总体规划确定的结构,在原有京福公路两侧布置镇商业和商务中心,道路两侧维持现状的商业设施。每个社区结合商业街设置社区中心,依据总体规划的密路网模式,以200 m×300 m 的街坊为一个邻里单位,形成宜人的尺度空间。

② 重点调整产业结构

在产业结构调整方面,张家窝镇深化提升一产,创新优化二产,加大招商引资力度,巩固发展三产。大力发展农业产业化、集约化、现代化,大力发展精品高效农业,以农业中心为龙头,推进农业产业化。投资2 000多万元建设占地13.3万 m^2 的农业高科技示范园区,被国家发改委命名为"津西现代农业示范园"。

在工业上,一方面通过现代化企业制度改革、政策引导等方式,努力增强工业企业的核心竞争力。另一方面,加大对外开放,努力构筑开放式经济新格局,全镇现已形成了燃料化工、石油化工、橡胶制品、医药中间体、纸制品、钢铁轨道、通信电子、汽车配件等重要行业。在第三产业上,张家窝镇以工业集聚区建设为契机,不断加快交通运输、邮电通信、供水供电、房地产业、商业服务业、信用储蓄、文体卫生、科技教育、农贸市场等第三产业的发展,努力改善投资环境,让镇区对周围村庄的农民形成强有力的经济向心力。

3.5.2 成都模式:还权赋能

1) 背景与总体策略

改革开放以来,成都市城乡居民收入差距不断扩大,由1980年的1.77∶1扩大到2003年的2.66∶1(图3-13),据成都有关部门估计,真实的城乡收入差距可能还更大。传统路径城镇化成本日趋高昂,政府难以承担,农民担负不起。传统城镇化发展重要载体的第一圈层,2003年成本达到23万元/人,2008年达到53.32万元/人。成都市城镇化进程缓慢,2000年左右每年只有不足10万农民变成市民(图3-14)。

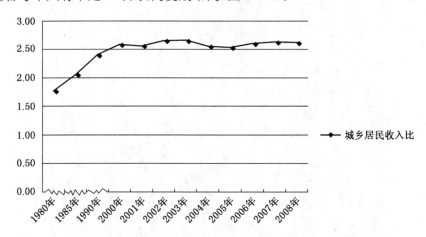

图3-13 成都市城乡居民收入比
资料来源:成都市统计局.成都市统计年鉴[M].北京:中国统计出版社,1981—2009.

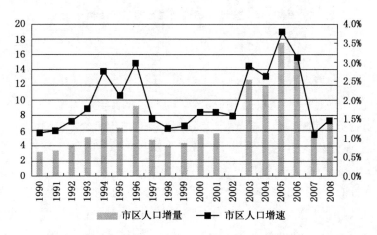

图3-14 成都市市区人口增量与增速对比
资料来源:成都市统计局.成都市统计年鉴[M].北京:中国统计出版社,1991—2009.

2003年,成都率先在全国推行城乡统筹,特别是在获批全国统筹城乡综合配套改革实验区之后,在加快城乡统筹和实验区建设方面取得很多突破。2010年正式公布的《成都市统筹城乡综合配套改革试验总体方案》,进一步明确了成都市在城乡统筹方面的任务与挑战。其城乡统筹的重点在于构建城乡统筹的机制和体制,具体落脚点在产业和土地方面,并提出了实现城乡基本公共服务均等化的目标,探索农民向城镇转移的办法和途径。

成都城乡统筹共分为两个阶段,第一阶段始于2003年,从城镇化成本考虑,为加快城区发展,进行小规模、自下而上的城乡统筹探索。第二阶段始于2007年,针对零散的挂钩项目区可能引发的整体空间秩序问题,提出"全域成都"战略(图3-15),以"一区两带六走廊"结构为引导,明确了空间培育的重点。

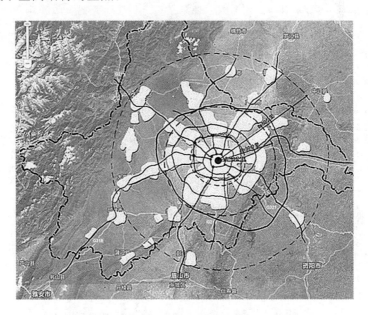

图3-15　全域成都规划提出的空间结构
资料来源:成都市规划设计研究院."全域成都"规划[Z],2005.
唐鹏."全域成都"规划探讨[J].规划师,2009,8(25):31-34.

2) 成都城乡统筹的基本路径

成都城乡统筹的原则是"确权是基础、流转是核心、配套是保障",通过政府引导,建立城乡统一的市场经济体制,激活农村生产要素资源,促进土地、资本、劳动力等生产要素价值的最大化,为工业化和城镇化提供发展空间。"确权""流转"和"配套"推进新型工业化、新型城镇化和农业现代化,是成都市城乡统筹的基本路径。

成都城乡统筹的脉络是以"城乡一体化"为总揽,推进"六位一体"科学发展,"六位一体"包括城乡规划、产业发展、基础设施、公共服务、市场体制、社会管理,以城乡规划一体化为先导,确立"全域成都"的发展格局。以"三个集中"为核心(图3-16),联动推进新型工业化、新型城镇化和农业现代化,"三个集中"包括工业向集中区域集中、农业土地向特色规模经营集中、人口向城镇化集中。加快农村公共服务体系建设,促进城乡公共服务均衡发展,以制度创新为抓手,构建城乡一体的管理体制,加强基层民主政治建设,探索建立新型基层治理结构。

3 城乡关系的国内外经验借鉴

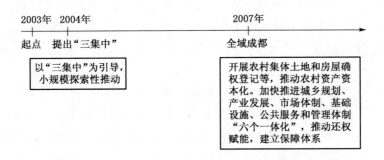

图 3-16　成都市城乡统筹的基本路径
资料来源:根据《成都市统筹城市发展综合配套改革调研报告(2010)》整理归纳。

(1) 构建新型城乡形态

为构建新型城乡形态,成都将依托中心城区和近郊区(县)"一区"范围内城市发展良好的基础,统筹实施龙门山和龙泉山脉"两带"区域的整体开发,统筹规划、集约发展"六走廊"区域,建立产业和城镇集聚发展的走廊(四川在线,2009)。

以 2000 个农村新型社区为重点,建设完善农村自来水、污水、垃圾收运处理等生活服务设施等,促进城乡公共服务硬件设施均衡配置(四川在线,2009)。

成都还将构建覆盖城乡的交通物流服务体系,其中,以"三轨九路"为重点,形成抗灾能力强、应急交通网络完善、综合服务水平高的市域路网体系。在实现全市客运"村村通"的基础上,完成乡镇村客运站建设。推进农村客运公交化,实现"镇镇通公交"、"村村通公交"(四川在线,2009)。

(2) 实现城乡基本公共服务均等化

成都将建立确保城乡教育事业发展的公共财政投入保障机制,进一步加强资源配置制度建设。探索教师县管校用机制,促进教师区域内合理流动。加快普及高中阶段教育和农村中等职业教育,并逐步实施免费。探索对义务教育阶段后和高中毕业后未升学的农民子女实行延长一年的职业教育等。

加快建立覆盖城乡的公共卫生服务和基本医疗服务制度。推行公共文化场馆免费开放制度、经营性文化场馆优惠服务制度、文化义工服务制度等。探索传媒、文化旅游、演艺娱乐、数字娱乐和特色文化产业发展新机制。加快成都国家体育产业基地建设。

(3) 农民向城镇和新型社区集中

按照"宜聚则聚、宜散则散"的原则,在县城和县域中心镇参照城市社区标准建造新型农民集中居住社区,同时,在有条件的农村地区参照城镇社区标准建造农村新型社区,引导和促进农民生产生活和居住方式转变。目前,成都市的城镇化率已达 63.5%。

3) 机制保障

(1) 建立三次产业互动的发展机制

为建立三次产业互动发展机制,成都将以 21 个工业集中发展区为主要载体,促进工业集约集群发展。拓展成都国家级高新技术产业开发区、国家级经济技术开发区发展空间,建设成都统筹城乡发展内陆开放型经济示范区。加快海关特殊监管区域整合,研究设立成都综合保税区和双流空港空运保税物流中心、成都国际集装箱保税物流中心。对不适宜大规模发展工业的县城和乡镇,鼓励到集中发展区兴办飞地工业和联办工业,积极探索利益共享的财税分成机制(四川在线,2009)。

成都将联动推进服务业发展与农民向城镇转移和集中居住,形成城乡一体的服务业发展格局。通过推广和提升"五朵金花"等模式,发展绿色休闲产业等现代服务业。充分尊重农民意愿,协调推进农民向二、三产业转移,推进土地集中规模经营(四川在线,2009)。

(2) 创新统筹城乡的管理体制

成都将改革城乡规划分离的管理制度,着眼于成都经济区、成渝经济区发展,编制和完善城乡一体的规划体系。探索建立土地利用总规划和城乡总规划实施动态评价机制,以适应城乡发展需要。调整市域范围内行政区划,推进撤县(市)设区工作,深化市、县两级政府机构改革,继续完善职能有机统一的大部门制(中国新闻网,2009)。

开展村级综合改革试验,分离村级事务管理职能与村级集体资产经营管理职能。建设村级综合服务中心,探索面向社会聘任村级社会服务专职工作者的办法,完善城乡统筹发展的基层便民服务机制。探索乡(镇、街道)长(主任)公推直选制度,建立和完善质询、罢免、目标考核等约束和激励制度等(中国新闻网,2009)。

(3) 探索耕地保护和土地节约集约利用的新机制

成都将实行耕地分级保护,探索耕地按等级补充的占补平衡机制,以及独立选址等重大项目在省内跨区域实现耕地占补平衡办法。规范土地承包经营权流转,健全市、县、乡三级土地承包经营权流转市场。

开展征地制度改革试验,界定公益性和经营性建设用地,逐步缩小征地范围,完善征地补偿机制。按照同地同价原则,对被征集体经济组织和农民给予足额合理补偿。改革征地补偿安置办法,建立多种补偿安置渠道,解决好被征地农民就业、住房和社会保障问题。

开展农村集体建设用地使用权流转试验,在明确农村集体土地所有权和集体建设用地使用权、宅基地使用权的基础上,探索建立城乡统一的土地市场。在符合规划的前提下,允许依法取得的集体经营性建设用地使用权通过出让、转让、出租、作价入股、联营、抵押等形式进行流转。探索农村房屋产权流转的办法和途径。稳妥推进城镇建设用地增加与农村建设用地减少"挂钩"试验。开展农用地转用、土地征收审批和实施分离试验等(四川在线,2009)。

其中,土地流转的重心在集体用地流转方面,有三种流转方式(图3-17):一是农村建设用地通过国家征用方式用于城市建设,一般位于城市近郊区或土地区位好的地区;二是农村建设用地通过土地整理的方式用于村镇生活点建设和村镇经营,村镇经营是指将流转后结余下来的指标用于出售或者自用;三是农业用地通过土地流转集中用地用于农业产业化,一般土地区位不佳,缺乏发展动力的地区常应用该模式。

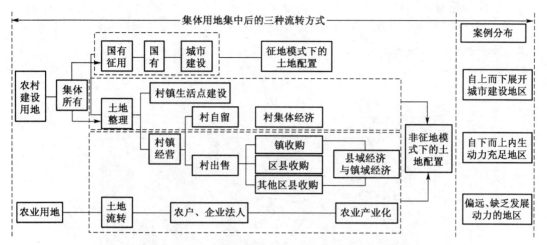

图 3-17 成都市集体用地集中后的三种流转方式
资料来源：①周其仁.还权赋能：英美长期发展的可靠基础[M].北京：北京大学出版社，2010.
②根据《成都市统筹城市发展综合配套改革调研报告(2010)》整理归纳。

4) 示范小城镇——郫县长林村

① 基本情况

郫县长林村位于郫县唐元镇城镇北面(图 3-18)，该村现有农用地 113.8 万 m^2，建设用地 36.4 万 m^2，未利用地 2.7 万 m^2。农用地中耕地 79.7 万 m^2，园地 26 万 m^2，其他农用地 8.1 万 m^2。建设用地中农村居民点用地 23.9 万 m^2，独立工矿用地 4 万 m^2，交通用地 5.8 万 m^2，水利设施用地 2.6 万 m^2。未利用地中河流水面 1.6 万 m^2，荒草地 1.1 万 m^2（王伦强等，2008）。

② 操作模式

在符合土地利用总体规划的前提下，编制增减挂钩专项规划。将项目拆旧区利用不合理、不充分、闲置的农村道路、农田水利设施等农用地，破旧、分散的农村院落，废弃的独立工矿等建设用地整理为耕地，并将等量归还建新区的周转指标，从而实现城镇建设用地增加与农村建设用地减少相挂钩。项目建新区取得的土地收益主要用于拆旧区的土地整理和社会主义新农村建设（王伦强等，2008）。

全村统一规划三个集中安居点，规划面积 11.4 万 m^2，总建筑面积 62 283 m^2，平均容积率 0.55。集中安置建房 408 户，统建成本 405 元/m^2，其中 300 元/m^2 由农户从其拆旧补贴中抵扣，不足部分由农户自筹，超出 300 元/m^2 部分由政府补贴。长林村土地整治的内容包含农村道路、沟渠、院落、废弃工矿、荒草地等（王伦强等，2008）。

③ 实施效果

人均建设用地减少为 79.4 m^2，约 25 m^2 建设用地申请为挂钩周转指标。其中建新居使用 7.5 万 m^2，增加 17.5 万 m^2 耕地，为城镇建新区的犀浦镇、友爱镇提供了 17.5 万 m^2 建设用地指标，占原建设用地面积的 48%。

④ 成本预算

农村拆旧区花费 5 500 万元，合每亩拆旧成本 10 万元；以提供建设用地算，合每亩 20 万元。城镇建新花费 8 000 万元,合每亩 40 万元。挂钩建新区的 17.5 万 m²,每亩 420 万拍卖,获得 11 亿元,缴纳税费约 5.6 亿元,项目结余 4 亿元,由县政府调配用于城镇建设和工业建设投资。整理后的农用地更加适合规模化经营,由集体统一流转。年租金 1 000 斤大米/亩,约合 1 300 元/年。

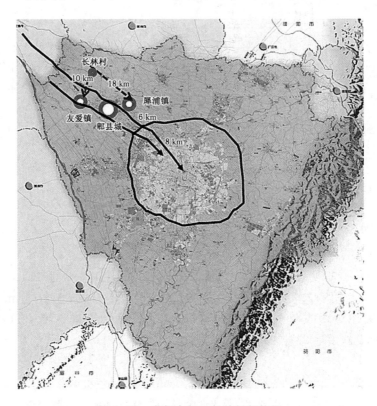

图 3-18　成都市郫县长林村区位图
资料来源:《成都市统筹城市历史综合配套改革调研报告 2010》整理归纳.

3.5.3　其他省市做法

(1) 成都统一城乡户籍。2010 年 11 月 16 日,四川成都市正式出台《关于全域成都城乡统一户籍实现居民自由迁徙的意见》(以下简称《意见》),《意见》中规划将在 2012 年实现城乡统一户籍,民众可自由迁徙,并享有平等的基本公共服务和社会福利。成都市为了保障农民的各项权益不因迁徙和职业的改变而受到侵害,明确规定农民可带产权进城,就业、参加社保不以丧失承包地为前提,且不进城同样可享受政府提供的基本公共服务、社会保障和社会福利等。到 2012 年年底前,成都将建立以身份证号码为标识,集居住、婚育、就业、纳税、信用、社会保险等信息于一体的公民信息管理系统。城乡居民凭合法固定住所证明进行户口登记,户口随居住地变动而变动。成都这次户籍调整和之前许多地方的政策有着本质的不同,成都将建立城乡统一的就业失业登记制度,统一失业保险待遇标准。这意味着长期以来重城镇居民轻农村居民的现状得以根本扭转,随之而来的农民住房、医疗卫生保障体系、子女就学问题等,也将实现真正的"一体化"(农民日报,2011)。

(2) 重庆发出"农转城"户口簿。2010年7月28日重庆市宣布全面启动统筹城乡户籍制度改革,当年8月1日,重庆市全市807个派出所统一正式受理农村居民转户申请。重庆户改分两阶段:2010—2011年,重点推进有条件的农民工及新生代农民工转为城镇居民;2012—2020年,通过系统的制度设计,建立完善土地、住房、社保、就业、教育、卫生支撑保障机制,进一步放宽城镇入户条件,到2020年,非农户籍人口比重提升至60%。重庆市统筹城乡户籍制度改革以推动符合条件的农民工,特别是新生代农民工转户进城为突破口,是一次重大的改革突破和有益尝试(中国城市科学研究会,2011)。

(3) 浙、鲁两省启动强镇扩权。2010年9月,继浙江温州市5个试点镇级市后,山东省也宣布将启动镇级市试点,计划用3—5年时间将省内20多个中心镇培育成小城市。在我国目前的市制体制中,有直辖市、副省级城市、地级市、县级市四级。但浙、鲁两省启动的镇级市试点并不涉及行政区划层级调整,它的核心要义是以一个城市的标准来建设和管理一个镇。按照温州"镇级市"试点方案,这些试点镇将扩大土地使用权、财政支配权、行政审批权和事务管理权。中国强镇扩权的探索自2006年浙江绍兴开始,除了温州"镇级市"模式外,还有一种是"副县级镇"模式。比如安徽巢湖市将炯炀、柘皋、黄麓、槐林列为副县级镇。它们与温州模式的区别在于,前者通过提高镇的行政级别来获得财权和事权,后者则不调整行政级别,将县市部分权力下放。这种改革可以带来优质教育、医疗等资源向县以下集中,对我国未来的经济增长格局将产生很大的影响。强镇扩权的实质在于改善小城镇的责权不对等、责任大而权力小的局面,为部分有一定经济实力和集聚了一定人口规模的镇的可持续发展开辟了新路(中国城市科学研究会,2011)。

(4) 北京农村集体土地试点建租赁房。2010年11月,北京市5个村集体组织申请建设租赁房1万多套。按照规划,到2015年,北京基本完成城乡结合部村庄改造,使之成为现代化新城区和城乡一体化示范区,农民变成"有房屋、有资本、有社保、有工作"的新市民。农村集体建设用地流转拒建商品房,是因为商品房得一次定价,很难保证农民长期的利益,而年租性的房屋每年都会有收益,且租金额可随市场调节,北京市此举意在增加农民收入,利用农村建设用地建设的租赁房,面向没有北京户籍的流动人口以市场价额出租,收益归村集体经济组织所有(中国城市科学研究会,2011)。

(5) 四川省出台新农村总体规划编制办法。为贯彻党的十七届五中全会精神,推进社会主义新农村建设和统筹城乡发展,四川省住房和城乡建设厅2010年10月出台了《四川省县域新村建设总体规划编制办法(试行)》和《四川省新村建设规划编制办法(试行)》,要求在全省范围内以县(市、区)为单位编制县域新村建设总体规划,以镇乡为单位编制新村建设规划。新村规划建设是解决当前村落分散和发展无序、切实改善民生、推进新型城镇化和农业现代化的创新举措(中国城市科学研究会,2011)。

3.6 经验总结

外国在发展过程中比较重视乡村的发展及建设,我们可以从西方国家的规划理念和乡村建设经验中得到对我国的城乡统筹有借鉴意义的启示(图3-19,图3-20)。

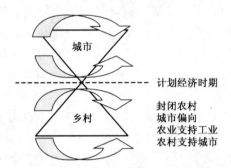

图3-19　计划经济时期城乡要素流动示意图
资料来源:作者自绘

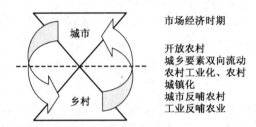

图3-20　市场经济时期城乡要素流动示意图
资料来源:作者自绘

(1)内容虽各有侧重,但大多围绕人、经济、资源、环境的相互关系进行,更加注重人与自然的和谐,充分体现可持续发展的思想,其中在日本町村撤并中对村庄的规划对我国具有非常重要的指导意义。

(2)由原来的城市规划逐渐转向城乡协调规划,首要任务是通过生产力的合理布局,缩小地区差距,发展落后地区经济,促进区域之间的合作与分工,谋求适度的均衡发展。

(3)不同时期区域规划的侧重点不同,随着生产力发展和社会经济进步,规划主导思想从发展生产力为主转向侧重人的生活质量和环境问题,"以人为本"的思想为主导,规划内容也随着社会经济发展要求的变化不断改进和变化。

(4)重视基础设施建设、重点地域划分以及区域政策的制定,区域开发与产业、基础设施建设的构想是通过一系列政策来反映和实现的。

(5)拥有完善的规划编制、实施、监督体系,包括财政、立法、公众参与等诸多方面,由原来的强制、硬性规划转变为灵活、弹性的规划,尤其公众的参与在规划立法、编制、审批、实施等环节中的地位不断上升。

对于成都的借鉴,更多的关注制度的创新这一统筹城乡发展的基础工程方面;而对于天津的经验借鉴,主要关注实体的建设。对天津和成都的城乡统筹进行比较可以发现这两种模式的异同。成都的城乡统筹道路基于"大城市带大农村"的现实基础,利用统筹城乡发展试验区的政策优势积极进行制度创新,它充分发挥了各级主体的积极性,探索出多样的城乡联动的发展模式；天津则是基于跨越式发展的态势，创造在城郊地区建设新型城镇，实现城乡统筹发展的新模式。成都以"还权赋能"为起点形成自下而上的发展路径，赋予农民更多的选择；天津则是政府提供政策的框架及自上而下的制度供给和引导过程，即区县制定具体框架，镇一级作为操作主体以村为单位来进行落实。

尽管基于历史背景和现实条件不同，探索的路径不同，但两者本身的内在逻辑却是相通的，那就是探索一条城镇化发展的新路径。这一路径不同于传统的要素由农村向城市的两个封闭体系之间的单向流动过程，而是通过城镇化和工业化的集聚和集中，增加不同区位土地的级差收益，发挥生产要素的最大化的价值；建立一种城乡要素在城乡之间流动的机制和收益的分配机制，特别是通过探索突破传统的土地收益分配机制，提高农村和农民在土地城镇化增值中的收益份额。

在这一过程中，两者都涉及土地，这一农村地区发展和我国农村改革最为核心和关键的要素。两者均通过土地制度改革和土地的探索，通过不同的做法探索农村建设用地重新整合、流转和集约利用的新途径；创造了利用现有集体建设用地存量为经济发展提供空间的新思路。将沉没于农村的资产转化为发展的资本，增强了乡村地区发展的内生能力，增加了农民的收入。天津严格按照"总量控制、封闭运行、定期考核、到期归还"，在规范的制度框架内进行运作。增加挂钩的模式，或者说土地指标的节约是在县域范围内，更准确地说，是在镇域范围内进行平衡。示范小城镇的可行性很大程度上是区位（背后是地价）所决定的。带来的影响是相对偏远的地方不能进入项目区。在这方面成都、重庆则将指标更加虚拟化（地票制度），从而实现了更大尺度的跨地区的统筹。

4 石家庄城乡关系演变的空间特征及动力机制

4.1 城乡关系的历史演变

4.1.1 正太铁路的兴建与近代城市的兴起(1949年以前)

石家庄是一个因铁路兴建而兴起的城市。清光绪年间,石家庄是直隶省获鹿县辖下的一个小村庄,居住着百余户农家,土地面积仅 0.5 km²,有几家小商店。

19世纪末,西方资本主义为达到瓜分中国的目的开始争夺在中国修筑铁路的权利。交通条件的改善使石家庄迅速转向以发展资本主义工商业为中心的新型地区性中心城市。铁路的修建和工业生产的新需求,吸引了成批的农村人口涌往城市,使石家庄市快速成长为华北地区的新兴城市。

1904年,京汉铁路(北京—汉口)通车,在石家庄设站。1907年,正太铁路(石家庄—太原)建成,石家庄成为两条铁路的交汇点(图4-1)。此后,石家庄迅速成长为华北地区重要的经济中心和物流中心。此外,资金流的周转也曾一度使石家庄市成为周围地区的金融周

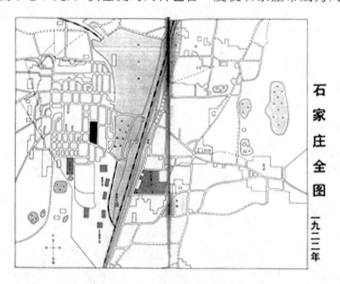

图 4-1 1922 年石家庄市全图
资料来源:石家庄市规划局.石家庄市规划志[M].北京:新华出版社,1994.

转枢纽。① 1925年,将铁路以东的休门村、栗村并入石家庄称石门,1928年石门设市。到20世纪40年代,伴随着石德铁路(石门—德州)建成,将河北、河南、山东、山西联接起来成为三条铁路的交汇点,此时的石家庄已经发展成为华北平原一个拥有20万人口的重要经济中心(图4-2)(石家庄市地方志编纂委员会,1995)。

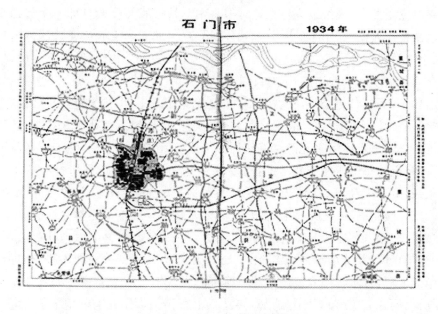

图4-2 1934年石家庄市区图
资料来源:石家庄市规划局.石家庄市规划志[M].北京:新华出版社,1994.

石家庄在铁路通过前不过是一个小村庄,铁路通过之后,石家庄的城市空间变化表现出明显的沿交通线两侧发展的态势,铁路兴起后,以其强大的运输能力,影响着货运的流向,随之而出现经济重心的变迁,加强了内陆腹地同滨江沿海各大商埠、港口的联系,促进了一些穷乡僻壤同通都大邑的交往(石家庄市地方志编纂委员会,1995)。这些变化使石家庄快速从农业社会转向工商业社会,打破了石家庄数千年封闭的、自给自足的农业经济。这一时期的城市建设,实际上是工业和商业不断外扩的过程。这种外扩的动力来自外力的推动,即石家庄在这一时期是重要的军事据点和交通要塞。

1939年,日伪建设总署北京工程局石门施工所编制了石家庄都市计划大纲(石家庄市地方志编纂委员会,1995),该版规划的要领有以下几点:

(1) 对规划范围的界定:"都市计划区域经考虑本市与近郊之各关系如地势交通等拟以石家庄站为基准于定包含东方约10 km西方约14 km南方约10 km北方约7 km之区域。"规划面积约38 km²,人口规模50万人,城市发展方向为铁路以西(石家庄规划局,1994)。

(2) 对中心城区规划范围的界定:"街市计划区域以京汉线现在车站为中心东约3 km

---

① 据石家庄市志记载,"石家庄1935年有13家较大的银号钱庄,资本总额约为42万元,是周围地区的金融周转枢纽"。

西约 4 km、北约 3 km、南 2.5 km 大体成一长方形,其面积约 38 km² 区域之周围拟绕以水濠更于内侧配置环状道路沿水濠之外周设宽约 300 m 之建筑禁止地区以为市之防护线"。"地域制为街市之保安卫生居住安宁商业便利及增进工业。"(石家庄市规划局,1994)

(3) 对交通设施的确定:"铁道本市为京汉线正太线之会同点,然而因正太线系狭轨两线间之联络甚感不便,正太线改为标准轨时拟将本车站一段并予改良即正太线拟令由大郭村车站通过新街市西南方,由南面驶入本站俾向北京天津方面之联络益臻园以前线路暂仍使用,将来之沧石线拟使由车站北方出发";"道路及广场本市旧有道路异常狭隘,拟趁各该路及新街市之建设规定干线道路计划,并以车站前广场为始于各处计划交通广场放射线设通北京平山(北)、藁城(东)、新乡临城(南)、井陉获鹿(西)各线,并配置连接各线之环状线,更计划连接东西两街市之干线及联络兵营地飞机场工厂地带及其他主要设施至干线";"水路应与滹沱河之改修及运河之开凿连带计划市之外郭新计划之水濠,除为排水路外并可供水运之用";"飞机场将市西北郊外已设者扩张整备之"。(石家庄市规划局,1994)

从该版规划可以看出,在城市中心的外围地区布局了许多工业用地及商业用地(图 4-3)。由于石家庄一带盛产棉花,石太铁路打通后将井陉煤矿运输至区外。这个时期,石家庄主要的工业门类以煤炭、粮食、棉花、洋货、绸缎等为主,并有大兴纺织公司、振华洋火公司、荣裕玻璃厂、英美烟草公司等企业。这些工业原料大部分被日本侵略者所侵占,当太平洋战争爆发后,日本侵略者发起的"献铁运动"大大地破坏了石家庄的工业基础。到新中国成立初期,石家庄仅有大小工厂 27 家、职工万余人(石家庄市地方志编纂委员会,1998)。

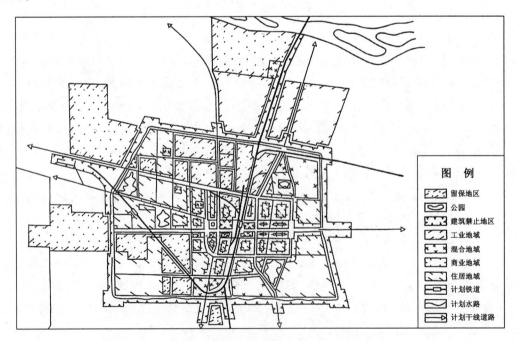

图 4-3　1939 年石家庄都市计划图
资料来源:石家庄市规划局.石家庄市规划志[M].北京:新华出版社,1994.

铁路在近代城市兴起中发挥关键性的作用是由近代落后的生产力水平所决定的。在半殖民地半封建社会，生产力不发达，整个中国的经济中心集中在长江中下游地区，水运是城市兴衰的关键，铁路以其大运量、不受地理条件限制打通了沿海和内陆的联系，促进了在交通条件改善下内陆地区近代城市的兴起(图4-4，图4-5)。

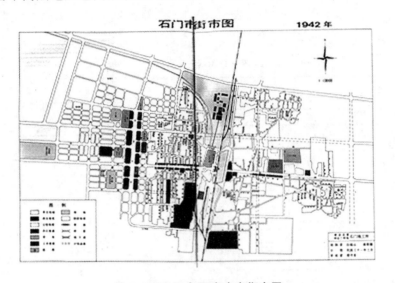

图4-4　1942年石家庄市街市图

资料来源：石家庄市规划局.石家庄市规划志[M].北京：新华出版社，1994.

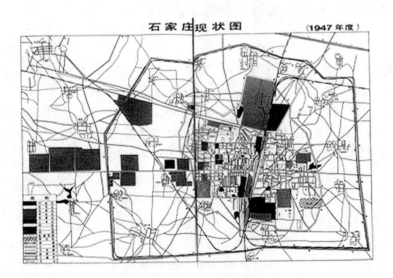

图4-5　1947年石家庄现状图

资料来源：石家庄市规划局.石家庄市规划志[M].北京：新华出版社，1994.

石家庄人口从1900年的百余户(600人左右)农家增加到1939年的7万人口，从一个名不见经传的农村快速跻身为中国城镇体系的最低等级的城市(李洁，2009)。在城镇体系地位中的变化带来了城乡关系的剧烈变化，吸纳了大量的农村人口，但当时由于铁路运输的作用，存在大量的流动人口。从表4-1可以看出，经过短短三十多年的发展，石家庄已经成为一个拥有5万—10万人口的中小城市(何一民,1994)。此时,中国城镇体系首次出现超过250万的特大城市,相比1919年,100万—200万人口的城市增加了3个,50万—100万人口的城市减少了2个,25万—50万人口的城市数量上没有变化,10万—25万、5万—10万人口的城市分别增加了23个和26个。说明这个时期城市发展速度较快,中小城市发展迅猛,很大程度上和铁路出现、工业发展关系密切,特大城市和大城市继续发挥吸纳人口的作用,中小城市承担地区性中心的作用。

表4-1 1919—1936年中国城市的规模等级

人口规模(万)	1919年(个)	1936年(个)
250—500		1
100—200	2	5
50—100	7	5
25—50	11	11
10—25	30	53
5—10	90	116
合计	140	191

资料来源:何一民.中国城市史纲[M].成都:四川大学出版社,1994.

4.1.2 计划经济时期石家庄城乡空间演变(1955—1975年)

新中国成立后,石家庄完成恢复生产任务。"一五""二五"时期石家庄是全国重点建设城市之一,国家在石家庄新建和扩建了电力、煤炭、纺织等工业企业,形成了具有一定规模的纺织、机械、化工、轻工四大工业门类(图4-6,图4-7,图4-8)。

1953年,全国156项重点工程项目中有3项安排在石家庄。一是棉纺联合企业(一、二、三、四厂和印染厂),二是华北制药厂,三是热电厂。此外又陆续兴建了动力机械厂、汽车修理厂、农药厂等。"二五"期间,钢铁厂、水泵厂、拖拉机配件厂、农机厂、建筑机械配件厂相继建成。这些工业企业的建成奠定了石家庄市的发展基础。在一期总体规划的指导下,城市建设、公益事业、商业服务业、文体教育等都有了较快发展。至1960年年底,石家庄市建成区非农业人口达到41万人,建成区面积达到47 km^2。

1968年随着河北省会的迁来,河北省党政机关及一大批省直科研、文体单位、大专院校相继落户桥西,有效地带动了西部城区的发展。省博物馆、科技大厦、省图书馆等大型公共设施也先后兴建,为石家庄市的发展增色添彩。

这一时期,作为国家重点建设城市,石家庄获得了良好的发展机遇,城市空间形态围绕铁路交通枢纽向两边扩散,并修建公路通向附近的农村和城镇。按照石家庄城市总体规划(1955—1975)的描述,有石沧、石获(鹿)、石铜(冶)等六条公路向郊区延伸,且运量很大。经统计,1953年铁路运输全年货运每日平均装车1 027 t,卸车3 000 t,中转4 000 t,共8 000多t,客运每日平均上车人数5 790人,下车人数4 152人,中转2 892人,共12 834人。

公路全年汽车、马车运输总量 200 万 t。公路的建设缩短了城市和乡村的距离,为城市空间的进一步扩张打下了基础。总体上看,石家庄城市在这个时期是单中心、以填空补实式向周边扩展的(石家庄市规划局,1994)。

(1) 城市发展方向。考虑到市区受京汉铁路分割以及向北向西方向发展的限制,该版规划决定城市发展方向向东侧发展为主,工业的发展也布局在东边,基本上和现在石家庄的高新技术开发区等区位重合。市区在京汉铁路以东结合现有基础向东南发展,对铁路以西旧市区逐步进行必要改建和稍加扩建(主要是填空补实,基本上不发展,以便充分利用现有设施),铁路东西两块应紧密联系以保证城市的整体性和统一性。

(2) 总体布局。城市侧风向即市东北、南部设立两个工业区,发展建设铁路以东生活居住区,改善铁路以西旧市区。以省政府机关为主的市中心设在桥东。规划范围是以市区西起西里村,东至二十里铺,长约 11 km,南起塔谈村,北到石德铁路以北,宽约 7 km。铁路以西部分为 1 212.4 hm²,路东为 4 241.64 hm²,防护地带 1 015.46 hm²,铁路用地 130.7 hm²,总面积 6 600.2 hm²(石家庄市规划局,1994)。

(3) 产业发展定位。石家庄市位于华北平原,地形平坦,地质较好,北临滹沱河,地下水丰富,周围盛产棉花。西靠井陉煤矿,有京汉、石德、石太铁路,公路四通八达,交通便利(近期石津运河通航后交通将更便利)。所有这些都是发展工业的有利条件,尤其适合发展纺织工业。工业的门类包括纺织、抗生素、淀粉、玻璃、热电、农具、印刷、氧气、废棉加工、制革、机械、氯仿、制盒、梭管、造纸、石棉等(石家庄市规划局,1994)。

到 1975 年规划期末,石家庄以纺织、医药、机械为主的工业体系基本成型,城市人口规模和用地规模分别达到 50.2 万人和 48 km²,与国家建委和计委的批复要求基本吻合。但是,城市的发展方向、城市结构与总体规划相差较远。其主要原因一是 20 世纪 60 年代初的国民经济调整,二是 1968 年石家庄市成为省会,省政府和直属机关迁入后选址建设在铁路以西,牵动城市大规模向西发展(石家庄市地方志编纂委员会,1995)。

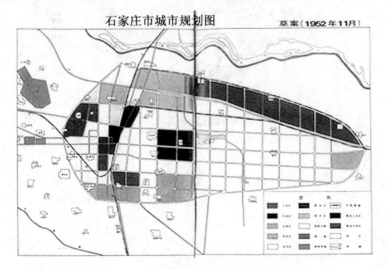

图 4-6　1952 年石家庄市城市规划图
资料来源:石家庄市规划局.石家庄市规划志[M].北京:新华出版社,1994.

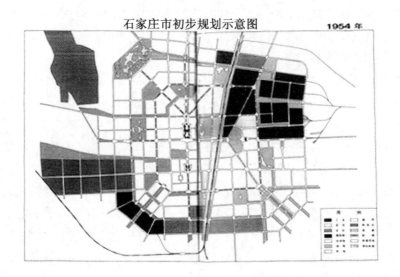

图 4-7 1954 年石家庄市规划示意图
资料来源:石家庄市规划局.石家庄市规划志[M].北京:新华出版社,1994.

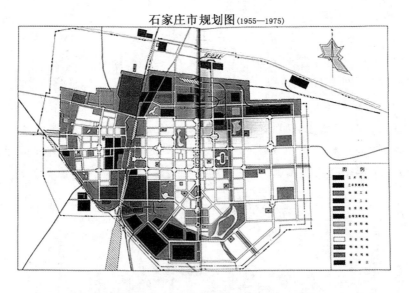

图 4-8 石家庄市规划图(1955—1975)
资料来源:石家庄规划局.石家庄市规划志[M].北京:新华出版社,1994.

4.1.3 市场经济转型下石家庄城乡空间演变(1981—2000 年)

至 1980 年,石家庄市全市人口达 100.1 万,非农业人口为 78.3 万,市区人口已发展到 66.2 万人,建成区面积增至 57 km²,工业总产值为 37.5 亿元。

自 1949 年以来,石家庄市人口增长快速,31 年共增加 72.3 万人,平均每年增加 2.33 万人,年平均增长率 4.3%,其人口自然增长和机械增长情况见表 4-2(石家庄市规划局,1994)。

表 4-2　1949—1980 年石家庄市人口增长情况

期间	本期间增减小计 （+）（−）（万人）	自然增减人数 （+）（−）（万人）	机械增减人数 （+）（−）（万人）
1949—1952 年	+4.6	+1.7	+2.9
1953—1957 年	+22.6	+6.4	+16.2
1958—1962 年	+1.1	+4.9	−3.8
1963—1965 年	+8.8	+4.4	+4.4
1966—1975 年	+17.9	+9.1	+8.8
1976—1980 年	+17.3	+3.6	+13.7
合计	+72.3	+30.1	+42.2
比例	100%	41%	59%

资料来源：石家庄地区地方志编纂委员会.石家庄地区志[M].北京：文化艺术出版社，1994.

其自然增长率占 40%，机械增长因素占 60%，增长较多的是"一五"期间和"四五"期间。因为"一五"期间工业项目多，"四五"期间省会迁往石家庄等。10 年进市人口增加 30 万人，占 30 年机械增长的 71%。1978 年至 1981 年非农业人口四年增长 157 922 人，平均每年增长 39 480 人（石家庄市规划局，1994）（表 4-3）。

表 4-3　1978—1981 年石家庄市人口增长原因分析

增加原因			增加人数（人）	比例（%）
一、自然增加			7 282	18.4
二、机械增加			32 198	81.6
其中	（一）非农业人口迁入		7837	19.9
	（二）农业人口转非农业人口		22117	56
	其中	1. 招工	7031	17.8
		2. 招生	4176	10.5
		3. 家属随迁及投靠	1892	4.8
		4. 落实政策	4021	10.2
		5. 知青回城	5057	12.8
		6. 其他	−55	−0.1
	（三）复原转业		2088	5.3
	（四）解除劳教		170	0.4

资料来源：石家庄市规划局.石家庄市规划志[M].北京：新华出版社，1994.

其增长原因如下：

1978 年至 1981 年，石家庄市机械增长人口快，主要是招工、招生、知青回城、农业人口转为非农业人口。据测算，到 1985 年，尚有四万多人进入劳动年龄组，加上 1981 年前的剩余劳动力,共有5万—6万劳动后备力量。因此,城市劳力资源是自给有余的。

1981版城市规划响应合理控制大城市规模的精神,对市区人口进行控制,对工业的安排开始向市区以外的小城镇及工业点布局。上述说明了规划力在城乡格局变化中的体现(图4-9—图4-13)。

1981版城市规划在扩大郊区和小城镇布局的意见中指出(石家庄市规划局,1994):

现在的郊区是1964年划定的,全市总面积284 km²,郊区181 km²,市区57 km²,矿区46 km²。总人口100.1万人,农业人口21.8万人,非农业人口78.3万人,市区人口66.2万人。耕地面积1.3万 m²,其中郊区0.99万 m²,矿区0.3万 m²。市、郊面积比为1:3.1,而人口比则为2.8:1。人口密集,郊区过小,带来很多问题。一些与市无关的建设项目也被挤到市区建设,扩大了城市规模,不能发展建设小城镇(石家庄市规划局,1994)。给城市建设和管理带来很多困难,除必需的粮食种植外,蔬菜、瓜果种植面积少,倒茬不够,在数量、质量上都不能满足发展需要,其他副食品自给能力很低。为此需要扩大郊区。

为了解决现状存在的问题,提出了两个规划方案如下:

方案一:现有郊矿区加上藁城市的大同、岗上、丽阳、邱头等四个公社(炼油化工区),正定县滹沱河以南的西兆通、南村、宋营、留村、二十里铺等五个公社,栾城县北部的方村、娄底等三个公社,获鹿县全部。全市面积由284 km²扩大到1 230 km²,为现状的4.3倍。全市总人口155万人,为现状人口的1.5倍。耕地增加到6.6万 m²,为现状的5倍(石家庄市规划局,1994)。

方案二:方案一范围加上正定县和井陉县全部,总面积为2 982 km²,为现状的10倍,总人口为216万人,为现状的2倍,耕地达11.9万 m²,增8倍(石家庄市规划局,1994)。

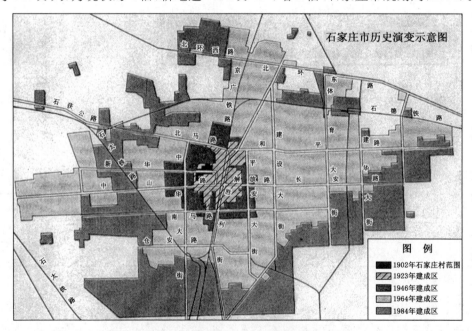

图4-9 石家庄市建成区历史演变图(1902—1984)

资料来源:石家庄市规划局.石家庄市规划志[M].北京:新华出版社,1994.

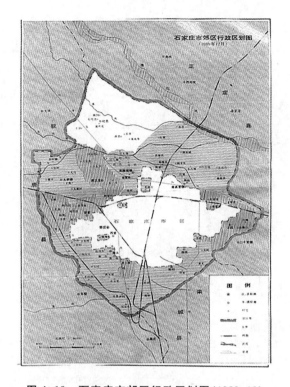

图 4-10　石家庄市郊区行政区划图（1989.12）
资料来源：石家庄市郊区志编纂委员会.石家庄郊区志[M].北京：中国社会出版社，1995.

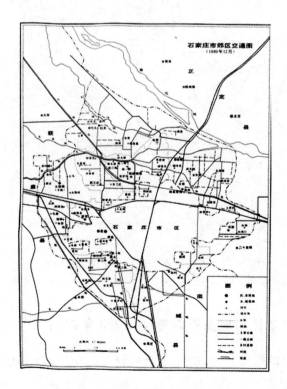

图 4-11　石家庄市郊交通图（1989）
资料来源：石家庄市郊区志编纂委员会.石家庄郊区志[M].北京：中国社会出版社，1995.

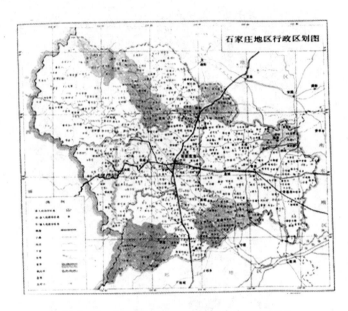

图 4-12　石家庄市行政区划历史变迁(1994)

资料来源：石家庄地区地方志编纂委员会.石家庄地区志[M].北京：文化艺术出版社，1994.

图 4-13　石家庄市行政区划历史变迁(1998)

资料来源：石家庄市地方志编纂委员会.石家庄市志(第二卷)[M].北京：中国社会出版社，1998.

4.1.4　城乡的重新定位与城乡空间重构(1990年以后)

2000年全市人口927.9万人。由于市管县体制确立与地市合并的客观要求，在1991年以后重新编制了规划。在该版规划中，有以下几个界定(石家庄市地方志编纂委员会，1995)：

(1) 规划范围。市区包括主城区、石家庄经济技术开发区、邱头石油化工工业区、窦妪工业区,栾城、正定、获鹿三个县改区,面积1 828 km²。城市规划区范围包括石家庄市区的七个分散集团式组成区和井陉矿区、藁城市、赵县、元氏县、平山县、新乐市行政辖区和嶂石岩风景区等,简称"七区九县(市)",面积9 782 km²;市行政辖区包括石家庄市现状市区和正定、获鹿、栾城、井陉、平山、灵寿、行唐、无极、深泽、赵县、元氏、高邑、赞皇等13个县及藁城、辛集、新乐、晋州等4个代管市,简称"一市十七县(市)",面积140 777 km²(图4-14,图4-15)(石家庄市规划局,1994)。

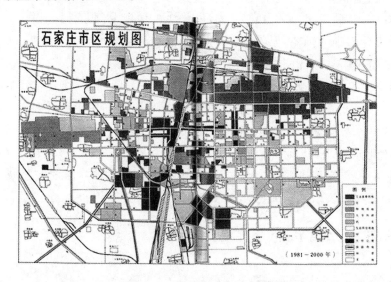

图4-14 石家庄市区规划图
资料来源:石家庄市地方志编纂委员会.石家庄市志(第一卷)[M].北京:中国社会出版社,1995.

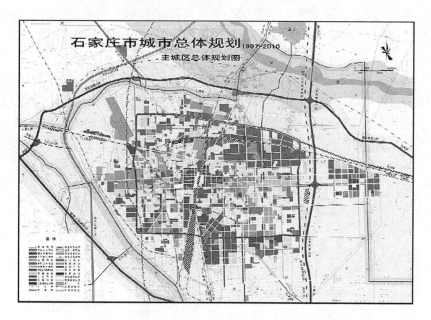

图4-15 石家庄市城市总体规划(1997—2010年)
资料来源:石家庄市城乡规划局.石家庄市城市总体规划(2010—2020)[R],2010.

(2) 城市性质。城市性质为华北南部的中心城市,重要的铁路、公路交通枢纽,工业门类较为齐全、第三产业发达的沿海开放省会城市。

(3) 城镇体系。建立指状放射式城镇体系空间结构。即以石家庄市主城区为核心,沿主要交通干线向四周辐射。重点是沿京广铁路、京深107高速公路和石德铁路、岐银307高速公路向南、北、东三方向发展。

在城市的主要发展轴上,沿京广铁路和京深107高速公路北有新乐市和正定区,南有元氏市(待设)、窦妪工业区和高邑县城;沿石德铁路和岐银307高速公路有石家庄经济技术开发区、邱头石化区、藁城市、晋州市和辛集市(石家庄市规划志,1994)。

在城市的次发展轴上,沿石太铁路、岐银307高速公路有井陉市(待设)、矿市镇和获鹿区;沿石清公路有平山县城;沿308国道线上有栾城区、赵县县城等。

城市职能结构和规模等级分为中心城、县级市、县城和城郊各区、一般建制镇四个层次。中心城为石家庄市主城区;县级市有藁城市、辛集市、晋州市、新乐市和规划设立的元氏市、井陉市;县城和城郊各区包括平山、赵县、高邑、赞皇、行唐、灵寿、无极、深泽县城,获鹿、正定、栾城三个县改区的政府驻地,以及邱头石化区、窦妪工业区、石家庄经济技术开发和矿区。

不同城乡关系状态下呈现的城乡关系空间特征也有所不同,下面按照城乡分离、城乡关联、城乡融合三种状态对其空间特征进行梳理。

4.2 城乡关系分离状态下的空间特征

4.2.1 中心城区辐射能力逐渐加强

石家庄都市区是以市区为中心的单中心空间结构。近年来,依托中心城市及一系列骨干基础设施,市区功能外溢的特点越来越明显,基础设施、房地产投资、都市型休闲农业郊区化现象明显。

自2005年以来,石家庄周边县市的GDP增速超越了市区,其中,都市区四县市的增长速度比其他十三县市相对较高,中心城区由绝对集聚向相对集聚转变(图4-16),表明市域经济格局已经逐步由传统的中心城区带动为主逐步转向都市区推动的发展格局。

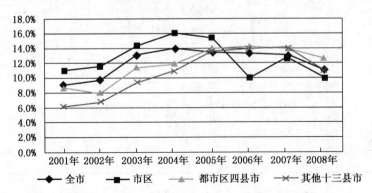

图4-16 2001年以来石家庄都市区三圈层GDP增速情况

资料来源:国家统计局石家庄调查队.石家庄统计年鉴[M].北京:中国统计出版社,2000—2009.

4.2.2 城市职能向外围县市转移

2000年，石家庄市人民政府下达《关于鼓励二环路以内二产企业实施"退二进三"的若干政策》，鼓励二产企业特别是污染严重和亏困工业企业"退市进郊"，推动了外围县市的产业发展。到2008年，市区三次产业占全市的比重为0.6∶36.2∶63.1，相比2002年，二产减少了9.6个百分点，三产增加了10.3个百分点。而都市区四县市二产增加了10.7个百分点，三产减少了5.8个百分点。其他十三县市二产增加了15个百分点，三产减少了8.2个百分点（表4-4）。这说明，中心城区已逐步确立综合服务业为主体的产业结构，外围县市在中心城区工业外溢推动和服务业带动下，在全市经济发展中的战略地位和支撑作用日益凸显。随着发展的深入，中心—外围的功能联系不再局限于二三产业的职能分工，而是多方面的联系加强。中心城区公共交通等基础设施向四县市延伸，面向中心城区人口的郊区房地产项目、休闲游憩项目也逐渐增多（图4-17，图4-18）。

表4-4 中心城区、都市区与其他县市产业结构变化比较　　　　　单位：%

	2002年			2008年		
	一产	二产	三产	一产	二产	三产
中心城区	1.4	45.8	52.8	0.6	36.2	63.1
都市区四县市	19.8	45.6	34.6	14.9	56.3	28.8
其他十三县市	22.8	43.6	33.7	16	58.6	25.5

资料来源：国家统计局石家庄调查队.石家庄统计年鉴[M].北京：中国统计出版社，2004，2009.

图4-17 石家庄外围县市房地产项目分布
资料来源：中国城市规划设计研究院.石家庄城乡统筹规划（2010—2030）[R]，2010.

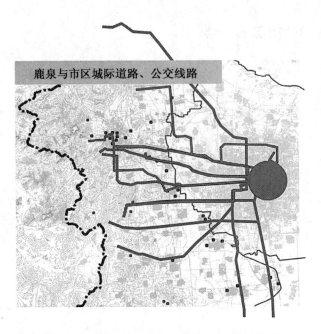

图 4-18　石家庄基础设施向郊区延伸示意图
资料来源：中国城市规划设计研究院.石家庄城乡统筹规划（2010—2030）[R],2010.

4.2.3　外围县市的功能布局的调整

随着中心城区的工业不断向外围县市搬迁，结合外围县市自身的都市农业和旅游功能，外围县市未来发展的功能布局逐步确立。中心城区的优势产业主要以医药制造、石油化工、食品制造以及化学制造、黑色金属冶炼等为主，特别是医药、石油及食品业在市域内占据绝对优势。外围县市围绕中心城区的外迁工业集中发展以原材料初级加工为主的产业。其中，栾城县有纺织、医药、化工、食品加工和通用设备制造；正定县的传统优势产业包括板材家具、服装纺织、食品饲料、化工医药、建筑装饰、机械制造等；藁城市以板材加工、装备制造、食品加工、医药制造、家具制造等为主，并拥有藁城经济开发区、循环化工基地和藁城新区三个省级集聚区；鹿泉市优势行业有非金属矿物制品和采选、电子信息、装备制造、食品制造等。在今后几年，随着正定新区的开工建设，将进一步推动省会城市职能和高端服务功能在正定新区的集中，栾城和藁城的良村开发区和窦妪装备制造业基地将继续承接中心城区的外迁产业，鹿泉利用生态环境优势承接中心城区的各级房地产项目及娱乐设施等。

总体上看，随着中心城区基础设施建设和产业扩散，外围四县市将成为纺织、医药、化工、食品加工、机械制造等原材料加工业发展和布局的重心地区。同时，外围四县市在生活居住、休闲旅游、都市农业等方面的功能也初步具备。另外，外围县市还加快了农业产业化步伐，形成了具有一定规模和特色的农副产品生产基地。

从表 4-5 可以明显看到四县市三产比重从 2002 年至 2008 年的变化，其共性特点是呈现"两头降,中间升"的特点,农业比重持续下降,工业比重持续上升,四县市的工业化进程不断深化,工业成为四县市发展的首要拉动力。

表 4-5　石家庄都市区 4 县市三产比重(2002—2008)　　　　　单位:%

	第一产业						
	2002	2003	2005	2006	2007	2008	比重变化(百分点)
正定县	25	21.1	20	18.5	18.2	17.2	-7.8
栾城县	26.9	25.4	23.8	21.5	19.4	22	-4.9
藁城市	20.6	22.2	21.5	19.4	17.6	16	-4.6
鹿泉市	11.4	9.7	11.8	10.4	8.7	7.9	-3.5
	第二产业						
	2002	2003	2005	2006	2007	2008	比重变化(百分点)
正定县	39.6	44.7	46.6	47.5	46.9	46.8	7.2
栾城县	39.6	42.9	47.2	49.2	51.9	55.3	15.7
藁城市	42.6	41.9	48.5	50.4	52.6	54.1	11.5
鹿泉市	56.5	59	60.1	62.2	64.9	66.3	9.8
	第三产业						
	2002	2003	2005	2006	2007	2008	比重变化(百分点)
正定县	35.4	34.2	33.4	34	34.9	36	0.6
栾城县	33.5	31.7	29	29.2	28.7	22.7	-10.8
藁城市	36.7	35.9	30	30.2	29.8	29.9	-6.8
鹿泉市	32.1	31.3	28.1	27.3	26.4	25.8	-6.3

资料来源:国家统计局石家庄调查队.石家庄统计年鉴[M].北京:中国统计出版社,2001—2009.

在城市偏向的产业发展方针指导下,形成了以城市产业园区、县城产业园区和各级开发区为主的产业聚集区。目前,石家庄已有 50 个产业集聚区,其中市级 6 个,县城周边 16 个,特色产业镇 28 个,在这些产业聚集区的形成过程中,以自上而下的政府投资为主,在城市偏向发展的语境下,政府有限的财力投入重点在高新技术开发、五大基地和南部工业新区,而对镇一级的工业园区发展支持力度不够,其中,正定、栾城的镇级工业园区每个仅在 30 hm² 左右,藁城没有镇级工业园区;村一级的乡镇企业延续 20 世纪 90 年代末期的发展路径,分散地存活或者凋敝。从石家庄一系列政策措施来看,2009 年 9 月石家庄政府出台了《关于实施工业倍增计划建立现代工业体系指导意见》以及关于五大产业调整振兴实施意见,2010 年 2 月出台了《关于支持产业聚集区加快发展的意见》,2010 年 3 月出台了《关于工业发展攻坚的实施意见》,这些文件的出台,确定了以生物(医药)、装备、化工、电子信息、纺织为主的五大主导行业,以及以大型产业园区为发展重点的总体格局(表 4-6)。

表 4-6 石家庄市级、县级、乡镇级产业园区空间分布表

园区所在地	园区名称	园区主导产业	规划面积(hm²)	备注
藁城良村	循环经济化工示范基地	化工	608	市级 5个
高新区、藁城	生物产业基地核心区	医药	400	
栾城、元氏	装备制造基地	装备	5 800	
鹿泉经济区	信息产业基地	电子信息	1 451	
正定城东	纺织服装基地	纺织	2 000	
栾城县城南	生物产业基地（中药现代化区）	医药	1 774	县级 4个
藁城县城东北	藁城工业新区	综合	1 283	
正定县城东	正定综合工业园区	化工、轻工	800	
获鹿镇	鹿泉获鹿产业聚集区	综合	200	
鹿泉曲寨	鹿泉建材冶金聚集工业区	冶金、建材	453	特色镇 7个
鹿泉铜冶	鹿泉绿岛火炬开发区	综合	3 922	
宜安、李村	鹿泉北部建材冶金机加工产业聚集区	建材、冶金	850	
正定镇	正定科技工业园	综合	30	
北早现乡	正定木业加工园	板材家具装饰材料	30	
冶河镇	栾城冶河工贸小区	综合	30	
南十里堡工贸小区	栾城南高纺织产业聚集区	纺织服装机械加工	30	

资料来源：石家庄市工促局，石家庄市人民政府.石家庄产业园区分布一览表[M]，2010.

就市区级产业园区与县市级产业园区的规模以上工业效益比较而言（表4-7），可以发现，县市支柱产业的劳均增加值、劳均利税总额大于市区支柱行业两者的值，说明石家庄县级工业效益比市级高也说明县市级工业充满活力，其中，农副食品、纺织、皮革呈现快速增长的势头。

表 4-7 2007年石家庄市区和县市规模以上工业效益比较

市区支柱行业				县市支柱行业			
	增加值比重(%)	劳均增加值(万元)	劳均利税总额(万元)		增加值比重(%)	劳均增加值(万元)	劳均利税总额(万元)
食品	4.97	10.9	0.20	农副食品	9.07	34.3	12.15
烟草	8.35	98.7	6.62	纺织	7.07	13.1	5.16
纺织	4.70	3.7	0.05	皮革	11.50	20.7	8.59
化学	7.70	9.5	0.22	化学	11.06	18.9	9.60

续表 4-7

市区支柱行业				县市支柱行业			
	增加值比重(%)	劳均增加值(万元)	劳均利税总额(万元)		增加值比重(%)	劳均增加值(万元)	劳均利税总额(万元)
医药	18.22	11.5	0.37	非金属矿制品	10.65	17.5	7.40
黑色金属	7.30	22.7	0.06	黑色金属	9.93	36.5	16.78
通用设备	4.33	4.9	0.19	通用设备	4.53	15.0	7.20
电力热力	15.12	28.9	0.65				
支柱产业	70.69	12.0	0.34	支柱产业	63.81	20.4	8.84

资料来源:国家统计局石家庄调查队.石家庄统计年鉴[M].北京:中国统计出版社,2009.

从工业内部结构看,石家庄市农村工业总产值有2 446.3亿元,规模以上工业总产值有3 293.7亿元,其中,都市区四县市的农村工业总产值占市域的近三分之一,规模以上的工业总产值占市域的近五分之一(表4-8)。农村工业总产值在四县市的分布中,除了正定县较少外,其余的栾城县、藁城市、鹿泉市都超过了规模以上工业总产值,说明乡镇工业占了都市区四县市工业总量的绝大部分,就产业门类看,乡镇工业以劳动密集型产业为主,这样有助于消化当地大量的富余农村剩余劳动力。但由于现在乡镇工业多半以私营为主,村村点火、户户冒烟的格局仍旧存在,造成土地资源低效利用,环境负荷较大,企业缺乏良好的基础设施供给,难以支撑小城镇的发展。

表 4-8 2007年石家庄都市区四县市农村工业总产值及规模以上工业总产值

	农村工业总产值(亿元)	规模以上工业总产值(亿元)
石家庄市	2 446.3	3 293.7
正定县	122.5	210.3
栾城县	103.0	83.3
藁城市	340.4	242.8
鹿泉市	272.4	194.0
都市区四县市	838.4	730.4

资料来源:国家统计局石家庄调查队.石家庄统计年鉴[M].北京:中国统计出版社,2009.

4.2.4 城镇建设用地的"摊大饼"式扩展

从总体上看,石家庄城市建设用地呈现出向外围县市急剧扩张的现象,在空间分布上,外围县市的土地利用有以下特点:

(1) 土地利用强度呈现以市区为中心向周边圈层扩散的特点,且以开发区地价高于周边地区为特征。图4-19是石家庄周边县级市鹿泉市的地价分布图,从图中可以看出地价最高的地区在开发区及周边地区,其次是基础设施良好的寺家庄镇地区及周边。

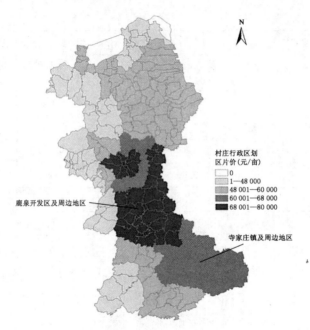

图 4-19 鹿泉市土地区片价示意图

资料来源：鹿泉市国土局

(2) 工业和城镇化发展显现出以市区为中心,沿主要公路网加快发展的态势。市郊发达的乡镇主要集中在鹿泉、正定、栾城和藁城等区域。由于开发区的带动,开发区周边的乡镇产业都较发达。此外,市域公路网的建设对沿途乡镇的经济和城镇化发展也具有明显的带动作用。

(3) 市区和外围县市的工业迁移调整,促使外围县市的工业实力逐渐超过市区,市区主要发展服务业,郊区主要发展工业。郊区的工业主要以产业集聚区的形式在空间中集聚发展(表 4-9)。石家庄周边四县市都有自己的产业聚集区,其中,鹿泉市以冶金、新型建材为主,现状总占地面积达 1 029 hm^2,正定以木业和科技产业为主,现状总占地面积达 390 hm^2,藁城工业新区现状占地面积达 360 hm^2,栾城以纺织和工贸为主,现状总占地面积达 155 hm^2。目前,这些工业开发区有进一步集聚发展的态势,也将占用更多的土地资源,从城乡一体化的角度看,如何更加有效地将占用的农村土地资源收益公平地归还给农民,建立统一的城乡土地市场是迫切需要解决的课题。

表 4-9 石家庄都市区重点发展的产业集聚区用地现状与规划　　　　单位:hm^2

级别	名　　称	现状面积	规划面积
市级	石家庄循环经济化工示范基地	480	608
	国家生物产业基地(核心区)	750	400
	石家庄南部工业新区	617	3 200
	石家庄装备制造基地	280	5 800
	石家庄信息产业基地	80	1 451
	石家庄纺织服装基地	350	2 000

续表

级别	名称	现状面积	规划面积
县城周边	国家生物产业基地（中药现代化区）	1 200	1 774
	藁城市工业新区	360	1 283
	正定县综合工业园区	110	800
	鹿泉市获鹿镇产业聚集区	27	200
特色乡镇	鹿泉市建材冶金聚集工业区	153	453
	鹿泉市绿岛火炬开发区	602	3 822
	鹿泉北部新型建材冶金机加工产业聚集区	247	850
	正定县科技工业园	190	30
	正定县木业加工园区	90	30
	栾城县冶河工贸小区	140	30
	栾城县南高纺织产业聚集区	15	30

注：根据《石家庄市人民政府关于支持产业集聚区加快发展的意见》（石政发〔2010〕9号）整理

4.3 城乡关系关联状态下的空间特征

4.3.1 都市型农业的兴起

城市和乡村是两种不同的资源，城市为乡村提供服务，乡村为城市提供广阔的开敞空间。从表4-10可以看出石家庄的都市区农业产业空间的情况，根据2007年的数据，藁城市、正定县的农林牧渔业总产值达到40.0%和24.6%，鹿泉市林业产值达到45.2%，栾城县林业产值达到29.9%，牧业产值藁城市最高，其次是正定县，分别达到了32.9%和30.9%，渔业产值鹿泉市最高，达到了73.8%，农林牧渔服务业的产值正定县和藁城市较高，分别达到了30.0%和28.9%。

表4-10 2007年石家庄都市区农业产业结构的横向比较

	正定县	栾城县	藁城市	鹿泉市
农林牧渔业总产值	24.6%	21.5%	40.0%	14.0%
一、种植业产值	19.4%	19.4%	46.6%	14.6%
（一）谷物及其他作物产值	26.1%	18.5%	39.6%	15.7%
（二）蔬菜园艺作物	17.0%	19.6%	49.5%	13.9%
（三）水果、坚果	18.6%	9.7%	51.3%	20.4%
（四）中药材	3.9%	93.3%	0.0%	2.8%

续表

	正定县	栾城县	藁城市	鹿泉市
二、林业产值	11.9%	29.9%	13.0%	45.2%
三、牧业产值	30.9%	24.1%	32.9%	12.1%
四、渔业产值	23.8%	1.8%	0.6%	73.8%
五、农林牧渔服务业产值	30.0%	22.9%	28.9%	18.1%

资料来源：国家统计局石家庄调查队.石家庄统计年鉴[M].北京：中国统计出版社，2009.

在都市区四县市中，藁城农业发展占据相对优势（图4-20，图4-21，图4-22）。藁城市农业总产值占到都市区四县市的40.0%，并在蔬菜、谷物和牧业生产方面占据优势。藁城市蔬菜产值达30亿元，占都市区蔬菜总产值的49.5%；谷物类的产值达94亿元，占都市区谷物作物产值的39.6%。其次是正定县，谷物类产值占都市区谷物作物产值的26.1%。鹿泉市和栾城县谷物类产值比重在20%以下。牧业产值仍以藁城市最高，达到了32.9%，正定县和栾城县都在20%以上，鹿泉市最低，仅占12%。

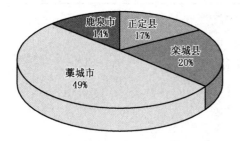

图4-20　2007年四县市蔬菜年产值

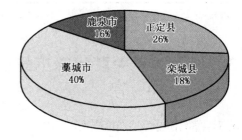

图4-21　2007年四县市谷物及其他作物产值

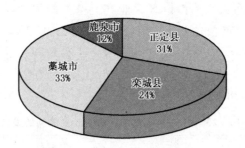

图4-22　2007年四县市牧业产值

石家庄市蔬菜产量空间分布呈现东多西少的特点（图4-23），蔬菜产量最高的是藁城市的廉州镇，产量较高的还有藁城市的南董镇、兴安镇、常安镇、丘头镇、南营镇，栾城县的窦妪镇和西营乡；粮食类作物生产主要分布在都市区的北部和东南部（图4-24），粮食总产量最高的是正定县的正定镇和南楼乡，较高的还有藁城市的丘头镇和梅花镇，藁城市的张家庄镇、南孟镇、增村镇。

畜牧业生产主要分布在都市区北部、东北部，以及东南部（图4-25，图4-26）。其中，生猪存栏量最高的是正定县的正定镇和南楼乡，较高的还有栾城县的窦妪镇和栾城镇，藁城市的西关镇、南孟镇；羊存栏量最高的是藁城市的廉州、兴安和梅花三镇，较高的还有正定县的正定镇，藁城市的增村镇，栾城县的窦妪镇、西营乡、南高乡和柳林屯乡。

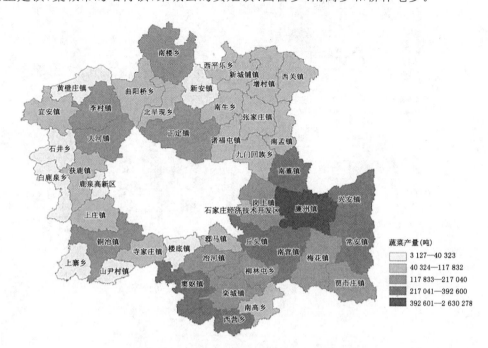

图4-23 石家庄都市区蔬菜产量空间分布

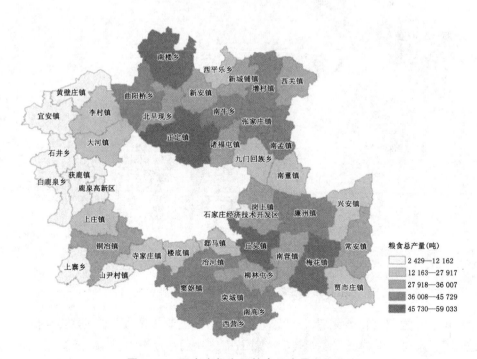

图4-24 石家庄都市区粮食总产量空间分布

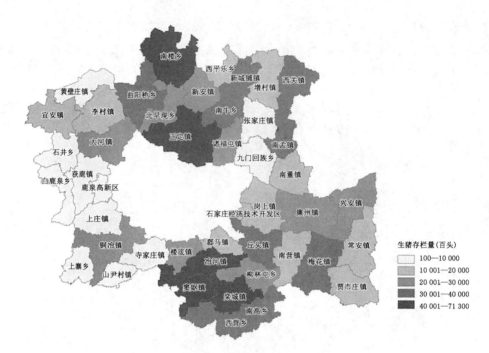

图 4-25　石家庄都市区生猪存栏量空间分布

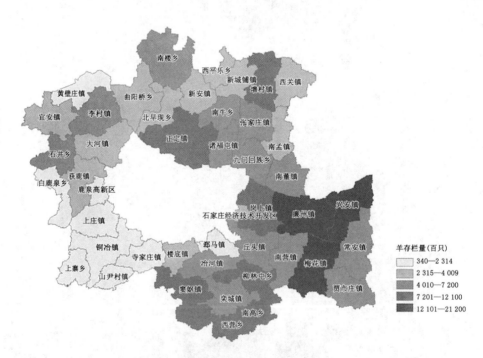

图 4-26　石家庄都市区羊存栏量空间分布

从区域发展的宏观背景来看,石家庄城市正处于工业化中期向后期转变时期,与此相伴而生的是一系列经济转型和功能转型。就石家庄镇村经济转型来说,随着工业化积累到一定程度向农业反哺,促成城市和乡村联系日益密切,镇村空间的演变不仅仅受到农村自下而上的推动力,也受到城市自上而下的推动力,在两种力量的交互作用下,共同塑造了镇村经济的新格局。

工业化发展到一定阶段,城乡联系日益加强。这个阶段最显著的特征是城市的各种功能逐步向农村转移,包括产业的"退二进三"进程、住宅的郊区化以及基础设施和社会设施不断向周边农村扩散。

农村在这个阶段也显现出主动承接城镇功能转移的趋势,最显著的是城市周边的农村地区出现都市农业、观光农业等,农村土地的用途由单一的耕作为主向休闲、观光等多功能方向转化(图 4-27,图 4-28)。

图 4-27　石家庄鹿泉市都市农业示范点
资料来源:调研现场拍摄

图 4-28　鹿泉市小李村休闲农业示范点
资料来源:调研现场拍摄

4.3.2　农民非农收入的增加

伴随着中心城区"退二进三"的进程,石家庄都市区内的外围县市接纳了城市工业的转移,形成了"二三一"的产业结构格局。伴随着产业结构升级,农民开始出现了兼业现象,大部分农民利用空闲时间在建筑工地打工,带来了农民收入的增加(图4-29,图4-30)。

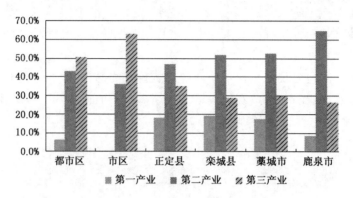

图4-29　2008年石家庄都市区三次产业产值结构比较
资料来源:国家统计局石家庄调查队.石家庄统计年鉴[M].北京:中国统计出版社,2009.

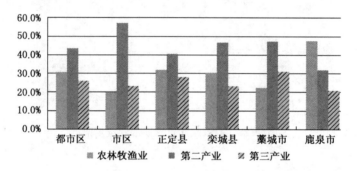

图4-30　2008年石家庄都市区农村劳动力就业结构比较
资料来源:国家统计局石家庄调查队.石家庄统计年鉴[M].北京:中国统计出版社,2009.

农民之所以有空闲时间打工,和农业生产效率的提高有很大的关系。根据各县市的数据(表4-11),与2002年相比,2007年石家庄都市区四县市的人均播种面积均有提高。正定县由2002年的13.0亩/人提高到2007年的15.0亩/人,栾城县由2002年的6.3亩/人提高到2007年的15.8亩/人,藁城市由2002年的13.1亩/人提高到2007年的24.4亩/人,鹿泉市由2002年的8.4亩/人提高到2007年的11.3亩/人。与2002年相比,2007年人均播种面积增加,这表明了农业生产效率在都市区范围内得到较大程度的提升。农业生产效率的提升,促使越来越多的农民有机会从事非农产业,而且非农产业的收入往往比单独种地要高很多。

表4-11　2002年与2007年人均播种面积比较

	2002年农作物总播种面积(hm²)	2007年农作物总播种面积(hm²)	2002年种植业劳动力(人)	2007年种植业劳动力(人)	2002年人均播种面积(亩/人)	2007年人均播种面积(亩/人)
石家庄市	822 338	1 014 354	1 392 565	982 706	8.9	15.5

续表

	2002年农作物总播种面积（hm²）	2007年农作物总播种面积（hm²）	2002年种植业劳动力（人）	2007年种植业劳动力（人）	2002年人均播种面积（亩/人）	2007年人均播种面积（亩/人）
正定县	46 342	55 438	53 463	55 580	13.0	15.0
栾城县	38 765	51 569	93 394	48 884	6.3	15.8
藁城市	68 539	112 392	78 384	69 196	13.1	24.4
鹿泉市	36 969	47 658	66 200	63 095	8.4	11.3

资料来源：国家统计局石家庄调查队. 石家庄统计年鉴[M]. 北京：中国统计出版社，2004，2008.

1）收入来源及构成

随着市场经济改革的深入，农民非农就业增加，劳动力市场多样化，石家庄农民人均收入从1997年的2 837元增加到2010年的6 557元，从农民收入来源看，工资性收入是农民收入的主要来源，2010年石家庄农民工资性收入占总收入的52.1%，比1997年提高了26.5个百分点；家庭经营纯收入在总收入中也占有一定的比例，但总体趋势是下降的，2010年石家庄农民家庭经营纯收入占总收入的40.9%，比1997年下降了28.9个百分点；而转移性和财产性收入虽然所占比重不高，但呈上升趋势，由1997年的3.6%上升到2010年的7.3%，可见，非农就业对增加农民收入的作用极为明显（表4-12）。

表4-12 主要年份石家庄农民收入水平、收入构成及变化（1997—2010）

收入		1997	2000	2005	2006	2007	2008	2009	2010
平均每人可支配收入（元）*		2 837	3 158	4 118	4 456	4 954	5 469	5 977	6 557
其中	工资性收入（%）	26.5%	35.7%	43.1%	46.4%	46.6%	47.7%	51.0%	52.1%
	家庭经营纯收入（%）	69.8%	60.5%	52.1%	49.1%	48.4%	46.1%	42.7%	40.9%
	转移性和财产性收入（%）	3.6%	3.8%	4.8%	4.5%	5.0%	6.2%	6.4%	7.3%

资料来源：国家统计局石家庄调查队. 石家庄统计年鉴[M]. 北京：中国统计出版社，1998—2011.
* 平均每人可支配收入等于人均纯收入

此外，从居民家庭收入内部构成来看，本地企业的劳动构成工资性收入的主要来源，且本地企业劳动的比重呈现逐渐增长的趋势。2010年本地企业劳动收入比重占工资性收入比重的72.87%，与1997年相比，提高了8.65个百分点。非企业组织劳动又可以理解为集体组织劳动，它占工资性收入的比重呈现下降趋势，由1997年的20.52%下降到2010年的10.07%，下降了10.45个百分点。这也与乡镇企业自20世纪末期的不景气密切相关，说明非企业组织劳动或者集体组织劳动已经不再是农民非农就业的主要来源，本地兼业性劳动成为了农民非农收入的首选途径。外出从业收入呈现缓慢增加趋势，但变化不明显，1997年至2010年这13年来，外出从业收入占工资性收入的比重仅增加了1.7个百分点（图4-31）。

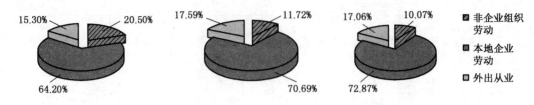

图 4-31　1997—2010 年工资性收入内部构成比较

(注：左图 1997 年，中图 2005 年，右图 2010 年)
资料来源：国家统计局石家庄调查队. 石家庄统计年鉴[M]. 北京：中国统计出版社，1998—2011.

家庭经营的收入增长中，服务业的收入增长较快。2010 年农村居民人均家庭经营纯收入 4 967 元，比上年增加了 323 元，增长 6.5%。其中，家庭农业总收入为 3 525 元，比上年增长 6.07%；家庭工业经营总收入 400 元，增长 2.5%；家庭服务业经营总收入 1 042 元，增长 9.4%（表 4-13）。

表 4-13　主要年份石家庄农村居民家庭收入内部构成（1997—2010）　　　　　单位：元

年份		1997	2000	2005	2006	2007	2008	2009	2010
全年总收入*		3 950	4 024	5 538	6 091	6 838	7 592	8 083	8 873
工资性收入		1 048	1 437	1 774	2 068	2 308	2 606	3 046	3 417
其中	非企业组织劳动	215	289	208	226	243	286	343	344
	本地企业劳动	673	607	1 254	1 429	1 623	1 822	2 154	2 490
	外出从业	161	261	312	412	442	498	549	583
家庭经营收入		2 759	2 436	3 545	3 814	4 256	4 632	4 644	4 967
其中	农业	1 904	1 693	2 405	2 561	3 015	3 283	3 311	3 525
	工业	336	305	326	382	370	433	390	400
	服务业	234	438	814	871	871	915	944	1 042
财产性收入		64	59	120	103	126	145	137	199
转移性收入		79	93	98	107	149	210	256	290

资料来源：国家统计局石家庄调查队. 石家庄统计年鉴[M]. 北京：中国统计出版社，1998—2011.
* 全年总收入等于人均总收入

就家庭经营收入内部构成增速来看（图 4-32），2009 年以前，农业的增速要高于工业和服务业，2009 年以后，服务业的增速超过农业，成为拉动家庭经营收入的主导力量。

以上分析说明，2000 以后的农村地区收入主要来自工资性收入，农民收入结构呈现多元化特征，表明农村地区均已经开始突破传统的以自家耕作为主的收入结构。

2）收入阶层的变化

随着城市的建设，中心城区和外围县市都在快速发展中，这一过程伴随着城市各阶层的分化，最典型的现象是市民和农民收入差异的扩大。就外围县市而言，产业结构的转变和非农就业机会的增加，不仅促进了农民收入的增加，也带来贫富差异的加大，从外围县市

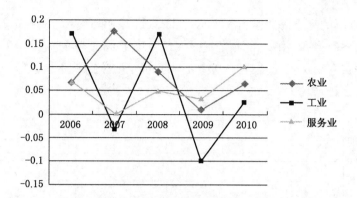

图 4-32　2005—2010 年石家庄农民家庭经营收入内部构成增速比较
资料来源：国家统计局石家庄调查队.石家庄统计年鉴[M].北京：中国统计出版社，1998—2011.

人口收入来源及构成来看，非农就业、行业间工资收入的差别以及从业人员的文化程度等多种因素造成收入阶层的分化。

(1) 农民与市民的收入差异

改革开放 20 多年来，中心城区周边的农民人均收入增长大致可分为以下几个阶段：①1978—1985 年，农民收入增加较快，保持两位数的增长。②1988—2000 年增长速度继续加快，这与家庭经营性收入增长速度逐年下降但工资性收入大幅增加不无关系，标志着农民非农就业开始增加。③进入 2000 年以后，伴随着非农化的快速增长，石家庄农民的收入持续突破 3 000 元、4 000 元、5 000 元、6 000 元。但城市居民人均可支配收入增加得更快，相比 2001 年的 6 805 元，2010 年城镇居民可支配收入达到 18 230 元，增加了 11 425 元，同时，城乡差距比也由 2001 年的 2.16 扩大到 2010 年的 2.77（图 4-33）。

2010 年的农民人均纯收入仅相当于 2001 年城镇居民人均可支配收入。如果计入农民的生产性投资，城市居民享受的医疗、保险等福利性收入和隐性收入，城乡居民收入的实际差距还要更大。

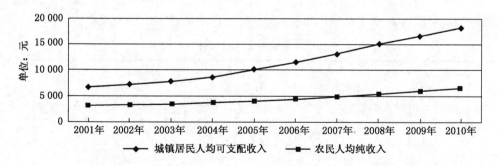

图 4-33　石家庄城市居民和农村居民人均可支配收入增长趋势（2001—2010）
资料来源：国家统计局石家庄调查队.石家庄统计年鉴[M].北京：中国统计出版社，2002—2011.

(2) 农民内部的收入差异

社会收入阶层的分异不仅表现为城市居民和农村居民的差异上，也表现在农民内部的收入两极化上（图 4-34）。比较十年来河北省不同收入层次的农村家庭收入可以看出，虽然低收入3 000元以下的呈下降趋势,由2000年的3.17%下降到2010年的1.12%,3 000元以上的人员数量不断增多,由2000年的29.74%上升到2010年的79.17%。很大原因是农民近年来收入确实有增加的趋势,但3 000元以上的分化会更明显。这样一来,低收入和高收入之间的差别会越来越大,导致了农民内部的收入两极化。

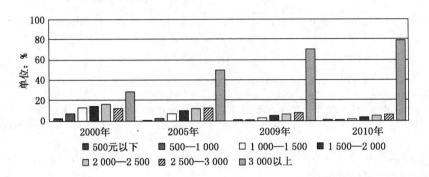

图 4-34 河北省主要年份农村居民家庭人均可支配收入分组占全部户数比重(2000—2010)

资料来源:河北省统计局.河北经济年鉴[M].北京:中国统计出版社,2011.

(3)城乡内部收入差距

2008年河北省城乡居民收入差距比为2.80,石家庄市城乡居民收入差距比为2.75。而同期都市区四县市中的城乡居民收入差距明显偏小,其中正定县城乡差距比为1.81,栾城县为2.09(2007年数据),藁城市为1.91,鹿泉市为1.87(图4-35)。可见都市区四县市城乡差距明显小于全市与全省水平。从发展上看,2002年以来,都市区4县市的城乡差距也保持在相对较小的水平,在1.5—2.0之间,并没有明显的波动。

城乡收入差距相对较小的原因,并非来自于较高的城乡收入水平。具体来看,2008年都市区四县市农村人均可支配收入为0.5万—0.7万(表4-14)。相比于全市平均水平来说,农村水平大致相当,甚至好于全市平均水平。而城镇居民人均可支配收入在0.9万—1.4万,明显低于全市的平均水平。可见,较低的城乡收入差距原因是相对较好的农业基础与相对一般的城镇发展水平共同形成的,是一种低水平条件下的均衡状态。

表 4-14 都市区四县市城乡收入一览表 单位:元

年度	石家庄人均可支配收入		正定人均可支配收入		栾城人均可支配收入		藁城人均可支配收入		鹿泉人均可支配收入	
	城镇居民	农民	城镇居民	农民	城镇居民	农民	城镇居民	农民	城镇居民	农民
2001	6 805	3 149		3 621		3 421	6 436	3 766		4 008
2002	7 240	3 245	6 450	3 770	7 233	3 558	6 788	3 919	6 997	4 170
2003	7 741	3 394	6 740	3 885	7 710	3 755	7 150	4 086	7 382	4 387
2004	8 628	3 799	7 077	4 107	8 292	4 247	7 935	4 625	8 140	4 913
2005	10 040	4 118	7 505	4 325	9 289	4 667	8 931	5 060	8 954	5 313
2006	11 495	4 456	7 993	4 550	10 454	5 006	9 841	5 465	10 084	5 866

续表

年度	石家庄人均可支配收入		正定人均可支配收入		栾城人均可支配收入		藁城人均可支配收入		鹿泉人均可支配收入	
	城镇居民	农民	城镇居民	农民	城镇居民	农民	城镇居民	农民	城镇居民	农民
2007	13 205	4 954	8 672	4 891	12 118	5 788	11 707	6 184	11 657	6 460
2008	15 062	5 469	9 540	5 285			13 349	6 990	13 301	7 106

资料来源:国家统计局石家庄调查队.石家庄统计年鉴[M].北京:中国统计出版社,2002—2009.
  正定县统计局.正定县国民经济统计资料[M].内部发行,2002—2009.
  栾城县统计局.栾城县国民经济统计资料[M].内部发行,2002—2009.
  藁城市统计局.藁城县国民经济统计资料[M].内部发行,2002—2009.
  鹿泉市统计局.鹿泉县国民经济统计资料[M].内部发行,2002—2009.

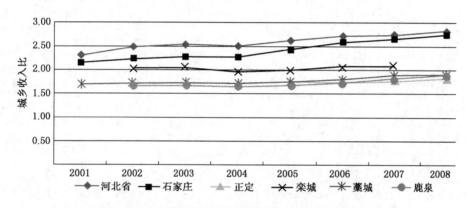

图 4-35 石家庄不同层面的城乡收入比较(2001—2008)

资料来源:国家统计局石家庄调查队.石家庄统计年鉴[M].北京:中国统计出版社,2002—2009.

3) 消费结构的变化

总体而言,农民收入的增加改善了农民生活,从表 4-15 可以看出,食品占总生活消费的比重是不断下降的,1997 年食品占 46.79%,2010 年为 35.52%,与 1997 年相比,下降了 11.27 个百分点,居住、交通和通信、医疗保健等支出增长突出。食品支出比重(恩格尔系数)不断下降,表明农民生活消费结构逐步改善(石家庄市统计局,2008)。

农民住房自有率接近 100%。2006 年年末,农村居民平均每户拥有住宅面积 160.5 m^2。99.8% 的住户拥有自己的住宅。

农村基础设施不断完善,农民生活方式城镇化。2006 年年末,全市 11.7% 的乡镇地域内有火车站,69.1% 的乡镇地域内有二级以上公路通过,66.4% 的乡镇有邮电所,96.4% 的乡镇有储蓄所,11.2% 的乡镇有公园,79.8% 的乡镇有综合市场,22.9% 的乡镇有农产品专业市场。全市 69.2% 的镇实施集中供水,22.5% 的镇生活污水经过集中处理,35.0% 的镇有垃圾处理站。全市 98.5% 的村通公路,99.2% 的村通电,99.0% 的村通电话,98.7% 的村能接收电视节目。30.1% 的村饮用水经过集中净化处理,34.1% 的村实施垃圾集中处理,73.3% 的村有沼气池,24.2% 的村完成改厕。56.4% 的村地域内有 50 m^2 以上的综合商店或超市。农村居民平均每百户拥有彩电 99.9 台,固定电话 58.8 部,手机 81.7 部,电脑 2.5 台,摩托车 49.4 辆,生活用汽车 5.4 辆。农村公共服务设施不断完善。2006 年年末,全市 9.0% 的乡镇有职业技术学校,14.3% 的乡镇有广播、电视站,100% 的乡镇有医院、卫生院,64.1% 的乡镇有敬老院。97.0% 的村在 3 km 范围内有小学,89.3% 的村在 5 km 范围内有中学,47.0% 的村有幼儿园、托儿所,25.2% 的村有体育健身场所,28.5% 的村有图书室、文化站,38.3% 的村有农民业余文化组织。83.3% 的村有卫生室(站、所),85.7% 的村有行医资格证书的医生,18.1% 的村有行医资格证书的接生员(石家庄市统计局,2008)。

表 4-15 主要年份石家庄农民生活消费构成(1997—2010)

生活消费	1997 年	2000 年	2005 年	2006 年	2007 年	2008 年	2009 年	2010 年
食品(%)	46.79	34.76	37.49	35.92	36.48	37.23	34.16	35.52
衣着(%)	10.50	8.80	7.18	7.41	7.23	6.92	6.36	6.09
居住(%)	16.18	26.76	21.68	20.50	21.73	22.32	25.76	26.82
家庭设备及服务(%)	6.78	6.23	4.77	5.16	4.80	4.95	5.26	5.08
医疗保健(%)	4.88	4.46	9.15	10.60	10.88	10.42	10.43	9.38
交通和通信(%)	3.79	5.07	12.66	12.77	11.32	10.91	10.57	9.66
文教娱乐及服务(%)	8.67	10.51	5.52	5.28	5.13	5.08	5.40	5.46
其他商品及服务(%)	2.41	3.42	1.53	2.37	2.43	2.16	2.06	2.00
合计(%)	100.0	100.0	100.0	100.0	100.0	100.0	100.0	100.0

资料来源:国家统计局石家庄调查队.石家庄统计年鉴[M].北京:中国统计出版社,1998—2011.

4.3.3 农村城镇化进程的加速

通常用建设用地指标表现城市扩张的过程。根据第二次全国土地调查数据,2009 年,石家庄都市区城乡建设用地总量为 685.34 km²,占都市区土地总面积的 25.8%。其中,中心城区建设用地规模为 196.38 km²,外围四县市建设用地规模为 488.96 km²。从都市区城镇村各级建设用地的构成来看,城市建设用地(包括中心城区和外围四县市城区部分)规模为 286.30 km²,占建设用地总量的 41.6%;镇建设用地规模为 32.32 km²,占建设用地总量的 4.7%;村庄建设用地规模为 367.72 km²,占建设用地总量的 53.7%(中国城市规划设计研究院,2010)。从表 4-16 可以看出,石家庄都市区小城镇在都市区总用地规模中比重较低,尚未达到 5%,而与广布的农村占地的比重相比,城镇化的规模较小,城市扩张仍旧以中心城市为核心,"摊大饼"式地向周边蔓延。

表 4-16 2009 年石家庄都市区人均建设用地水平比较

	城区人均建设用地指标（m²）	人均镇建设用地（m²）	人均村庄建设用地（m²）
中心城区	80.8	—	—
藁城市	134.4	138.7	216.2
鹿泉市	223.5	209.5	267.0
栾城县	152.7	175.4	220.4
正定县	119.0	183.3	191.8
小计	107.3	182.7	253.7

资料来源：由河北省城镇建设统计年报（2009），都市区"国土二调"资料以及公安局 2009 年各县市人口编制而成。

从都市区城市建设的用地结构可以看出（表 4-17），工业用地的比重最高，用地规模达到 88.73 km²，占到城市建设用地总量的 31.1%；其次是居住用地，用地规模为 71.63 km²，占城市建设用地总量的 25.1%；公共设施用地规模为 36.05 km²，占城市建设用地总量的 12.6%；此外，道路广场用地规模 25.25 km²，绿地规模 23.10 km²，仓储用地规模 11.21 km²，对外交通用地规模 10.14 km²，市政设施用地规模 10.03 km²，特殊用地规模 9.16 km²（中国城市规划设计研究院，2010）。

表 4-17 石家庄都市区现状城乡建设用地平衡表

用地分类	项目	面积(hm²)	占城市建设用地(%)	人均建设用地(m²/人)
城市建设用地	居住用地	7 163	25.1%	26.9
	公共设施用地	3 605	12.6%	13.6
	工业用地	8 873	31.1%	33.4
	仓储用地	1 121	3.9%	4.2
	对外交通用地	1 014	3.6%	3.8
	道路广场用地	2 525	8.9%	9.5
	市政设施用地	1 003	3.5%	3.8
	绿地	2 310	8.1%	8.7
	特殊用地	916	3.2%	3.4
	小计	28 530	100.0%	107.3
镇建设用地		3 232	—	182.7
村庄建设用地		36 772	—	253.7
总计		68 534	—	159.9

资料来源：中国城市规划设计研究院.石家庄城乡统筹规划（2010—2030）[R],2010.

在城市与乡村的研究中，很长一段时间内城市偏向的理论占据主导地位。大卫·哈维认为大城市的创建和快速的城镇化使农村屈服于城市的统治，迫使农民成为附属的阶级

(Harvey D,2006)。刘易斯认为城市作为现代经济部门不断从传统农业部门吸引人力,导致了城市部门的快速发展以及城乡二元经济的产生。这些观点均可以理解为资本从中心向外围的扩散,表现以城市为中心不断外扩的过程。之前的研究,很大一部分都将农村作为城市的外围,农村的发展取决于城市的发展,因此,在城市偏向的理论体系中,农村的发展是被动的。

城乡联系理论则强调城市和乡村的关联性,城市和乡村可以相互取长补短、共同发展。在这种观点下,农村的发展由于注重其内在化的原始积累形式,正在变为农村地区借助城市力量主动发展的过程,这样一来,将导致积极的城乡关系带动下的区域差距缩小的进程。从数据上看,石家庄正在进行这个农村主动嵌入城市发展的过程,其表现是农村人口向小城镇迁移为主的城镇化进程。从2007年至2009年鹿泉市人口迁入迁出数据(表4-18)可以看出近三年鹿泉市人口迁移的趋势。

表4-18 2007—2009年鹿泉市人口迁入迁出数据

年份	迁入人口(人)		迁出人口(人)	
	省内迁入	省外迁入	迁往省内	迁往省外
2007年	2 497	3 804	1 203	446
2008年	3 489	1 099	1 332	648
2009年	4 017	1 093	1 305	630

资料来源:石家庄市公安局

由于省级以下的详细数据无法找到,加上主观对石家庄人口流动的判断,可以粗略将省内迁入人口理解为农村人口转变为县城(即中心镇)的户籍人口,而迁出人口中迁往省内的粗略理解为农业人口向石家庄市区的人口转移。从上表可以看出,自2007年开始,石家庄农村人口以县城或建制镇转移为主,且近三年转移的速度加快,2009年比2007年增加了1 520人,县城或建制镇比石家庄市区更具有吸纳农村人口的能力。这与近年来小城镇户籍制度改革的放开有很大的关系。近三年来,省外迁入可以理解为外地来石家庄的,迁往省外的可以理解为离开石家庄去别的地方打工的,这些人口都比较少。总体来看,鹿泉市的个案基本上能反映石家庄市整体的迁入迁出情况。

2007年鹿泉市各乡镇的人口流动情况见图4-36,分为迁往省外、迁往省内、省外迁入、省内迁入四类,可以看出,省外迁入的集中在鹿泉市、获鹿镇以及高新技术开发区,紧邻石家庄市区的寺家庄镇也有大量的省外迁入人口存在,其他的乡镇基本上很少有省外迁入人口。省内迁入的人口也以高新技术开发区以及发展条件比较好、规模比较大的几个乡镇为主,包括获鹿镇、上庄镇、铜冶镇、寺家庄镇,而在水库或者生态涵养区则少有人口迁入;从迁出人口看,迁往省外的人口以高新技术开发区和获鹿镇为主,其他乡镇少有人口迁出;迁往省外的人口更少,基本上仅有获鹿镇有极少量的人口向省外迁移。从迁入、迁出总体上看,迁入人口大于迁出人口,省外迁入大于省内迁入,这说明伴随产业在高新技术园区的落户,一些外来人口也在石家庄周边地区落户。

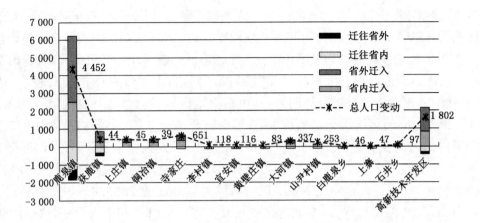

图 4-36　2007 年鹿泉市人口流动情况（单位：人）
资料来源：石家庄市公安局

鹿泉市常年外出务工劳动力的流动情况见图 4-37，总体上以乡外县内的务工流动为主，其次是县外省内的人口流动，往外省的人口打工人数非常少。就各乡镇来说，鹿泉市有几个乡镇外出务工劳动力比较突出，包括铜冶镇、寺家庄镇、上庄镇、大河镇、白鹿泉乡、上寨乡，这些乡镇内部的外出务工人员也出现分异，铜冶镇、上庄镇、大河镇的外出务工人员基本上在县内范围内打工，而紧邻石家庄市区的寺家庄镇外出务工人员不仅仅局限在县内，开始离开省内打工。

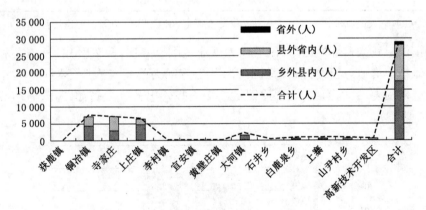

图 4-37　2010 年鹿泉市常年外出务工劳动力流动情况
资料来源：石家庄市公安局

对比全国外出劳动力的就业范围可知，全国外出劳动力就业范围以国内迁移为主。[①] 从表 4-19 中可以看出，全国外出劳动力输出方向以国境范围内为主，包括县内、省内、国内

---

① 所谓人口迁移是指人的居住位置发生了跨越某一地区界限的空间移动，根据行为持续的时间长短，可对迁移和流动作一区分：前者超过 1 年或半年，是一种永久的或长期的行为；后者不足 1 年或半年，属于临时的或短期的离家外出。

三种方式,国境范围内的就业比重高达98%左右,在国境外就业的比重相对较小,发达的东部地区以及与多国接壤的东北地区境外的就业比重达3.9%和6.8%,高于全国境外就业平均比重2.0%,反映我国劳动力以国内消化为主的方式。在国境内又可细分,从全国范围来看,以县内、国内为主,分别达到了35.5%和35.2%,省内的就业比重相对较小,达到了27.6%。我国外出就业的地域差异明显,其中东部地区以县内就业和省内就业为主,县内就业比重高达38.9%,高于全国平均水平,省内就业达到32.8%,国内就业达到25.2%;中部地区以国内就业为主,比重高达49.1%,是全国四大板块在省外就业比重最高的地区,县内就业比重为27.1%,省内就业比重为23.9%;西部地区以县内和国内两种外出就业方式为主,其中县内就业比重达41.6%,国内就业比重为35.0%,省内就业比重仅为23.4%,低于全国平均水平;东北地区外出就业方式以县内和省内为主,这种就业方式与东部相当,比重上也大体相当,县内就业比重为32.0%,省内就业比重为34.9%,国内就业比重为26.3%。

表 4-19 全国外出劳动力就业范围比重对比

就业范围	全国(%)	东部(%)	中部(%)	西部(%)	东北(%)
县内	35.5	38.9	27.1	41.6	32.0
省内	27.6	32.8	23.9	23.4	34.9
国内	35.2	25.2	49.1	35.0	26.3
境外	2.0	3.9	0.1	0.1	6.8

资料来源:中华人民共和国农业部.中国农业发展报告[M].北京:中国农业出版社,2009.

石家庄位于我国东部地区,外出劳动力就业范围以县内、省内为主,基本上和我国东部地区的整体特征类似,这种特点和全国外出务工劳动力的特点有所不同,2008年我国外出劳动力比重以国内、县内为主,主要原因是由于一些外出务工大省如四川、河南等整体影响的结果(图4-38)。

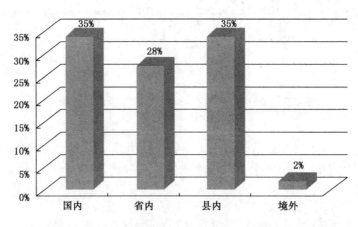

图 4-38 2008年我国外出劳动力比重分布

关于人口迁移类型,有学者认为人口迁移可以分为国内迁移、国外迁移两类,国内迁移又可分为省际迁移、省内迁移两个子类,省内迁移又可分为跨市、县迁移以及市、县内迁移两类(图4-39)(张善余,2004)。

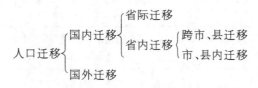

图 4-39 人口迁移类型
资料来源:张善余. 人口地理学概论[M]. 上海:华东师范大学出版社,2004.

就我国行政村一级劳动力就业比重来看(图4-40),主要集中在种植业、工业、建筑业、服务业中,这和石家庄的整体情况基本吻合,也从另一个侧面反映了石家庄处于工业化中期向后期转变,能够代表我国绝大部分的城市。

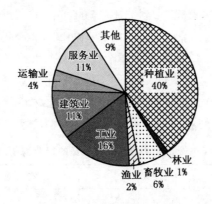

图 4-40 2008 年行政村一级劳动力就业比重分布
资料来源:中华人民共和国农业部. 中国农业发展报告[M]. 北京:中国农业出版社,2009.

从农村劳动力的流向看,外出从业劳动力就近就地转移的占相当比例。2006年年末,劳动力在县域范围内转移的占整个外出劳动力的19.2%(表4-20)。由于农村受教育程度相对较高的青壮年农民大多外出务工,留在农业和农村的劳动力文化程度更加低,而且年龄偏大,农业发展缺乏优质劳动力资源,先进技术和装备在农村难以推广,影响对传统农业的现代化改造。农业效益不提高,农民收入就难以提高。大量劳动力外出,势必减少对农村公路、农田水利等基础设施建设的劳动投入,降低了农业抵御自然灾害的能力。由于劳动力外出,农民人均纯收入中工资性收入提高,降低了农民对农业的依赖性。由于农业生产周期长,同时承受自然风险和市场风险,农民大量外出务工,很多地方的土地劣耕、弃耕,从保证中国这么多人口数量的粮食需求角度考虑,这种局面必须扭转(刘文纪,2010)。

表 4-20 全国农村外出从业劳动力流向

外出从业劳动力从业地区构成	乡外县内	县外市内	市外省内	省外
比例（%）	19.2	13.8	17.7	49.3
数量（万人）	2 530.8	1 818.9	2 333.0	6 498.2

资料来源：国务院第二次全国农业普查领导小组办公室、国家统计局《第二次全国农业普查主要数据公报》（第五号），新华网，2008年2月27日

4.3.4 就业结构向二、三产业转变

都市区四县市对中心城区产业的有效承接促进了就业市场上劳动力绝对需求量的增加，为农村劳动力提供了大量的就业机会，产业结构的调整必然带来农村劳动力就业结构的变化，引起他们在农业和非农业之间、各行业之间、各产业之间的重新组合、配置。

从就业结构来看，第一产业比重逐渐减少，第二产业、第三产业比重逐渐增加，其中，第一产业比重由1997年的48.94%减少到2010年的39.49%，减少了9.45个百分点。伴随着农业产业结构的调整，第二产业比重由1997年的22.03%上升到2010年的28.68%，提高了6.65个百分点。1997年第三产业比重为29.03%，2010年第三产业比重为31.83%，13年增加了2.8个百分点。综上，三次产业中第二产业增幅最快，这和石家庄所处的工业化快速发展阶段密切相关，第二产业以吸纳劳动力的原材料加工型为主，第三产业的发展潜力仍旧未完全释放。第二产业目前是吸纳农村劳动力的主要途径（表4-21）。

表 4-21 主要年份石家庄农村从业人员的行业构成（1997—2010）

	1997年		2005年		2008年		2010年	
	人数（万人）	比例（%）	人数（万人）	比例（%）	人数（万人）	比例（%）	人数（万人）	比例（%）
农业	170.16	48.94%	156.11	44.06%	149.29	41.68%	145.52	39.49%
工业	76.62	22.03%	92.51	26.11%	98.67	27.54%	105.7	28.68%
建筑业	26.67	7.67%	33.21	9.37%	35.09	9.80%	36.96	10.03%
运输、仓储及邮政业	17.53	5.04%	19.54	5.52%	20.45	5.71%	21.34	5.79%
批发和零售业	23.22	6.68%	22.39	6.32%	23.12	6.45%	24.87	6.75%
其他	33.52	9.64%	30.56	8.62%	31.6	8.82%	34.12	9.26%
合计	347.72	100.00%	354.32	100.00%	358.22	100.00%	368.51	100.00%

资料来源：国家统计局石家庄调查队.石家庄统计年鉴[M].北京：中国统计出版社，1998—2011.

就都市区内部来看也反映上述特征，即都市区内部农村经济结构呈现工业化的特点。具体表现在农村经济中，农村工业发展迅速。2008年都市区农村经济总收入1 341.8亿元，其中，农村工业总产值1 005.1亿元，占到74.9%。在正定、藁城、鹿泉、栾城四县市中，农村工业占农村经济收入的比重分别达到了62.9%、73.2%、92.9%、59.5%（图4-41）。农村工

业贡献在农村经济中已远超过一产,成为农村经济的支柱。工业经济比重的升高,带来农村劳动力就业结构的调整,大量农村劳动力在乡村非农产业中就业。2007年都市区四县市农村从业人员总量为109.1万,其中在非农产业的就业规模为77.7万。农村劳动力在非农产业就业的比重分别为正定68.4%、藁城77.9%、鹿泉52.7%、栾城69.6%(图4-42)。

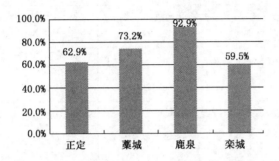

图4-41　2008年农村工业占农村经济比重

资料来源:国家统计局石家庄调查队.石家庄统计年鉴[M].北京:中国统计出版社,2009.

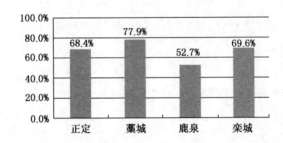

图4-42　2008年农村劳动力非农产业就业比重

资料来源:国家统计局石家庄调查队.石家庄统计年鉴[M].北京:中国统计出版社,2009.

传统城镇化与新型城镇化的对比见表4-22,两者无论从目标、理念、评价标准上都是截然不同的,在城乡关联阶段,出现的新型城镇化是我国城镇化道路持续发展的必然,具体内容见下表。

表4-22　传统城镇化与新型城镇化

	传统城镇化	新型城镇化
目标	简单城镇化	城乡一体化
评价标准	城镇人口比重(单一指标)	城乡一体化水平(多维指标)
理念	以城市为核心,以增长为导向,"物化"的城镇化	城乡互动协调发展 人本、协调、创新、可持续
体制机制	城乡割裂的二元管理体制	城乡一体化的管理体制
政府职能特征	管理型政府	规范化服务型政府
市场体制	城乡生产要素市场分割 不完善的市场经济体制	城乡要素有序流动和重组 逐步完善的社会主义市场经济体制

续表

	传统城镇化	新型城镇化
公共服务	乡村公共服务严重缺乏	城乡公共服务均等化
发展特征	城市规模增长与外延扩张	谋求城市发展质量提升
社会特征	城市内二元结构、社会冲突与分裂、贫富分化、代际转移	农民工融入城市成为新市民 中等收入阶层兴起
空间特征	大城市过度集中与空间蔓延、小城镇过度分散	以城市群和城镇化地区为主体紧凑、集约发展 大中小城市及小城镇协调发展
与工业化关系	以低成本推进传统经济增长	以创新推进新型工业化
城乡关系	割裂与冲突、剥夺与被剥夺、城乡差距拉大	融合与互促，共创共享 城乡一体化
整体特征	城镇化水平虚高、非健康城镇化、城市病、乡村病	健康城镇化 完全城镇化、常态城镇化

资料来源：参考叶裕民．中国统筹城乡发展的系统架构与实施路径[J]．城市规划学刊，2013，1：1-9 整理后制作

国家层面强调新一轮的城镇化重点要同农业现代化和新农村建设相互促进，积极稳妥推进城镇化（温家宝，2011）。

4.4 城乡关系融合状态下的空间特征

4.4.1 中心城市辐射下的小城镇发展

中心城市辐射能力加强以及与周边区域的互动发展，有效地推进了小城镇的发展。为了更科学地确定能受到中心城市辐射力的小城镇，采用功能的方法定量地确定中心城市辐射范围内的小城镇。

1) 中心市的确定

石家庄都市区的中心市由石家庄市区构成，不包括外围县市，石家庄的中心市由长安区、桥东区、桥西区、新华区、裕华区、矿区、高新区组成。2008 年，中心市区的土地面积为 456 km²，年末总人口为 240.71 万人，人口密度为 5 278.93 人/km²，其中非农业人口为 240.71 万人，人口的非农化水平为 100%。

2) 外围地区的确定

(1) 以县作为都市区的基本构成单元

通过比较研究区内各行政单元的非农化指标来确定石家庄都市区的范围，从表 4-23 可知，在 GDP 的非农比重方面，全部县市都满足 75% 的指标，在农村劳动力的非农比重方面，除藁城市、新乐市、栾城县、正定县、辛集市、晋州市、井陉县、深泽县、赞皇县之外，其他各县市都不满足 60% 的指标，在现有都市区范围内的鹿泉市也只有 59.1%。

表 4-23　石家庄市县市土地面积、人口、GDP 和劳动力比较（2008）

	土地面积（km²）	年末总人口（人）	人口密度（人/km²）	GDP（万元）	GDP 非农比重（%）	劳动力（人）	劳动力非农比重（%）
石家庄市	15 848	9 664 786	609.842 6	27 235 531	88.83%	3 895 219	61.67%
市区	456	2 407 195	5 278.936	10 022 951	99.38%	152 351	84.52%
井陉县	1 381	326 225	236.223 8	806 323	90.87%	159 221	61.70%
正定县	470	452 090	961.893 6	1 264 670	82.68%	241 160	70.89%
栾城县	345	336 477	975.295 7	1 020 385	78.04%	187 094	71.89%
行唐县	1 025	432 956	422.396 1	736 713	79.15%	189 433	48.99%
灵寿县	1 546	322 833	208.818 2	529 796	82.15%	143 281	41.12%
高邑县	211	180 795	856.848 3	332 031	81.07%	92 850	50.48%
深泽县	286	252 558	883.069 9	444 365	81.46%	131 673	61.22%
赞皇县	1 210	243 274	201.052 9	412 012	76.54%	125 277	61.05%
无极县	524	495 024	944.702 3	914 041	80.89%	260 893	54.89%
平山县	2 951	471 792	159.875 3	1 350 971	89.09%	215 124	32.13%
元氏县	849	409 500	482.332 2	811 388	82.27%	272 478	44.11%
赵县	714	574 594	804.753 5	1 000 231	78.52%	304 015	58.54%
辛集市	1 100	614 281	558.437 3	1 840 135	82.53%	333 431	70.21%
藁城市	836	764 054	913.940 2	2 256 309	82.85%	420 349	79.92%
晋州市	716	528 270	737.807 3	1 196 769	85.53%	277 145	62.60%
新乐市	625	477 155	763.448	1 056 039	82.15%	205 520	73.68%
鹿泉市	603	375 713	623.073	1 759 162	91.79%	183 924	59.10%

资料来源：国家统计局石家庄调查队.石家庄统计年鉴[M].北京：中国统计出版社，2009.

用功能方法确定都市区的范围，GDP 和劳动力的非农比重指标的选择具有一定的主观性。在 GDP 非农比重方面，全部县市都满足大于 75% 的标准，这种情况可能是 75% 的标准定得偏低，也可能是各县市经济发展确实达到了组建都市区的水平。就本例来说，可以提高 GDP 非农比重至 80% 的标准（这具有一定的主观性，但还是可以接受），这样一来，就把行唐县、赵县、栾城县、赞皇县排除在外。在劳动力非农比重方面，60% 的指标适中，可以剔除鹿泉市、赵县、无极县、高邑县、行唐县、元氏县、灵寿县、平山县八个县市。根据石家庄各客运站数据，考察石家庄市区与下属各县市的交通联系后发现，到正定、栾城、藁城有公共汽车相通，到其余县市的长途汽车日发车班次依次为鹿泉 130 次，矿区 97.5 次，无极 68 次，行唐 68 次，新乐 66 次，邢台 33 次，保定 23.6 次。由此可见，石家庄市区与鹿泉、正定、栾城、藁城及矿区的联系远比与其他县市之间的联系密切。据此,可以剔除新乐、无极、行唐。

综合以上分析可知,在以县为基本单元时,石家庄都市区由石家庄市区和正定县、栾城县、藁城市、鹿泉市组成(图4-43),都市区土地面积2 657 km², 总人口433.5万人,其中非农业人口289.9万人,人口的非农化水平为66.9%,社会劳动力总数为118.48万,其中非农业劳动力为87.89万,劳动力的非农比重为74%,经过研究论证,该方案具有相当的合理性。

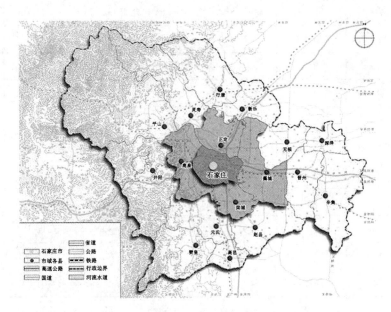

图4-43 石家庄都市区空间范围
资料来源:中国城市规划设计研究院.石家庄城乡统筹规划(2010—2030)[R],2010.

(2) 乡镇作为都市区的基本构成单元

在考察省际交通时,发现石家庄与邢台、保定之间的公路或铁路联系较多,因此,这些县级市至少有部分乡镇与石家庄联系较紧密,可以考察各乡镇的都市区功能指标情况。对于上述以县为基本地域单元,与石家庄都市区偏差较远的县市,本研究不再考虑,只考察鹿泉、正定、栾城、藁城四个石家庄都市区范围内的县市以及井陉县、赵县、晋州市、新乐市、灵寿县。

限于条件,目前有四个县市完整的各乡镇劳动力的非农化水平的数据(表4-24,表4-25)。基于以上考虑,可以用劳动力的非农指标来衡量确定石家庄都市区的范围,方法如下:第一,将各县市不同乡镇按照劳动力的非农比重进行分等定级,将分级表示在含乡镇界限的图上;第二,根据各县市分乡镇簇状柱形图(乡镇为横轴,劳动力的非农比重为纵轴,)找出劳动力非农化水平在60%附近的突变点(相邻两个乡镇非农比重变化的转折点),提取突变点之前的乡镇;第三,根据地域的完整性和连续性,并适当考虑劳动力非农比重处于50%—60%之间的其他乡镇,划定都市区外围县的范围。

表 4-24　按各乡镇劳动力非农化比重划分的结果

县市	劳动力非农化比重≥60%	劳动力非农化比重在50%—60%之间
鹿泉	—	—
正定	正定镇、诸福屯镇、新城铺镇、新安镇、南牛乡、南楼乡、西平乐乡、北早现乡、曲阳桥乡	
栾城	栾城镇、郄马镇、冶河镇、窦妪镇、楼底镇、南高乡、柳林屯乡、西营乡	
藁城	—	—

资料来源:正定县国民经济统计资料(2007)、栾城县国民经济统计资料(2007)

表 4-25　2007年正定县和栾城县劳动力及GDP非农化比重

正定县	劳动力非农化比重(%)	栾城县	劳动力非农化比重(%)
正定镇	68.02	栾城镇	68.72
诸福屯镇	69.11	郄马镇	68.00
新城铺镇	69.61	冶河镇	72.38
新安镇	71.57	窦妪镇	69.72
南牛乡	67.70	楼底镇	70.00
南楼乡	68.10	南高乡	77.09
西平乐乡	70.00	柳林屯乡	70.29
北早现乡	66.12	西营乡	62.53
曲阳桥乡	66.75		

通过分析发现,四县市的劳动力非农化比重都达到了60%以上,受石家庄都市区辐射明显,因此可以划入都市区。此外,由于石家庄与保定和邢台联系密切,在这个交通轴上的新乐县也可以考虑纳入。

3)用断裂点公式计算的结果

断裂点公式是用于确定两城市之间作用力分界点的理论模型,它是P. D. Converse从城市引力模型中推导出来的,表达式为(周一星,1995):

$$B_i = \frac{d_{ij}}{1+\sqrt{P_j/P_i}} \tag{1}$$

式中:B_i——I;

j——两城市之间的断裂点到i城市的距离;

P_i、P_j——两城市规模,可以是城市人口或产值方面的资料;

d_{ij}——两城市之间的距离。

从行政建制看,阳泉市属于山西省,邢台、保定、衡水属于河北省。在研究的区域范围内,主要考虑石家庄市与阳泉市、邢台市、保定市、衡水市四市的空间分界。在断裂点公式中,城市规模用市区总人口、市区非农业人口和市区GDP分别计算。两城市之间的距离取公路交通或者铁路交通距离。本书采用Google Earth自动计算得出的近乎直线的距离见表4-26。

根据下表定义断裂点到石家庄中心市的距离。根据相关数据计算得到各个距离值B_{ij}(下表括号内数值),其中$i,j=1,2,3$,i代表邢台、保定、衡水、阳泉市,j代表选取的三个指标。比较而言,市区非农业人口和市区GDP更能真实地反映城市经济活动,而市区总人口确定城市地域范围具有主观性,为此,选取表中b、c两栏中数值最大的距离即$\max(B_{13})=49$ km,$\max(B_{23})=72$ km,$\max(B_{33})=52$ km,$\max(B_{43})=40$ km作为所求断裂点距离。

表4-26　断裂点到石家庄中心市的距离

城市规模指标	市区总人口 (a)	市区非农业人口 (b)	市区GDP (c)	距石家庄市的距离(km) (d)
邢台市—石家庄市	B_{11}(42)	B_{12}(43)	B_{13}(49)	126
保定市—石家庄市	B_{21}(59)	B_{22}(60)	B_{23}(72)	148
衡水市—石家庄市	B_{31}(38)	B_{32}(42)	B_{33}(52)	144
阳泉市—石家庄市	B_{41}(38)	B_{42}(40)	B_{43}(40)	108

数据来源:人口和GDP数据来自中国城市统计年鉴(2010),距石家庄的距离来自Google Earth自动计算得出。市区非农业人口采用市辖区单位从业人员数,来自中国城市年鉴(2010)。

4)用空间作用衰减律计算的结果

距离衰减效应通常有两种表示方法,一是幂指数衰减规律,有关表达式来自引力模型,即:

$$F(r)=G\frac{M}{r^b} \tag{2}$$

式中:$F(r)$——作用力;

M——城市规模;

r——距离;

G、b——参数。

二是负指数衰减规律,有关模型基于城市地理系统的最大熵理论,数学模型表示如下(Alan,2000):

$$f(r)=k\mathrm{e}^{-\frac{r}{r_0}} \tag{3}$$

式中:r——到城市中心的距离;

$f(r)$——城市的空间作用力;

k——参数;

r_0——城市影响范围的特征半径,其倒数为空间作用衰减系数。

4 石家庄城乡关系演变的空间特征及动力机制

在这里,引用城市有效作用半径的概念,据相关研究表明,中国目前没有一个城市的扩展达到有效作用的极限,城市有效扩展范围不超过城市交通工具半个小时的行车旅程,这样一来,石家庄基于交通工具平均行车速度的有效半径约为 30～40 km。

在各种交通工具中,短途运输着重依靠公路,铁路主要对远距离发挥作用,综合以上结果可知,石家庄是空间作用的范围在 40～70 km 之间,这与断裂点的计算结果基本吻合。

5) 计算结果的综合

综合以上两种计算结果,以石家庄市政府所在地为圆心,以大约 60 km 为半径确定石家庄是理论上的空间作用范围,大致面积为 11 683.94 km²。这样,鹿泉、正定、藁城、栾城全部进入都市区,还增加了部分处于断裂点半径内的乡镇(表 4-27)。

表 4-27 根据功能算法确定的石家庄都市区范围

市	县	进入都市区的小城镇
邢台市	临城县	黑城乡、鸭鸽营乡、临城镇
	柏乡县	内步乡、大营镇、固城店镇、龙华乡、柏乡镇
	宁晋县	河渠镇、换马店镇、苏家庄镇
保定市	曲阳县	恒州镇、文德乡、羊平镇、燕赵镇
	定州市	明月店镇、周村乡、息家乡、邢邑镇、高蓬镇、李亲顾镇
阳泉市	无县市进入都市区小城镇	
石家庄市	鹿泉市	全部进入都市区小城镇
	正定县	全部进入都市区小城镇
	藁城市	全部进入都市区小城镇
	栾城市	全部进入都市区小城镇
	井陉矿区	全部进入都市区小城镇
	元氏县	全部进入都市区小城镇
	赵县	全部进入都市区小城镇
	无极县	全部进入都市区小城镇
	晋州县	全部进入都市区小城镇
	赞皇县	除嶂石岩乡外全部进入都市区小城镇
	辛集市	不进入都市区小城镇
	深泽县	留村乡、赵八乡、深泽镇
	行唐县	龙州镇、瞿营乡、上碑镇、上方乡、南桥镇、玉亭乡、城寨乡
	平山县	苏家庄乡、东王坡乡、岗南镇、两河乡、南甸镇、上三汲乡、西大吾乡、平山镇、东回舍镇、温塘镇
	灵寿县	慈峪镇、塔上镇、青同镇、狗台乡

4.4.2 镇村格局变化下的新市镇建设

1) 建设"新市镇"与镇村的战略地位

石家庄都市区城乡统筹规划(2010—2030)确定了"三新战略",即新城区—新市镇—新社区,打破石家庄都市区现有的村镇体系扁平的格局。新市镇是指依托现状基础和发展条件较好的城镇,通过示范产业园区和新型居住社区的建设,形成带动乡村地域经济发展、为村民提供城镇型服务的新型城镇节点。区别于传统意义上以公共服务提供为主的中心镇的发展思路和传统征地方式建设城市的发展路径,新市镇通过强化产业功能,整合一定范围内乡村工业的发展,有效引导城镇化和工业化的集中发展;通过一定程度上保留农村集体所有制的形式,引导农村集体参与城镇化的进程,从而探索城镇化发展的新路径。

当前,石家庄都市区四县市农村非农化就业率达到了74.1%,但由于镇村体系扁平、乡村工业散布等因素制约,使得城镇化进程缓慢。2008年都市区四县市城镇化水平仅为25.5%,远滞后于工业化的发展。村庄中有大量人口已经实现了就业的非农化,但却难以享受到城镇福利。因此,未来相当长一段时期内,培育乡村增长极,推进城镇化发展是都市区统筹城乡发展的一项重要任务。

随着石家庄都市区化发展态势的初步显现,中心城区对外围乡镇的发展带动作用逐步释放。整体上,支持外围乡镇快速发展的城市与乡村两大动力条件基本具备。实现城乡两大动力整合的关键在于中心城市带动作用的有效承接和外围乡镇内生动力的集聚引导,其空间载体成为整合双重动力的关键要素。因此,与中心城区有着良好交通联系、产业基础较好、人口规模相对较大的外围新市镇,将成为统筹城市和乡村双重发展动力,推动新型城镇化进程的核心空间载体。

"新市镇"战略的实施,一方面通过城市资源支持和示范产业园区的建设,引导乡村工业集中,并将其纳入城市产业体系,为乡村工业发展提供更多支持,培育乡村地域增长极,实现"城乡发展机会均等化";另一方面通过新型住区和农业示范区建设,完善城镇型公共服务设施配置,引导人口集聚,加快农业产业化经营,推进乡村地域的城镇化进程(中国城市规划设计研究院,2010)。

石家庄镇村差别小,呈现大村小镇的态势(图4-44,图4-45)。由于镇区自身发展缓慢,很难吸引农村人口向镇区转移,造成大量农民以兼业的方式进行非农化,已经非农化的农民无法真正享受城镇化的成果。从2010版石家庄都市区城乡统筹规划可以看出,规划者已经明确意识到了城镇化滞后于非农化带来的严重后果,包括土地资源的浪费、空心村的蔓延、城镇的衰落等问题,从规划编制的角度,设置新市镇,促使非农化的农民向新市镇集聚的思路理论上是可行的,但建造一个个新市镇将花费大量的人力、物力和财力。从制度层面着手,搞活农村经济,释放农村土地潜能,让农民获得土地的收益,只有这样,才能确保新市镇战略思想的有效实施。

图 4-44　石家庄某村的村落现状

资料来源：调研现场拍摄

图 4-45　石家庄某镇的现状

资料来源：调研现场拍摄

2) 城乡规划导向下镇村体系调整

在《城乡规划法》颁布之前，一直施行的是《城市规划法》，在《城乡规划法》指导下，关注城市及镇的居民点为主的城镇体系规划将失去原有的作用。伴随着各地县域行政体制的改革，如有些地方出现了镇级市，行政的放权为镇一级的发展赋予了更多的能动性，在城乡规划指导下镇村体系的规划也得到了相应的调整。由于目前全国各地还处于实践阶段，尚在沿用2006年的《县域村镇体系规划编制暂行办法》，正式的、在《城乡规划法》指导下的村镇体系规划尚未出台，但可以预见，《城乡规划法》对未来的城乡体系规划编制将带来革命性的变革。

表4-28是按照城镇体系规划编制的石家庄市域城镇，可以看出城镇规模体系在1万人以下的占了绝大多数（石家庄市城乡规划局，2010）。说明石家庄城镇规模较小，难以发挥

带动乡村发展的能动性,乡村自身的要素也难以向小城镇聚集。

表 4-28 2009 年石家庄市域城镇一览表

数量	城镇规模	名称
1	>100 万	中心城区(含大郭镇、赵陵铺镇、桃园镇)
2	10 万—50 万	辛集市区、藁城市区
7	5 万—10 万	鹿泉市区、新乐市区、晋州市区、赵县县城、正定县城、栾城县城、平山县城
9	2 万—5 万	深泽县城、灵寿县城、赞皇县城、井陉县城、元氏县城、行唐县城、无极县城、高邑县城、矿区
7	1 万—2 万	高营镇、宋营镇、贾庄镇、铜冶镇、贾市庄镇、冶河镇、楼底镇
41	0.5 万—1 万	西兆通镇、方村镇、旧城镇、新垒头镇、新城镇、王口镇、寺家庄镇、李村镇、大河镇、邯邰镇、丘头镇、南孟镇、南营镇、兴安镇、张家庄镇、增村镇、常安镇、西关镇、小樵镇、总十庄镇、桃元镇、槐树镇、郄马镇、窦妪镇、陈庄镇、慈峪镇、范庄镇、上安镇、天长镇、秀林镇、小作镇、南因镇、送曹镇、南佐镇、上碑镇、诸福屯镇、新城铺镇、新安镇、北苏镇、郭庄镇、东回舍镇
50	0.1 万—0.5 万	南村镇、凤山镇、张古庄镇、位伯镇、南智邱镇、上庄镇、宜安镇、黄壁庄镇、承安镇、东王镇、化皮镇、正莫镇、杜固镇、大岳镇、马头铺镇、梅花镇、南董镇、岗山镇、马于镇、营里镇、东卓宿镇、铁杆镇、青同镇、塔上镇、岔头镇、北王庄镇、新寨店镇、韩村镇、南柏舍镇、沙河店镇、南峪镇、威州镇、南障城镇、测鱼镇、姬村镇、因村镇、口头镇、南桥镇、七汲镇、张段固镇、大陈镇、古月镇、小觉镇、温塘镇、南甸镇、岗南镇、蛟潭庄镇、下槐镇、西柏坡镇、下口镇
2	<0.1 万	苍岩山镇、孟家庄镇

资料来源:石家庄市城乡规划局,2010

对石家庄市域乡镇规模等级进行整理(表 4-29),可以发现,人口在 3 万人以下的乡镇数目共 100 个,占总乡镇数目的 84.03%,最小值在 0.1 万左右。而人口大于 5 万的有 10 个乡镇,占总数的 8.3%,人口在 3 万—5 万之间的有 9 个乡镇,占总数的 7.5%。最小的乡镇为 0.1 万,最大的乡镇能达到人口 10 万的规模,而平均值在 0.5 万—1 万之间。

表 4-29 2009 年石家庄市域乡镇规模等级

	规模等级	乡镇数	所占比例(%)	备注
人口(万人)	>5	10	8.3	平均值:0.5 万—1 万
	3—5	9	7.5	最大值:10 万
	<3	100	84.03	最小值:0.1 万

资料来源:石家庄市城乡规划局,2010

3)"撤村并点"政策对空间集聚的影响

近年来,中国一些大城市周边地区开展了轰轰烈烈的"撤村并点"运动,在谷歌中输入"撤村并点",查到约 971 000 条结果,提到的语汇有"撤村并点,请缓一缓"、"撤村圈地"、"集中居民点"等,输入"迁村并点",查到约 91 100 000 个结果,突出的语汇有"从农民意愿看迁村并点的利益博弈"、"迁村并点安置补偿"等,输入"撤村建居"则有约572 000条结果,突出的语汇有"××政府帮助撤村并居农民再就业"、"撤村建居农转居多层公寓"、"撤村并居过程中农转非"等等。有的地方还专门成立了"推行农转居多层公寓建设领导小组办公室",建立《农转居多层公寓建设管理实施办法》,在条文中对实施范围和对象、住房标准、实施要求、建设审批与管理、产权管理有明确要求(杭州西湖区档案馆,2009)。通过网络搜索可以发现(表4-30),提出"迁村并点"语汇的时间跨度大致在2002年至2011年,但实际上,从1990年以后,上海已经出现了类似的情况,当时提出的是上海"三集中"战略。这可能与上海在20世纪90年代后期达到工业化中期向后期转变这个阶段有关,而时隔10年后,随着我国经济的快速发展,我国东部大城市地区都面临着工业化中期向后期转变这个阶段,面对的是与20世纪90年代的上海类似但不相同的情况,因此,"迁村并点"这个语汇在近十年凸显,特别是在2009年、2010年、2011年成为了社会热点。表4-30也可以反映出我国近年来一些大城市迁村并点的实际情况。

表4-30 近年来中国一些大城市的迁村并点情况

城市名称	做法	具体案例
山东一些城市	2005年以来大规模开展镇村合并入社区,取消行政村编制,建设农民新社区	山东德州禹城市齐河县由1 014个行政村合并为424个社区(村),村均人口由529人增加到1 265人
河北	通过"新民居工程"腾挪土地	预计到2012年腾出50万亩建设用地
河南	整村搬迁,建设安置新区,低价出售给农民	河南沁阳市2010年已搬迁3个自然村的1 172人,节约土地2 070亩
天津	撤村建居农民再就业	从东蒲洼2个村发展到杨村、下朱庄等10个乡镇94个村,共98 112人
北京	集体土地建租赁房	唐家岭
上海	提出"三集中"战略,即农民向集镇集中、农田向农场集中、工业向园区集中	闵行区七宝镇联明村等
江苏一些城市	开展"万顷良田"工程,对项目区的村庄实行整体搬迁	已覆盖江苏省13个市,涉及土地规模98万亩,计划新增耕地16万多亩,盘活存量建设用地11万多亩
浙江一些城市	开展"千村示范、万村整治",引导农民向城镇和中心村迁移	对1万个左右的行政村进行全面整治,并把其中的1 000个村建设成为"村美、户富、班子强"的全面小康示范村
武汉	开展"安居工程"	对3个自然村进行整治,将650户农民迁入集镇

资料来源:作者根据互联网新闻报道总结整理

据2009年数据显示,中国有68万个行政村,187万个自然村,占了大量的乡村空间。20世纪90年代以来,上海市政府提出"三集中"(指居住向城镇和中心村集中,耕地向规模经营集中,工业向工业园区集中)的郊区化战略后,撤村并点开始向全国迅速推展。石家庄鹿泉市的迁村并点示意图见图4-46。关于撤村并点的理论研究近年来主要有以下几种观点:一是对撤村并点的核心任务、意义、策略进行了概括,即将农区中现有规模小、用地大、基础设施落后的自然村居民迁入择点而建的中心村或集镇,并将居住宅地还耕,其意义在于合理配置土地资源,有效改善乡村社区生活条件和生产环境(王建国等,2003),以上海市为例归纳了社区居民点迁并和整理的操作模式和策略,即宅基地征用、宅基地置换、渐进归并和整治改造四种模式及拆除、归并和内部整理三种策略。二是考虑了撤村并点的地域差异,按照近郊区、远郊区划分了不同的策略。其中,近郊地区宜采用宅基地征用的方式把土地性质从集体转为国家所有,或通过宅基地置换的方式整体搬迁到城镇或者中心村;远郊地区通过鼓励农户等行为主体参与集体建房,逐渐消减分散零乱的小村居民点(张正芬等,2009)。三是针对大量的研究集中在怎么迁、怎么并上,对迁并带来的社会问题考虑较少,有学者通过对农户和政府等行为主体利益博弈的考虑,冷静地思考了迁并的实质,并提出迁村并点要尊重自然规律,强调其特定的适用性(王建国等,2003)。

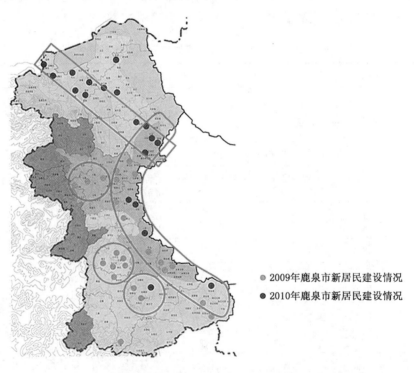

图 4-46　2009—2010 年鹿泉市新民居建设情况
资料来源:石家庄市城乡规划局,2009,2010

石家庄新民居试点村集中在三区两带,即中心城区、山前区、铜冶区和城郊带、石闫带(表 4-31)。

表 4-31　2009 年石家庄市级新民居示范村名单

方台(开发区)、申后(开发区)、东良政(寺家庄)、上庄、南铜冶、邓庄(李村)、城东桥西队(大河镇)、孟同(大河)、小河、裴村(宜安)、宜安、双合(大河)、马山(宜安)、南白砂(李村)、东邱陵(李村)、李村、贾村(大河)、东鲍庄(宜安)、西鲍庄(宜安)

续表

永壁西街(铜冶)、西良厢(铜冶)、小张庄(铜冶)、北铜冶(铜冶)、北甘子(铜冶)、桥门沟(铜冶)、西任村(铜冶)、北海山(获鹿)、六街(获鹿)、石柏村(获鹿)、七街(获鹿)、北新城(获鹿)、西马庄(获鹿)、贺庄(获鹿)、西郭庄(山尹村)、南鲍庄(宜安)、东焦东队(宜安)、北故城(大河)、小马村(大河)、曲寨村(大河)、韩庄(上庄)、谷庄(上庄)、钟家庄(上庄)、庄窝(上庄)、小车行(上庄)、台头村(上庄)、符家庄(开发区)、横山村(开发区)、东营东街(寺家庄)、东营北街(寺家庄)

资料来源：石家庄市城乡规划局，2009，2010

4）非均衡发展模式下的重点城镇建设

从2009年石家庄都市区现状城镇规模可以看出，人口在1万人以下的城镇有27个，占总数的61%，乡镇呈现传统农业地区的均质化布局特征。从乡镇职能发展看，受城区发展带动，城区周边乡镇逐步向工业型、工贸型发展，呈现出工贸型城镇环城区分布的特征，农业型城镇主要分布在都市区外围地区。

为了打破这种均衡，中国城市规划设计研究院在2010年对石家庄城乡统筹规划确定了8个新市镇（图4-47，表4-32，表4-33）。包括依托现状基础较好的中心镇发展而来的铜冶新市镇、李村-宜安新市镇、冶河新市镇，依托现状产业基础，通过引导人口集聚形成的南牛新市镇、北早现新市镇、南高新市镇，以及为带动农村地区发展，结合区位条件重点打造形成的增村新市镇和梅花新市镇。

新市镇在城镇体系中具有联动城乡、传递中转的重要作用，是都市区统筹城乡发展的重要环节，应在城市资源支持和乡村资源支撑下，通过示范产业园区和新型住区建设，集聚周边二、三产业，吸纳乡村人口，集中发展加工制造、农副产品加工和旅游等产业。

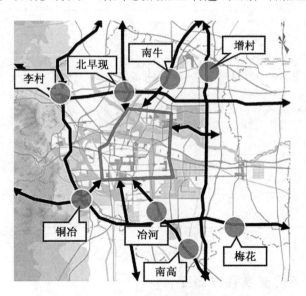

图4-47 石家庄都市区城乡统筹规划新市镇分布
资料来源：中国城市规划设计研究院.石家庄城乡统筹规划(2010—2030)[R],2010.

加快新市镇建设，引导乡村工业集中、农村人口集聚，逐步建成服务广大农村地区发展、推动新型城镇化进程、促进城乡各类资源有效统筹的重要平台,至 2030 年新市镇人口将达到 5 万人以上(中国城市规划设计研究院,2010)。

表 4-32　2009 年石家庄都市区现状城镇规模一览表

规模结构	城镇名称
200 万以上	中心城区(224.5 万)
10 万—20 万	廉州镇(13.1 万)、正定镇(13.7 万)
5 万—10 万	获鹿镇(8.2 万)、栾城镇(6.0 万)
0.5 万—1 万	贾市庄镇、兴安镇、南营镇、新城铺镇、楼底镇、铜冶镇、寺家庄镇、邱头镇、九门回族乡、诸福屯镇、张家庄镇、南孟镇
0.3 万—0.5 万	西关镇、山尹村乡、新安镇、大河镇、埔村镇、上庄镇、冶河镇、郄马镇、梅花镇、西营乡、李村镇、常安乡、窦妪镇、南牛乡、南董镇、南楼乡、石井乡
0.3 万以下	曲阳桥乡、西平乐乡、宜安镇、上寨乡、南高乡、岗上镇、北早现乡、柳林屯乡、黄壁庄镇、白鹿泉乡

资料来源:石家庄市城乡规划局,2010

表 4-33　石家庄都市区城乡聚落体系规划一览表

体系等级	名　　称	人口规模
中心城区	中心城区(包括老城区、正定新区、东部核心产业区)	400 万人
新城 (4 个)	鹿泉新城	35 万人
	藁城新城	35 万人
	栾城新城(含窦妪产业基地)	30 万人
	空港新区	10 万人
新市镇 (8 个)	南牛、北早现、增村、梅花、铜冶、李村-宜安、南高、冶河	5 万人以上
一般镇 (15 个)	新安镇、西平乐乡、曲阳桥乡、南楼乡、西关镇、南孟镇、南董镇、南营镇、常安乡、贾市庄镇、寺家庄镇、山尹村镇、上寨乡、柳林屯乡、西营乡	1 万人以上
农村新社区 (特色村庄) 70 个 (18 个)	略	5 000 人以上,特色村庄不做人口规模发展安排

资料来源:石家庄市城乡规划局,2010

4.4.3　城乡统筹下的城乡各方面变化

为了衡量城乡发展变化,采用了城乡统筹评价指标体系,一般认为,可以通过城乡经济统筹水平、城乡社会统筹水平、城乡环境统筹水平三个方面来衡量(罗其友等,2010),见表 4-34。

表 4-34　县域城乡统筹评价指标体系

综合指标	分项指标	具体指标	指标解释
城乡统筹发展水平	城乡经济统筹水平	城乡居民人均可支配收入比	城镇居民年人均可支配收入/农村居民年人均纯收入
		城乡居民生活消费支出比	城镇居民人均消费支出/农村居民年人均消费支出
		城乡恩格尔系数比	城镇居民家庭城乡恩格尔系数/农村居民家庭城乡恩格尔系数
		城乡产业协调程度	农副产品加工业产值/农业产值
	城乡社会统筹水平	城乡医疗保障水平比	城镇人口医疗保险覆盖率/农村人口医疗保险覆盖率
		城乡最低生活保障水平比	城镇最低生活保障覆盖率/农村最低生活保障覆盖率
		农村公路可达性	通公路的自然村数/自然村总数
		城乡教育水平比	城镇适龄人口高中入学率/农村适龄人口高中入学率
	城乡环境统筹水平	农村生活用水安全程度	自来水受益自然村数/自然村总数
		农村垃圾集中处理率	能够实现垃圾集中处理的自然村个数/自然村总数
		农村卫生厕所普及率	农村卫生厕所数量/农村居民总户数

注：城乡产业协调程度、农村公路可达性、农村生活用水安全程度、农村垃圾集中处理率、农村卫生厕所普及率为正向指标，其余为目标值为1的适度指标。

资料来源：罗其友，高明杰，张晴，等.城乡统筹发展研究[M].北京：气象出版社，2010.

因此，本研究选取收入、消费、投资、公共服务设施几个方面的指标来对石家庄市的城乡统筹发展水平进行分析。

从相关数据可以看出（表 4-35），在收入方面，石家庄的城镇居民人均可支配收入水平除了 2000 年超过全国平均水平 163 元以外，其余年份均低于全国平均水平，差距在 200—700 元不等。而石家庄农村人均纯收入一直高于全国平均水平，2000 年高于全国平均水平 905 元，2009 年高于全国平均水平 824 元，这十年来，石家庄农民纯收入基本上保持在稳定有升的状态中。就城镇居民收入的增长速率看，从 2007 年的 12.94% 下降到 2010 年的 9.2%，三年间下降了 3 个多百分点；而农民纯收入的增长速率从 2007 年的 10.05% 下降到 2010 年的 9.12%，三年间下降了不到 1 个百分点。尽管城乡收入差距呈现逐年拉大的趋势，有很大一部分原因是由于城镇居民收入增长缓慢所致。可以说，石家庄农村居民收入近年来保持平稳增长状态，对稳农、固农有着很好的推动力。

在消费方面，城乡消费支出呈现逐年缩小的趋势。1997 年城镇居民人均消费是农村居民人均消费的 3.31 倍，到 2010 年，城镇居民人均消费与农村居民人均消费比缩小为 1.65 倍（表 4-36）。

表 4-35　2000 年以来石家庄和全国城乡收入差距比较

	城镇居民人均可支配收入（元）		农民人均纯收入（元）		城乡收入差（元）	
	石家庄	全国	石家庄	全国	石家庄	全国
2000 年	6 443	6 280	3 158	2 253	3 285	4 027
2005 年	10 040	10 493	4 118	3 255	5 922	7 238
2006 年	11 495	11 759	4 456	3 587	7 039	8 172
2007 年	13 204	13 786	4 954	4 140	8 250	9 646
2008 年	15 062	15 781	5 469	4 761	9 593	11 020
2009 年	16 607	17 175	5 977	5 153	10 630	12 022
2010 年	18 289		6 577		11 712	

资料来源：国家统计局石家庄调查队.石家庄统计年鉴[M].北京：中国统计出版社,2001—2011.
国家统计局.中国统计年鉴[M].北京：中国统计出版社,2001—2011.

在生活质量方面，采用城乡恩格尔系数判别，城镇居民的恩格尔系数始终低于农村居民的恩格尔系数（图 4-48），近年来农村居民恩格尔系数呈现快速下降的趋势，表明农民消费结构逐步优化。数据显示，农村居民在食品上的消费由 1997 年的 46.83％ 下降到 2010 年的 22％，十多年来，农民在食品上的消费支出下降了近一半，说明农民在其他方面的消费增强了，伴随着国家"家电下乡""扩大内需"等政策的实施，农民的消费更加趋向理性和合理化了。

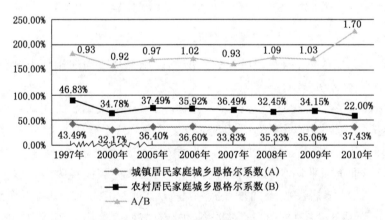

图 4-48　石家庄城乡恩格尔系数历年变化趋势（1997—2010）
资料来源：国家统计局石家庄调查队.石家庄统计年鉴[M].北京：中国统计出版社,1998—2011.

在投资方面，城乡人均固定资产投资，城镇、农村均呈现逐年上升的趋势（表 4-36），城乡投资差距逐年缩小，1997 年城镇人均固定资产投资是农村人均固定资产投资的 4.60 倍，2007 年城乡投资比缩小到 2.21 倍，2010 年则进一步缩小至 1.72 倍。说明近几年来随着国家连续八个中央一号文件的出台，国家增加了对农村地区的投资力度，有效地缩小了城市与乡村在投资方面的差距。

在城乡医疗水平方面,城镇每千人拥有医生数逐年下降(表 4-36),1997 年,城镇居民每千人拥有 8.97 名医生,到 2010 年,城镇居民每千人拥有 3.91 个医生,相比 1997 年,减少了近一半,这可能与医疗设施改善、医生效率提高、人口基数增大有关系。农村每千人拥有医生数总体上变化不大,部分年份呈现增加的趋势。1997 年农村每千人拥有不到 1 个医生,2010 年,农村每千人仍然拥有不到 1 个医生,城乡医疗水平呈现缩小的趋势主要和城镇每千人拥有医生数量减少有关系,农村医疗设施仍然匮乏的局面依旧存在。

表 4-36　主要年份石家庄城乡统筹水平统计(1997—2010)

	1997 年	2000 年	2005 年	2006 年	2007 年	2008 年	2009 年	2010 年
城镇居民人均可支配收入(A)	5 496	6 443	10 040	11 495	13 204	15 062	16 607	18 289
农民人均纯收入(B)	2 837	3 158	4 118	4 456	4 954	5 469	5 977	6 577
A/B	1.94	2.04	2.44	2.58	2.67	2.75	2.78	2.78
城镇居民人均消费支出(A)	4 541	5 247	7 261	8 286	9 188	9 953	10 077	10 568
农村居民人均消费支出(B)	1 371	1 636	2 283	2 444	2 710	3 501	3 444	6 386
A/B	3.31	3.21	3.18	3.39	3.39	2.84	2.93	1.65
城镇居民家庭城乡恩格尔系数(A)	43.49%	32.17%	36.40%	36.60%	33.83%	35.33%	35.06%	37.43%
农村居民家庭城乡恩格尔系数(B)	46.83%	34.78%	37.49%	35.92%	36.49%	32.45%	34.15%	22.00%
A/B	0.93	0.92	0.97	1.02	0.93	1.09	1.03	1.70
城镇人均固定资产投资(万元/人)	0.97	0.97	1.91	2.17	2.47	2.86	3.97	4.16
农村人均固定资产投资(万元/人)	0.21	0.28	0.71	0.84	1.12	1.43	2.00	2.41
A/B	4.60	3.50	2.68	2.59	2.21	2.01	1.98	1.72
城镇每千人拥有医生数(人)	8.97	8.66	2.75	2.93	4.50	4.17	4.29	3.91
农村每千人拥有医生数(人)	0.99	1.06	0.70	0.73	1.12	0.85	0.88	0.94
A/B	9.09	8.14	3.91	3.99	4.01	4.93	4.87	4.14

数据来源:国家统计局石家庄调查队.石家庄统计年鉴[M].北京:中国统计出版社,1998—2011.

4.4.4　各区县城乡统筹进程整体评价

石家庄各区县由于经济发展水平不一,城乡统筹具有明显的地区差异。为此,有必要对石家庄各区县进行定量评价。本文参照"效率—公平"协调度的单效率指标模型(吴殿廷

等,2007):

$$K = \sqrt{K_1 K_2} \tag{4}$$

其中,K 是协调度,K 越大,系统协调性越好,K_1 是效率(有效度),K_2 是公平(公平度)。有效度(K_1)的计算公式为:

$$K_1 = \frac{\left(\frac{X}{X_0} + \frac{Y}{Y_0}\right)}{2} \quad (0 \leqslant K_1 \leqslant 1) \tag{5}$$

X、Y 分别代表地区农民人均纯收入、城镇居民人均可支配收入,X_0、Y_0 分别代表对应的理想值(或充分大)。二者理想值(极大值)是不相同的,应是城镇人均可支配收入略高于农民人均纯收入,以城乡居民收入比 1.5∶1 这个较为合理的依据,本书将农民人均纯收入以 20 000 元、城镇居民可支配收入以 30 000 元为理想值计算。公式有效度表示农村的效率(接近理想值的程度)和城市的效率(接近理想值的程度)的算术平均值,不论哪种效率提高,都对总效率提高有贡献,这里将二者贡献视为相等。但通常情况下,城乡的体量不等(如城乡人口比例不同),贡献程度不同,因此对有效度公式进行修正,得到有效度(K_1)公式:

$$K_1 = \frac{X}{X_0} \cdot A + \frac{Y}{Y_0} \cdot B \quad (0 \leqslant K_1 \leqslant 1) \tag{6}$$

A、B 分别代表该地区农村人口比例、城镇人口比例,作为效率的权重系数。

公平度(K_2)的计算公式为:

$$K_2 = \frac{e^{-\left|\frac{X}{X_0} - \frac{Y}{Y_0}\right|} - e^{-1}}{1 - e^{-1}} \quad (0 \leqslant K_2 \leqslant 1) \tag{7}$$

公平度(K_2)的含义是公平性与城乡效率之差成负相关(表 4-37),在总效率保持不变的情况下,提高协调度关键是加快弱势地区发展,即提高其效率。

表 4-37 2008 年石家庄市各区县城乡效率—公平协调度

地区	效率	公平	协调度	排名
晋州市	0.476 4	0.708 9	0.581 2	1
新乐市	0.473 7	0.698 6	0.575 3	2
鹿泉市	0.536	0.603 5	0.568 7	3
藁城市	0.534 5	0.594 8	0.563 8	4
栾城县	0.484 5	0.653 3	0.562 6	5
正定县	0.508 6	0.616 9	0.560 1	6
辛集县	0.500 2	0.576 7	0.537 1	7
无极县	0.44	0.646 7	0.533 4	8

续表

地区	效率	公平	协调度	排名
元氏县	0.427 3	0.629 6	0.518 7	9
高邑县	0.375 7	0.704 8	0.514 6	10
赵县	0.471 2	0.554 4	0.511 1	11
深泽县	0.398 3	0.631 6	0.501 6	12
矿区	0.627 2	0.388 4	0.493 6	13
井陉县	0.455 1	0.527 8	0.490 1	14
行唐县	0.359 9	0.507 8	0.427 5	15
赞皇县	0.299 1	0.581 6	0.417 1	16
灵寿县	0.352 9	0.468 1	0.406 4	17
平山县	0.426 1	0.357 7	0.390 4	18

数据来源：国家统计局石家庄调查队.石家庄统计年鉴[M].北京：中国统计出版社，2009.

注：用单位从业人员平均报酬替代城镇居民人均可支配收入

以均值 0.506 1 为参考（表 4-38），将河北省城乡协调水平划分为 4 种类型：协调（$K > 0.56$），一般协调（$0.50 < K \leqslant 0.56$），低协调（$0.45 < K \leqslant 0.50$），不协调（$K \leqslant 0.45$）。

表 4-38 2008 年石家庄市各区县城乡协调发展类型划分

	协调	一般协调	低协调	不协调
县市	晋州、新乐、鹿泉、藁城、栾城、正定	辛集、无极、元氏、高邑、赵县、深泽	矿区、井陉	行唐、赞皇、灵寿、平山

将石家庄市各区县城乡协调发展现状绘制于图 4-49，可以看出，石家庄各县市城乡协

图 4-49 2008 年石家庄各区县协调度划分情况

调发展水平空间差异显著,呈现出明显的都市区特征,这与我国都市区空间分异规律基本一致。协调度最高的包括晋州、新乐以及都市区周边四县市鹿泉、藁城、栾城、正定。晋州和新乐分别接近正定和藁城,属于城市的主要发展方向,因此城乡协调度也比较高,都市区内部四县市的城乡协调度优于都市区以外的县市。都市区以外的县市包括辛集、无极、元氏、高邑、赵县、深泽、矿区、井陉、行唐、赞皇、灵寿、平山等。此外,这些都市区以外的县市中,按城乡协调度又分为一般协调、低协调、不协调地区。一般协调地区是辛集、无极、元氏、高邑、赵县、深泽;低协调地区是矿区、井陉;不协调地区是行唐、赞皇、灵寿、平山。反映了不同区域发展水平下城乡协调发展的不同阶段。

分析城乡协调发展程度的地域差异原因,从有效度和公平度两方面来考察(表4-39,图4-50)。参考有效度平均值0.4526,将有效度划分为4种类型:高效率($K_1>0.50$)、较高效率($0.45<K_1\leqslant0.50$)、较低效率($0.40<K_1\leqslant0.45$)、低效率($K_1\leqslant0.40$)。

表4-39 2008年石家庄市各区县有效度划分情况

	高效率	较高效率	较低效率	低效率
县市	矿区、鹿泉、藁城、正定、辛集	栾城、晋州、新乐、赵县、井陉	无极、元氏、平山	深泽、高邑、行唐、灵寿、赞皇

图4-50 2008年石家庄各区县有效度划分情况

高协调度的都市区范围内的县市效率也很高,在高效率和较高效率的地区中,除矿区和井陉外,均是高协调度和较高协调度的区域,可以说,县市的经济发展水平对城乡效率值有正面影响,也较大程度上影响了城乡协调发展程度。都市区以外的县市包括无极、元氏、平山、深泽、高邑、行唐、灵寿、赞皇等效率较低,低效率地区与高效率地区的差距不大,其中最低效率的赞皇县达0.29,是最高效率的矿区(0.62)的1/2。这也反映了石家庄都市区刚刚处于启动阶段,强化中心城市的必要性得以显现。

从公平度来看(表4-40,图4-51),石家庄18个县市,公平度平均值0.5806,将公平度划分为4种类型:高公平($K_2>0.60$)、较高公平($0.55<K_2≤0.60$)、较低公平($0.50<K_2≤0.55$)、低公平($K_2≤0.50$)。

表4-40 2008年石家庄市各区县公平度划分情况

	高公平	较高公平	较低公平	低公平
县市	晋州、高邑、新乐、栾城、无极、深泽、元氏、正定、鹿泉	藁城、赞皇、辛集、赵县	井陉、行唐	灵寿、矿区、平山

图4-51 2008年石家庄各区县公平度划分情况

一般而言,公平度的划分与效率情况恰恰相反,低效率的反而公平,高效率的反而不公平。对石家庄都市区各县市而言,大部分区县遵从这一规律,以公平程度高于0.60划分出公平地区,高公平和较高公平的区县有晋州、高邑、新乐、栾城、无极、深泽、元氏、正定、鹿泉、藁城、赞皇、辛集、赵县。值得注意的是,高效率的都市区四县市也呈现高公平的特征,低效率的深泽、高邑、无极、赞皇呈现高公平和较高公平的特征,较高效率的晋州、新乐、赵县也呈现高公平和较高公平的特征。公平度最高的晋州市(0.71)是公平度最低的平山县(0.35)的1.98倍。总体上比较接近。

可以说,都市区地区是石家庄城乡相对协调发展的区域,它们的有效度和公平度都很高,这是因为都市区四县市的城乡差距较小,是由相对较好的农业基础与相对一般的城镇发展水平共同形成的,是一种低水平条件下的均衡状态。当然,城乡差距不只体现在收入上,收入只是城乡差距的一个缩影而已,城乡间的差距广泛地体现在教育、医疗和社会保障等社会发展方面。

4.5 城乡关系演变的动力机制

4.5.1 产业聚集区拉动机制

产业聚集区以各类工业园区、开发区为主,它们一般布局在中心城区外围,通过规划确定主导产业集聚以及产业链的延伸,不断地吸引分散的小企业集中在产业集聚区中。产业集聚区的吸引功能拉动了都市区分散工业产业的规模,促进了都市区空间的塑造和空间扩展。

在不同城乡发展阶段存在不同的产业聚集形态,因此对都市区直接动力也是不一样的。在农业社会,基本上不存在产业聚集区;在工业社会,以工业资源为依托的大工业、大服务业带来了产业总量的增大,与之相关联的配套产业对用地和人口的需求,在都市区层面对都市区的空间扩展起了重要作用。总体上,在工业化时期,由于产业规模较大、产业布局的集中性对都市区的演变推动力大,都市区在产业聚集区的影响下发展的速度很快(于亚滨,2006)。

在信息经济社会,依托知识信息资源为主带来了第三产业的快速发展。大城市,尤其是特大城市在信息时代优势突出,现代服务业的崛起必将拉动中心城市功能的有序扩散,从而进一步为都市区空间的扩张打下基础。

石家庄便利的交通地理位置和良好的农业基础构建了石家庄产业聚集区的基本框架。从产业聚集区的发展来看,在新中国成立以前,石家庄由于重要的交通地理位置打下了一定的产业基础,在新中国成立后的"一五""二五"时期作为国家重点建设城市,逐步形成了纺织、机械、化工、轻工等工业基地。考虑到京汉铁路对城市的分割,工业的发展主要布局在东侧,围绕主要交通干道布置,形成了石家庄高新技术区、良村工业园区、窦妪工业区等产业聚集区,石家庄都市区呈现明显的圈层特征。随着市场化力量的推动,以及工业化进程的加速,都市区城镇空间也趋向沿交通轴线蔓延。

目前,石家庄都市区核心圈层、紧密圈层、拓展圈层三个圈层基本出现分工明确的特点,但紧密圈层和拓展圈层存在分工模糊化的特点。核心圈层以服务业和技术密集型产业为主,紧密圈层以农产品加工、接续中心城区第二产业为主,拓展圈层和紧密圈层产业结构和增长速度相似。主要原因是因为石家庄都市区尚处于启动阶段,临近都市区的紧密圈层功能尚未得到有效的发挥。未来石家庄都市区产业空间的发展趋势是:(1)整合产业聚集区,通过土地整理、功能置换将零散的小企业向产业园区聚集。(2)培育基于农村特色的产业,引导农民向产业转移。

4.5.2 中心城区集聚与扩散的推动机制

集聚力和扩散力始终是导致区域城乡关系变迁的主要力量。集聚力使区域从孤立、分散的均质状态走向局部聚集不平衡的低级有序状态;扩散力则由少数极核中心逐步向整个区域推进,最终走向相对均衡的高级有序状态。单个城市的集聚力和扩散力是相对的,彼此互为条件、互为基础的。整个城镇化的进程中都处于集聚—扩散—再集聚—再扩散的无限循环和不断转化过程中。在这种力量下,都市区一步步由小变大、由弱变强。

对于石家庄都市区而言,目前处于中心城区逐步由集聚向扩散转变,都市区格局初步显现的发展阶段。中心城区尚处于集聚发展的阶段,仍旧保持着强大的吸引力,是城市经济活动的核心。随着中心城区对产业升级的需要,逐步将二产转移到都市区外围地区,也就是"退二进三"的过程,由于产业的外迁及开发区的建设,都市区外围地区获得飞快的发展,分工的进一步明确影响着都市区整体的空间扩展方向。

中心城区物质生活水平不断提高以及居民居住观念的转变,带动了中心城区人口向外围的扩散,交通和通信的发展进一步推动了人口的扩散,此外,还有用地的需求促使中心城区向外围拓展。级差地租的存在导致土地功能的空间置换,中心城区地价较低的工厂和住宅退出中心区,而入驻地价较高的商业、贸易、金融和保险业等,从而加速了中心区土地利用的重新调整。都市区外围地区则充满了用地较大、收益较低的工业及人口。其中,开发区又成为中心城区发展经济的主要载体空间。

4.5.3 新城及小城镇的加速发展机制

新城及小城镇作为都市区的节点,通过城镇间多联系的通道或者网络以及各种空间流构成相对密切联系的动态网络形地域空间。新城和小城镇可以被看作是都市区空间多增长极,在城镇化要素由单向极化向双向推进的共同作用下(图4-52),都市区成为具有一定空间结构的相对完整、相对稳定的有机整体(赵景海等,2007)。

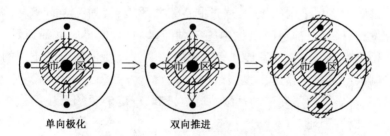

图 4-52　城镇化要素的"双向流动"

资料来源:赵景海,秦新光,宫金辉,等.哈尔滨都市区城镇化发展格局与调控思路[J].城市规划,2007,31(9):25-29.

增长极作为都市区空间扩展的核心,是物质流动的载体。由一个或多个中心组成的增长极群体,通过相互之间的物质交流促进了都市区的发展。它通过支配效应、乘数效应、极化与扩散效应三种作用机制影响都市区的发展。此外,增长极的发展也应考虑到增长极自身有可能会剥夺腹地的发展机会,加大地区的不平等。

新城和小城镇还有沿轴向扩展的显著特征,由于新城和小城镇人口和用地规模都较小,且处于整个都市区的底端区域,它的发展受到中心城市的影响剧烈。因此,导致新城和小城镇的空间导向具有明显的城市指向特点,它们与中心城区的主要联系是交通干线,借助城市对外交通干线的发展,在城市的快速交通沿线上形成一系列不连续的增长点,这些增长点进一步发展,形成增长点与增长点沿着交通线相互融合的局面,即工业—居住走廊。这些走廊进一步扩展,最终形成都市区的基本空间结构。

4.5.4 城镇化及制度调控机制

城镇化带来了产业结构的转换及经济要素的流动与集聚,城镇化是都市区成长的直接动力。城镇化是与工业化、信息化相伴而生的产物,它表现为将诸多要素寄居在都市区有限的区域之内,用都市区的发展模式同化这些地理要素,包括农村人口转化为城市人口、农产品转化为工业产品、农村生活生产方式转化为城市生活生产方式、域外初级工业制品转化为精细加工的终端产品等,这些必然导致都市区空间资源的不足,因此,必然带来都市区空间扩展,以支撑这些地理要素的工业化、信息化等过程,都市区的空间扩展过程就是空间城镇化过程,其中,人口城镇化、产业城镇化、生活方式城镇化是空间城镇化的外在表现形式(于亚滨,2006)。

城乡一体化的进一步发展过程就是都市区发展的过程,市场愈发育,城镇发展的区域一体化趋势和需求就愈强烈,城乡一体化的城与乡的融合,是城镇化过程中的高级阶段,其明显标志是都市区一样的网络型地域经济系统的生成。因此,城乡一体化融合的关键是区域城镇化、城市区域化以及乡村城镇化的加速。

随着城镇化水平的进一步增长,吸纳农村大量剩余劳动力不可能依靠建设新的城市或者一味扩大大城市的规模来实现,只有加速都市区中小城市、小城镇的发展速度,引导地域空间向这些地区的扩展,才能真正推动都市区的全面发展(李王鸣等,2002;范丹宇,2002)。

制度调控是政府运用手中的权力,通过制定公共政策、规划引导、行政区划调整等手段调控都市区的发展,虽然是都市区演化中的一种间接动力,但是它往往通过对经济和社会的影响间接作用于都市区的空间发展。有效率的制度调控促进都市区空间的发展,无效率的制度调控抑制甚至阻碍都市区的发展(David Feeney,1995)。具体的又可分为宏观大局的控制调控机制、市场机制不完善的过渡性调控机制、市场失灵的修正调控机制、城市规划的空间调控机制几种(于亚滨,2006)。

R.科斯(Ronald H. Coase)和 D.诺斯(Douglass C. North)为代表的新制度经济学派认为,现实的人是在现实的制度所赋予的制度约束中从事社会经济活动,制度、天赋要素、技术及偏好是经济理论的四大基石(Kevin Thomas,2000)。土地、劳动和资本这些要素,在有了制度时才得以发挥功能,制度是重要的,它对经济行为的有关分析应该居于经济学的核心地位。诺斯等人认为"发明、规模经济、教育、资本积累等等是经济增长本身,而非经济增长的原因"(Gingsburg,1991)。将地点看作人类行为的基本有形特征,但也要认识到地点也是被社会化生产出来的。因而,空间布局的形成就应该被视作积累和社会再生产的整体性动态过程中的"行动力"。制度转变是根本,它导致了都市区功能变化和组织转变。改革开放前,中国处于集权的计划经济制度环境下,政府凭借行政力量提供自上而下的制度安排,这种自上而下的方式完全将石家庄的发展机遇交给了国家,国家有项目投在石家庄,石家庄则能发展,如果没有项目,石家庄则发展停滞。20世纪90年代后,计划经济向市场经济逐步转轨,石家庄都市区迎来了新的发展机遇。

首先,通过行政区划调整提高了区域的整体竞争力。石家庄经过历次的行政区划调整,使石家庄市的行政区域不断扩展,行政区划的调整在一定程度上优化了都市区的空间结构,促进了城市空间整合,也拓展了城市及都市区的发展空间。

其次,规划有意识干预。2010年石家庄修编了总体规划,明确了新时期石家庄发展的战略重点。21世纪以来,国家连续出台了八个中央一号文件,强调了"以城促乡、以工补农"的政策措施,2010年石家庄城乡统筹规划也正是顺应这一潮流,强调城乡一体化发展的新格局。这些规划的有意识干预,对产业结构转化,资本、劳动力等要素在地域空间上的重组起到了重要的指导性作用。在集聚力和扩散力的双重作用下,石家庄由中心城区发展向都市区整体发展转变。

最后,城市所处的地理环境不同必然产生不同的都市区空间演化过程和动力机制,也会存在动力机制类型、模式、空间关系及制度敏感性和依赖程度的不同,总的来说,在动力机制的作用力和反作用力下,石家庄都市区正向着有序、合理、健康的轨迹发展。

4.6 本章小结

本章通过梳理石家庄城乡关系演变的空间特征及动力机制,认为石家庄城乡关系的演变包括以下几个阶段:一是正太铁路的兴建与近代城市的兴起,二是计划经济时期石家庄城乡空间演变,三是市场经济转型下石家庄城乡空间演变,四是城乡的重新定位与城乡空间重构。接下来,阐述了三种状态下石家庄的城乡关系的空间特征,分别是城乡关系分离状态下的空间特征,主要阐述了城市偏向的发展模式下,中心城区不断外扩,周边农村不断被动蚕食的情况;城乡关系关联状态下的空间特征,阐述了中心城区继续发展和变化,这个时候的农村开始变被动为主动,包括都市型农业的兴起、农民非农化、农村城镇化以及农民就业结构向二、三产转变的过程;城乡关系融合状态下的空间特征,包括联系城乡关键纽带的小城镇的发展以及镇村格局变化下的新市镇建设,城乡统筹下的城乡各方面变化,选取收入、消费、投资、公共服务设施几个方面对石家庄城乡统筹发展水平进行分析,利用效率—公平模型对石家庄各区县城乡统筹进程进行整体评价。最后,归纳了石家庄城乡关系的动力机制,分别是产业聚集区的拉动机制、中心城区集聚与扩散的推动机制、新城及小城镇的加速发展机制、城镇化及制度调控机制。

5 石家庄城乡关系发展的问题与难点分析——基于问卷调查

5.1 城乡关系的现状问题

5.1.1 农地产出高,城乡差别小

石家庄位于河北平原太行山山前平原区,光、热、水、土条件较好,是重要的粮食主产区(表5-1)。良好的农业基础使得石家庄都市区农业单位劳动力的产出处于较高的水平。从农作物产量统计上看,都市区粮食作物单产面积除鹿泉外均高于全市平均水平,其中正定县在粮食种植上位居全市23个区县的第二位。在蔬菜瓜果的单产产量上,都市区四县市也高于全市平均水平,其中正定县、栾城县和鹿泉市分列全市23个区县的第二位、第三位和第五位(表5-1)。2007年都市区农作物播种面积占全市的28.6%,蔬菜产量占全市的46.3%。以上数据说明城市郊区的农业呈现明显的圈层结构,其中近郊区的农业结构以生产供给城市的蔬菜和瓜果为主,而城市远郊的农业则以生产粮食为主。

表 5-1 都市区农作物产量统计表

	农作物总播种面积(公顷)	粮食作物		排名	总产量(公斤)	蔬菜、瓜类		排名	总产量(公斤)
		播种面积(公顷)	单产(公斤)			播种面积(公顷)	单产(公斤)		
全市	1 014 354	764 486	6 469		4 945 181	165 999	77 931		12 936 453
市区	22 983	15 492	5 851		90 652	6 915	57 490		397 546
正定县	55 438	40 395	7 162	2	289 308	8 628	100 464	2	866 804
栾城县	51 569	36 682	7 046	4	258 464	12 802	99 771	3	1 277 273
藁城市	112 392	75 082	7 015	5	526 732	34 257	75 334	6	2 580 716
鹿泉市	47 658	35 352	5 974	15	211 177	10 907	79 082	5	862 543
都市区	290 040	203 003	6 780		1 376 333	73 509	81 417		5 984 882

数据来源:国家统计局石家庄调查队.石家庄统计年鉴[M].北京:中国统计出版社,2009.

近年来,随着农业技术水平的提高及农业产业结构的优化,都市区农业生产效率不断提高(图5-1),相比2002年,2007年的农业从业人员减少了7.8万人,但农作物播种面积提

高了38%,农业总产值提升了45%。从下图中可以看出都市区四县市农作物播种面积和产值都是增加的。

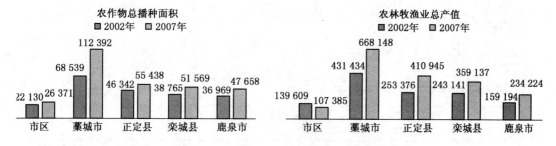

图 5-1 都市区各县市农业经济发展情况
数据来源:国家统计局石家庄调查队.石家庄统计年鉴[M].北京:中国统计出版社,2003,2008.

进一步对比分析,石家庄四县市的一产劳均生产率高于成都、重庆、上海和天津,而二三产的劳均生产率则低于天津和上海,两者的比值说明都市区四县市的工农级差小,从而导致城乡差距小(表 5-2)。都市区四县市非农劳均产出与农业劳均产出的比值为2.09,远远低于成都的4.38、重庆的6.53、上海的5.98、天津的6.79。

表 5-2 石家庄劳均产出对比

	劳均 GDP	一产劳均生产率	二三产劳均生产率	二三产/一产	非农就业率
石家庄	57 180	20 592	73 105	3.55	69.70%
石家庄四县市	62 059	34 328	71 741	2.09	74.10%
成都	55 373	15 589	68 353	4.38	75.40%
重庆	30 955	7 700	50 281	6.53	54.60%
上海	130 062	22 632	135 336	5.98	95.30%
天津	98 167	16 066	109 138	6.79	88.20%

资料来源:国家统计局石家庄调查队.石家庄统计年鉴[M].北京:中国统计出版社,2008.
国家统计局.天津市统计年鉴[M].北京:中国统计出版社,2008.
国家统计局.成都市统计年鉴[M].北京:中国统计出版社,2008.
国家统计局.重庆市统计年鉴[M].北京:中国统计出版社,2008.
国家统计局.上海市统计年鉴[M].北京:中国统计出版社,2008.

5.1.2 村庄规模大,镇区规模小

石家庄市地处华北平原,且农业耕作条件较好,受农耕文化影响,村庄聚落呈现出村庄规模大、均质分布的特征(图 5-2)。都市区村庄平均规模2 160人,4 000人以上村庄占到村庄总量的10%左右,500人以下的村庄占到村庄总量的10%左右。人均村庄建设用地253 m²,村落相对集中,平均距离500 m左右。镇区和乡集镇的规模与村落规模相当,平均规模仅4 400人,其中,有10个乡镇镇区规模在3 000人以下。

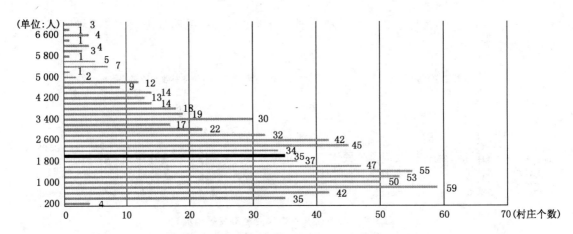

图 5-2　石家庄都市区四县市村庄规模分布
数据来源：石家庄市公安局，2009

相比村庄规模来说，镇区的规模则小于村庄的规模（表 5-3）。石家庄都市区内部的县级市市区规模低于河北省市区的平均规模 17.0 万，县城城区的人口规模和河北平均水平相当，建制镇镇区人口平均规模为 4 400 人，河北省平均水平为 1.7 万人，全国为 8 000 人左右，可以看出，石家庄都市区建制镇镇区人口低于河北省与全国平均水平。

表 5-3　都市区四县市城区规模与河北省、全国比较一览表

	石家庄都市区	河北	全国
县级市市区	藁城 13.1 万人；鹿泉 8.2 万人	17.0 万人	—
县城城区	正定 13.7 万人；栾城 6.0 万人	7.2 万人	7.1 万人
建制镇镇区	乡镇区平均 4 400 人	1.7 万人	8 000 人左右

注：各县市人口数据来源于河北省城镇建设统计年报（2009），乡镇区人口规模由各乡镇总规划整理得到。其他资料来源自 2009 年河北省经济年鉴、2009 年中国统计年鉴

此外，从空间分布密度看，都市区村庄呈现出高密度、均质分布的特征（表 5-4，图 5-3）。村庄聚落密度达到每 km^2 0.4 个行政村左右，高于全市每 km^2 0.3 个的平均水平。行政村村庄腹地半径约 1 km。比较石家庄、成都和天津三个城市的乡村聚落分布形态，可以发现，石家庄村庄聚落呈现出明显的大型村落、分散布局的特征，与成都的小村落相对集聚、天津的大村低密度分布有着显著的差异。

表 5-4　都市区乡镇及村庄空间尺度分析

	行政村密度（个/km^2）	村庄 1 腹地半径（km）	村庄 2 腹地半径（km）
石家庄市	0.279	1.069	0.756
正定县	0.37	0.927	0.656
栾城县	0.528	0.777	0.549
藁城市	0.286	1.055	0.746
鹿泉市	0.345	0.961	0.679

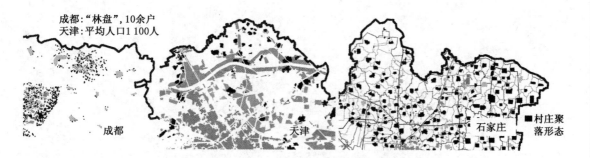

图 5-3 成都、天津、石家庄村庄聚落格局和比例分析图
资料来源:中国城市规划设计研究院.石家庄城乡统筹规划(2010—2030)[R],2010.

5.1.3 农村工业园区集中度不高

乡镇工业发展相对松散。目前都市区四县市共有34个乡镇具有各种类型的工业区(图5-4,图5-5),占到乡镇总数的75%以上,普遍存在用地布局分散、规模小、水平低、资源消耗大、污染点源多的问题。以鹿泉为例,鹿泉市以工矿业为主要职能的地块近400个,散布于京赞线、闫石线等主要公路两侧,但是面积在1 hm² 及以下的工矿业地块180个,占总量的46%。

乡镇工业分散发展,带来了一系列的问题:一是土地资源低效利用,环境负荷大;二是没有基础设施配置较完善的工业园区作依托,单个企业在基础设施上的投入不经济;三是分散发展的乡镇工业难以支撑小城镇发展,也难以引导乡村人口的相对集聚;四是由于目前乡镇工业的整体水平以及与广大农村劳动力的紧密联系,相当多的乡镇工业难以进入市级、县级产业集聚区。因此,加强农村产业发展引导,促进分散的乡村工业相对集中发展,已经成为提升产业发展水平,推动城镇化集中发展的迫切要求。

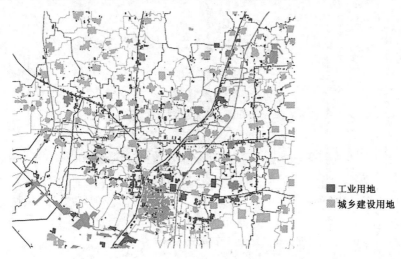

图 5-4 正定县工业用地分布现状
资料来源:中国城市规划设计研究院.石家庄城乡统筹规划(2010—2030)[R],2010.

图 5-5　鹿泉市工业用地分布现状
资料来源：中国城市规划设计研究院.石家庄城乡统筹规划(2010—2030)[R],2010.

5.1.4　农村人口滞留，住宅需求大

根据 2009 年石家庄市人口金字塔图（图 5-6），目前 15—25 岁人口比重最大，占到 25.4%。这意味着适婚适育年龄人口在整个人口结构中的比重将快速增加，规模增大。作为承载四县市 75% 总人口的乡村地区，适婚适育年龄人口对居住空间环境和教育等公共服务资源的需求更大。因此急需对乡村空间资源做出合理的调控，以满足居民日益增长的空间诉求。继续延续粗放式的农村建设用地拓展模式，一方面与严格保护耕地的国策相违背，另一面也不符合农业人口减少的趋势。农村地区建设用地集约化的诉求日益显化。

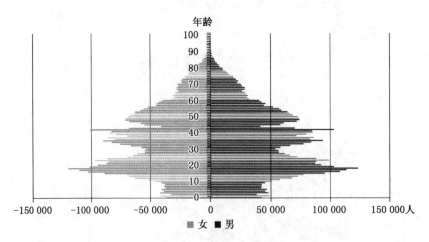

图 5-6　2009 年石家庄人口年龄金字塔
数据来源：石家庄公安局，2009

5.2 城乡关系发展的难点——基于问卷调查

5.2.1 基于农民意愿的问卷分析

1) 数据基础与调查方法

(1) 研究目的及意义

为了更好地推动"石家庄都市区城乡统筹规划"的研究工作,在规划编制过程中贯彻"公众参与、科学规划"的重要理念,全面了解都市区农村居民的生活情况及发展意愿,本次规划编制小组就城乡统筹工作所涉及的经济状况、设施配套、城镇化意愿及政策等问题对都市区四县市中的鹿泉市的农村居民展开调查工作,调查结果将作为本次都市区城乡统筹规划的重要依据。

本次农村调查研究,意在获得更为翔实的关于都市区农村、农业、农民的一手资料,弥补都市区土地资料不全的问题。

(2) 问卷调查设计

调查范围:本次调查地区为都市区外围的2个县级市——鹿泉和藁城,以及2个县城——正定和栾城,涉及乡镇40个,行政村780个,调查的基本人群为广大的农村居民。但由于问卷样本的可获得性,本书只获取鹿泉市的1 500个样本。因此,本书将都市区的统计作为面上的一般性了解,对鹿泉市进行深入的剖析。

本次调查分为乡镇调查、行政村调查和村民调查三个部分,其中乡镇、行政村调查由相关负责人填写,并加盖本行政单位公章;村民调查采取抽样发放问卷形式(表5-5,表5-6)。

村民问卷按0.1%的人口比例抽样发放,在鹿泉市发放1 500份,实际回收问卷1 246份,回收率83.07%,符合社会调查的基本抽样要求。

表 5-5 石家庄都市区问卷样本统计

		样本数	比例
性别	男	7 331	70%
	女	3 141	30%
年龄	平均年龄	10 472	39 岁
学历	小学及以下	838	8%
	初中	3 665	35%
	高中	4 398	42%
	大学以上	1 571	15%

续表

		样本数	比例
收入	低于 10 000 元	1 676	16%
	10 001—20 000 元	4 817	46%
	20 001—30 000 元	2 932	28%
	大于 30 000 元	1 047	10%
家庭人口	3 人及以下	1 780	17%
	4 人	4 398	42%
	5 人	2 199	21%
	6 人及以上	2 095	20%
就业	第一产业就业	3 142	30%
	第二产业就业	4 503	43%
	第三产业就业	2 827	27%
外出务工	非农就业人员	7 331	70%
	外出务工人员	3 141	30%
社会保障	合作医疗普及率	8 901	85%
	养老保险普及率	3 665	35%
公共服务	自来水覆盖率	10 472	100%
	通车公路覆盖率	10 472	100%
	电话网覆盖率	10 472	100%
	农业机械化比例	8 272	79%
住房条件改善意愿	原址翻建	3 979	38%
	别处新建	2 199	21%
	搬入农村新社区	3 979	38%
	其他	315	3%
交通方式选择	公交车	7 330	70%
	摩托车	1 047	10%
	自行车	1 361	13%
	步行	524	5%
	小汽车	210	2%
客运公交改善意愿	等候太长	4 660	45%
	经常晚点	3 141	30%
	票价偏高	2 827	27%
	换乘不便	2 094	20%
	不能直达	1 885	18%

续表 5-5

		样本数	比例
公共设施完善需求	教育设施普及到村	9 424	90%
	老年活动中心	5 340	51%
	医疗设施	4 712	45%
	文化设施	3 655	35%
	图书馆	3 351	32%
	体育设施	3 036	29%
基础设施改善意愿	道路	3 455	33%
	排水	2 827	27%
	供热	2 303	22%
	环卫	2 094	20%
	供水	1 989	19%
农村新社区选址	临近居住地	4 712	45%
	靠近镇区	1 466	14%
	靠近县城	1 256	12%
	靠近市区	1 466	14%
	根据规划需要	1 572	15%
住宅建设费用筹集	政府出资	9 215	88%
	开发商投资	943	9%
	村民自筹	314	3%
拆迁补偿方式	现金补偿	6 807	65%
	就业岗位补偿	1 989	19%
	资本入股	1 676	16%
城镇化意愿（鹿泉）	迁入农村新社区	662	52%
	迁入县城	255	20%
	迁入小城镇	356	28%
不愿进城原因	难找工作	2 932	28%
	子女教育问题	1 572	15%
	买不起房子	2 303	22%
	生活成本高	2 303	22%
	户籍问题	523	5%
	生活方式	523	5%
	不舍老宅	316	3%

资料来源：实地调研问卷，2010

表 5-6　本书村庄调查问卷空间分布

县市	发放份数	涉及乡镇
鹿泉	1 500	黄壁庄、李村、宜安、大河、石井、白鹿泉、上庄、铜冶、上寨、寺家庄、山尹村

本次农村调查问卷分为三部分(表5-7):

第一部分是乡镇基础资料调查,主要是针对乡镇政府中关于农村方面的管理人员,了解农村地区的整体情况。问题主要涉及乡镇概况、经济发展、基础设施建设三个方面,以客观性问题为主。通过调查,可以较为全面地了解都市区乡镇发展状况。

第二部分是行政村的村集体调查,主要是针对村集体主要负责人,了解村庄的发展状况。问题主要涉及经济发展、土地资源、设施配套、就业情况等几个方面,以客观性问题为主。通过调查,可以较为全面地了解都市区村庄的现实状况。

第三部分是村民意愿调查,主要针对都市区农村居民,了解村民对于生活条件、村庄改造等农村发展问题的观点及态度,为制定城乡统筹制度提供社会基础,问题以主观性问题为主。通过调查,可以获得村民对于农村发展的真实想法。

表 5-7　调查问卷题目设置

层次	题目数量	涉及内容
乡镇调查	30—35	乡镇概况;乡镇经济发展情况;乡镇基础设施情况;乡镇发展前景等
行政村调查	35—40	村庄概况;村庄经济发展情况;村庄基础设施情况;村庄发展前景等
村民调查	15—20	个人基本信息;对于生活设施的满意程度;对村庄改造、迁村并点等农村发展问题的看法;个人发展意愿等

2) 调查人群基本情况

(1) 年龄上的中龄化

鹿泉市的问卷调查大多集中于41岁到50岁的年龄区间(表5-8,图5-7),这基本反映了我国农村人口日趋老龄化的趋势,受调查人群21—30岁的仅占5.46%,31—40岁的占16.61%,而41—50岁的占33.39%,51—60岁的占32.91%,61—70岁的占10.27%,71岁以上的占1.36%。

表 5-8　本书调查样本的年龄构成

年龄段	数量	比例
21—30 岁	68	5.46%
31—40 岁	207	16.61%
41—50 岁	416	33.39%
51—60 岁	410	32.91%
61—70 岁	128	10.27%
71 岁以上	17	1.36%
合计	1 246	100%

资料来源:调研问卷统计

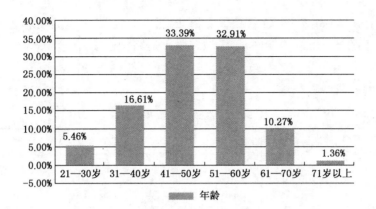

图 5-7 本书调查样本年龄频度分布
资料来源:调研问卷统计

(2) 性别上的男性化

鹿泉市样本中有 70.49% 的男性,女性的比例仅占 29.53%(表 5-9,图 5-8)。

表 5-9 本书调查样本的性别构成

性别	男	女	合计
总数	878	368	1 246
比例	70.47%	29.53%	100.00%

资料来源:调研问卷统计

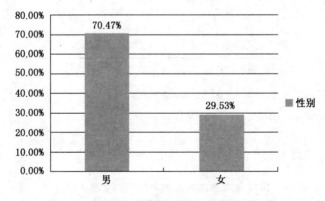

图 5-8 本书调查样本性别分布
资料来源:调研问卷统计

(3) 乡镇基本信息

鹿泉市市域面积 603 km²,辖 8 镇 4 乡和 1 个省级高新技术产业开发区。全市有 208 个行政村,2008 年总人口 38.0 万,实现国内生产总值 185.86 亿元(表 5-10,表 5-11)。鹿泉市西倚太行山,东临省会,地处晋冀交通咽喉之地,对外交通十分便捷。石太铁路在中心城区设有车站;307 国道及复线经过中心城区;石太、青银和张石高速公路在中心城区设有出入口,并与京港澳高速公路接轨,将鹿泉市融入全国高速公路交通网络。市区内上等级公路通车里程达 773 km,公路、铁路纵横交错,四通八达,公路密度居河北省前列。目前,鹿泉市与石家庄市区已有不同方向的 11 条城市骨干道路相连接,使全市大部分城乡地域与石家庄市中心保持 30 min 以内的车程距离,多数乡镇已实现与中心城市的公交化,进一步拉近了鹿泉与石家庄市区的联系。

表 5-10 鹿泉市乡镇基本信息

乡镇名	总户数(户)	总人口合计(人)	农村劳动力(人)	农林牧渔业增加值(万元)	非农行业总产值(万元)	工农业总产值(万元)	被调查居民的平均年收入(2009 年,单位为元)
获鹿镇	25 168	65 670	15 163	8 720	868 079	553 369	10 234.03
铜冶镇	15 921	57 023	24 885	35 330	615 501	459 924	12 008.64
寺家庄镇	10 623	36 898	17 075	11 599	353 832	359 571	14 061.01
上庄镇	9 600	33 571	18 501	9 630	190 055	155 459	21 875.53
李村镇	9 564	34 274	12 455	21 090	289 760	268 353	12 212.33
宜安镇	8 217	27 898	17 276	9 357	388 758	372 084	13 421.01
黄壁庄镇	5 054	17 073	10 050	5 819	26 105	29 196	4 690.09
大河镇	11 274	40 733	17 631	28 400	1 007 339	953 826	15 000
石井乡	3 541	12 437	7 310	2 577	113 934	111 426	8 813.79
白鹿泉乡	2 786	9 307	5 242	2 891	47 819	40 780	8 554.16
上寨乡	2 678	9 296	5 770	3 007	29 876	30 578	12 148.14
山尹村乡	3 577	12 646	4 950	4 630	127 167	113 538	77 928.57
开发区	3 968	14 783	5 515	1 285	103 290	72 285	

资料来源:鹿泉市统计局.鹿泉市国民经济统计资料[M].内部发行,2008.

鹿泉市经济基础相对较好。2008 年,鹿泉市实现地区生产总值 185.9 亿元,人均生产总值 49 432 元,财政收入 50 786 元。在河北省 136 个县市中,鹿泉经济总量排在 13 位,人均经济指标排在 7 位,排名靠前。在石家庄 17 个县市中,鹿泉市经济总量排在 3 位,人均经济指标排在 1 位,处于相对领先的地位(表 5-11)。

表 5-11 2008 年石家庄市域各县市经济发展比较分析一览表

县、市名称	国内生产总值(万元)			人均国内生产总值(元)			财政收入(万元)		
	指标	省排名	石家庄排名	指标	省排名	石家庄排名	指标	省排名	石家庄排名
鹿泉市	1 858 631	14	3	49 432	7	1	50 786	13	3
藁城市	2 421 659	6	1	31 697	18	3	53 821	11	2
正定县	1 270 047	26	6	28 098	24	6	32 165	24	6
栾城县	1 259 019	27	7	37 471	14	2	24 532	38	7

续表

县、市名称	国内生产总值(万元)			人均国内生产总值(元)			财政收入(万元)		
	指标	省排名	石家庄排名	指标	省排名	石家庄排名	指标	省排名	石家庄排名
井陉县	895 816	43	12	27 479	25	7	34 955	22	5
行唐县	736 702	49	13	17 014	54	15	12 372	68	13
灵寿县	546 543	77	14	16 921	56	17	10 489	80	15
高邑县	359 995	103	17	19 889	44	12	6 899	101	17
深泽县	450 599	86	15	17 810	49	14	11 420	72	14
赞皇县	412 049	94	16	16 957	55	16	8 884	91	16
无极县	991 471	39	10	20 030	43	11	14 804	59	12
平山县	1 373 521	20	4	29 100	21	5	54 456	10	1
元氏县	956 772	41	11	23 336	31	9	15 984	54	10
赵县	1 041 658	34	9	18 116	48	13	15 374	57	11
辛集市	1 918 125	13	2	31 240	19	4	36 877	20	4
晋州市	1 290 801	23	5	24 447	29	8	24 207	40	8
新乐市	1 097 885	33	8	23 016	33	10	21 583	42	9

资料来源:河北省统计局.河北经济年鉴[M].北京:中国统计出版社,2009.

鹿泉优势产业主要有非金属矿物制品和采选、电子信息、装备制造、食品制造(图5-9)。产业结构偏重,是典型的工业城市。在都市区四县市中,鹿泉市二产比重最高。2008年,鹿泉市三次产业比重为8.7∶64.9∶26.4,同年栾城县三次产业比重为19.4∶51.9∶28.7,正定县18.2∶46.9∶34.9,藁城市为17.6∶52.6∶29.8(中国城市规划设计研究院,2010)。

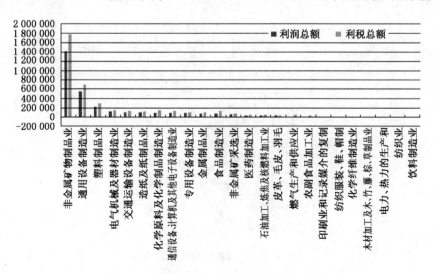

图5-9 鹿泉工业行业主要经济指标比较图

资料来源:中国城市规划设计研究院.鹿泉市城乡统筹规划总报告(2010—2030)[R],2010.

从鹿泉市地形和村镇规模(图 5-10,图 5-11)可以看出,鹿泉市地形分为平原村、丘陵村和山区半山区村,大致比重各占1/3,地形决定了村庄规模,平原村的村庄规模最大,丘陵村的村庄规模其次,山区半山区村的村庄规模小且密度低。

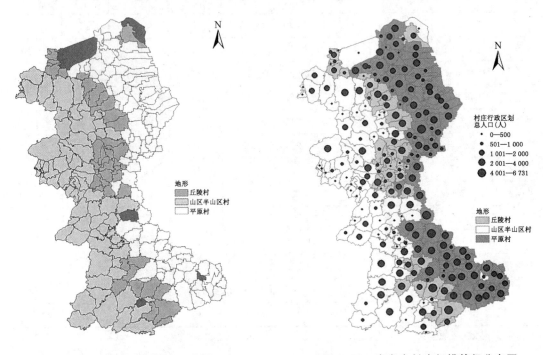

图 5-10　鹿泉市地形情况示意图　　　　　图 5-11　鹿泉市村庄规模等级分布图

3) 农民进城方式选择差异

(1) 鹿泉市农民进城方式选择

经过问卷发放的形式对鹿泉市农民进城方式进行调查,总计发放 1 500 份问卷,该问题有效问卷 1 100 份,其中,迁入农村新社区的占 52%,迁入小城镇的占 28%,迁入县城的占 20%(图 5-12,图 5-13)。是什么因素影响了鹿泉市农民城镇化的不同选择?农民为什么会做出这样的选择?下面将通过收入与教育水平进行农民进城方式选择的分析。

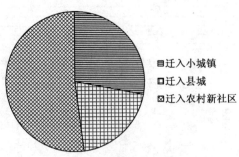

图 5-12　鹿泉市城镇化意愿调查
资料来源:实地调查问卷

5 石家庄城乡关系发展的问题与难点分析——基于问卷调查

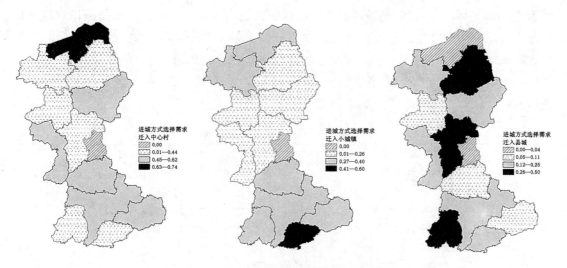

图 5-13 村民对进城方式选择需求的空间分布
（左图：迁入中心村；中图：迁入小城镇；右图，迁入县城）
数据来源：调查问卷统计，2010

为了更好地反映鹿泉市村民进城方式的需求，以乡镇为边界将村民意愿落在了空间上。其中，迁入中心村的，颜色最深的是黄壁庄，其次是白鹿泉、上庄镇、铜冶镇，再次是石井乡、大河镇，最后是宜安镇、李村镇、获鹿镇、上寨乡、山尹村。迁入小城镇的，颜色最深的是山尹村，其次是宜安镇、上庄镇，再次是黄壁庄、李村、上寨、铜冶、寺家庄，最后是白鹿泉、获鹿、大河、石井乡。迁入县城的，颜色最深的是获鹿、上寨，其次是李村、大河、白鹿泉，再次是铜冶、山尹村、宜安，最后是石井乡、上庄、寺家庄。以上结果初步反映了鹿泉市迁入小城镇的意愿不强，相比较而言，迁入县城和中心村的意愿要强烈很多，这和大村小镇有关系。

（2）收入不是决定农民城镇化的唯一因素

表 5-12 是鹿泉市城镇化意愿与平均年收入之间的关系，迁入中心村的年收入在 11 842 元，迁入小城镇的达到了 26 380 元，迁入县城的达到了 12 433 元，也就是说，光从收入这一项指标来看，迁入中心村和迁入县城的平均年收入几乎相同。而迁入小城镇的农民平均年收入则分别超过迁入中心村和迁入县城的。

表 5-12 鹿泉市城镇化意愿与平均年收入关系

	城镇化意愿		
	迁入中心村	迁入小城镇	迁入县城
平均年收入(元)	11 842	26 380	12 433

从图 5-14 可以看出，选择迁入县城、小城镇、中心村的人数递增，在 1 020 个样本里，选择县城的占 19.6%，选择小城镇的占 27.6%，选择中心村的占 52.8%，可以看出，选择中心村的人数最多。接下来，将迁居意愿与村民的收入比较，对迁入中心村、小城镇、县城的收入取中位数，其中，迁入中心村的收入中位数为 9 600 元，迁入小城镇和县城的收入中位数

均为 10 000 元（收入中位数辅助线见下图的虚线）。在各类意愿中，收入都是类似对数形状的曲线，并没有出现"愿意迁入县城的人收入全部在某某值之上"，说明城镇化意愿的影响因素不单单是收入，有些人尽管收入低，也会出于其他原因愿意迁往县城。比如县城的工作机会比小城镇和农村多，或者农村的耕地撂荒了等。因此，收入不能完全决定农村居民是否城镇化。

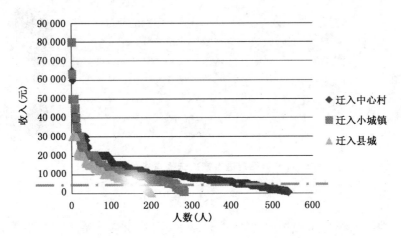

图 5-14　村民收入与城镇化意愿分析图
数据来源：调查问卷统计，2010

（3）受教育水平高的人，迁入县城的意愿也高

对鹿泉市农民城镇化意愿与教育水平之间的关系进行研究，现有样本量 1 110 个，初中以下的样本量 79 个，初中的 402 个，高中或者中专的 527 个，高中以上的 102 个。就总体看，迁入中心村的总人数达到 580 人，迁入小城镇的达到 308 人，迁入县城的达到 222 人（表 5-13）。

表 5-13　鹿泉市农民城镇化意愿与教育水平

教育水平	城镇化意愿			
	迁入中心村（人）	迁入小城镇（人）	迁入县城（人）	总计（人）
初中以下	51	21	7	79
初中	227	111	64	402
高中或中专	257	147	123	527
高中以上	45	29	28	102
总计（人）	580	308	222	1 110

数据来源：调查问卷统计，2010

从鹿泉市农民城镇化意愿与教育水平看，初中以下的农民的迁居意愿按中心村、小城镇、县城不断递减，迁入中心村人群中，初中以下人群占 8.79%，迁入小城镇人群中，初中以下人群占 6.82%，迁入县城人群中，初中以下人群仅占 3.15%。初中人群相比初中以下人群则增加了迁入县城的人数，其中，迁入中心村的占 39.14%，迁入小城镇的占 36.04%，迁入县城的占 28.83%；高中或中专的人群迁入中心村的占 44.31%，迁入小城镇的占 47.73%，迁入县城的占 55.41%，迁入县城的居多；高中以上的人群迁入中心村的 7.76%，迁入小城镇的占 9.42%，迁入县城的占 12.61%，迁入县城的比迁入中心村或者小城镇的多（表 5-14）。

表 5-14 鹿泉市农民城镇化意愿与教育水平的关系

教育水平	城镇化意愿			
	迁入中心村	迁入小城镇	迁入县城	趋势
初中以下	8.79%	6.82%	3.15%	递减
初中	39.14%	36.04%	28.83%	递减
高中或中专	44.31%	47.73%	55.41%	递增
高中以上	7.76%	9.42%	12.61%	递增

数据来源：调查问卷统计，2010

总体上看，教育水平越高，迁入县城的意愿越明显，教育水平越低，更倾向于迁入中心村或者小城镇（图 5-14）。受教育程度在高中及初中有明显的分界，高中以下的农民迁居意愿自迁入中心村、小城镇、县城呈递减趋势，高中及以上的农民迁居意愿自迁入中心村、小城镇、县城呈递增趋势。主要原因为高中以上的农民由于受教育程度相对较高，相比受教育程度低的农民更了解外面的世界，对自身的要求和生活环境要求也相对高，从而导致了他们迁入县城的意愿高于高中以下的组别。

从鹿泉市教育水平与城镇化意愿的关系看，迁入中心村的农民百分比随着受教育程度的提高而显著递减，迁入小城镇的农民随着受教育程度的提高呈现微弱递增的关系，迁入县城的农民随着受教育程度的提高呈现显著递增的关系（表 5-15）。其中，初中以下迁入中心村的比重占 64.56%，高中以上迁入中心村的比重占 44.12%，下降了 20.44 个百分点。有迁入小城镇意愿的农民初中以下的占了 26.58%，高中以上迁入小城镇的比重占了 28.43%，增加了 1.85 个百分点。迁入县城的农民初中以下的仅占了 8.86%，高中以上的占了 27.45%，两者相差 18.59 个百分点。

表 5-15 鹿泉市教育水平与城镇化意愿的关系

教育水平	城镇化意愿		
	迁入中心村	迁入小城镇	迁入县城
初中以下	64.56%	26.58%	8.86%
初中	56.47%	27.61%	15.92%
高中或中专	48.77%	27.89%	23.34%
高中以上	44.12%	28.43%	27.45%
趋势	显著递减	递增	显著递增

数据来源：调查问卷统计，2010

由上面的分析可以得出,受教育水平越高,迁入县城的意愿越强,受教育水平越低,迁入县城的意愿越低,两者呈正相关关系。主要原因是受教育水平高的人迁入县城的能力也越强,而受教育水平低的人由于迁入县城能力弱,即便有迁入县城的想法,也因为很难实现而逐渐打消了。

(4) 对农民进城方式选择的理论解释

① 收入与城镇化意愿

农民进城方式的选择是由多方面因素决定的,而不单单是收入。多方面的因素包括制度性因素如户籍制度、土地制度、社会保障制度、就业制度、城市用工制度等;城市本身的因素包括城镇化的滞后、产业的选择;个人因素包括经济因素、非经济因素。就鹿泉市农民迁居意愿与平均收入的比较来看,迁入小城镇这一组的人均收入高于迁入县城和中心村的,为何迁入县城的人的平均收入与迁入中心村的人的平均收入等同?这可能从一个侧面上反映了石家庄地区城乡低水平均衡的状况,由于石家庄城镇居民收入水平与全国城镇居民收入水平相比,持平甚至低于全国水平(数据见前面的分析),而石家庄农村居民收入水平高于全国农村居民收入水平,因此,决定迁移的城乡收入差没有显著拉开档次,县城由于距离还比小城镇远,县城自身的产业结构难以吸纳受教育水平低的农村人口,农民对公共服务的需求层次较低等,都决定了如果农民打算迁居,县城都不是第一选择等,总的来说就是县城没有足够的吸引力。

② 教育与城镇化意愿

通过问卷交叉分析得到的结果是,受教育水平越高的人(高中以上),迁入县城的意愿越高。这实际上是个人特征与进城决策的关系。个人特征包括劳动者的年龄、受教育程度、技术性工作的技能等,这些决定了劳动者获得收入的能力。一般而言,受教育水平越高,从事技术性工作的技能越强,而且这种技能与城市的需求越吻合,因此进城的意愿也就越高(图5-15)。

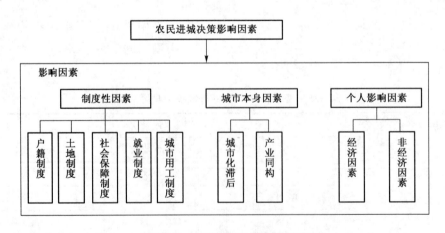

图 5-15 农民进城决策影响因素

就我国城镇化的宏观特点来看,县城及开发区以承接中心城区"退二进三"的产业为主,就鹿泉市来看,获鹿镇是鹿泉市的城区,紧邻城区的是鹿泉市绿岛火炬开发区,以电子信息产业和军工业为主,这样的产业类型是难以吸纳受教育水平低的农民的,由于县城自身以二产为主,三产并未达到一定的需求,县城难以提供像大城市、特大城市那样的第三产业对农民的吸纳需求,因此,处于工业化中期向后期转变的发展阶段的城市,第三产业自身的发展动力不足,对吸纳农民的作用是有限的。如果不能提供就业,或者能提供就业的岗位仅限于一些技能要求较高的农村人口才能胜任,从县城现阶段来看,是难以完成吸纳农村劳动力就地消化的重任。小城镇由于乡镇企业的散布,以及乡镇企业自身的低要求,吸纳了一部分劳动力的就业,但据实地调查来看,农民由于无法找到可以完全非农化工作的安全感,他们并不愿意放弃土地,仍旧从事农业,顺带兼业(表5-16)。兼业的行业主要以建筑业为主,基本上是中心城区扩散到外围县市的一些大项目或者房地产等。

表5-16 几个概念的辨析

离土不离乡: 在乡镇工业打工,农民转变工人身份,在本乡镇居住	离土离乡: 到大城市打工,农民完成市民化过程,农业人口转变为非农业人口
不离土不离乡: 亦工亦农的两栖人口,工作在镇上,农村保有农田和房屋	不离土离乡: 进城打工的农民没办法市民化

4) 公共服务设施均等化差异

(1) 城镇化水平不高,服务能力亟待加强

城镇建设水平不高。从整体景观的发展看,鹿泉除县城与开发区具有较高的城市型景观特征外,其他乡镇与乡村地域景观差别不大(图5-16)。从用地结构看,根据2009年河北省城镇建设统计年报,鹿泉县城公共服务设施用地2.8 km²,占建成区面积的15.4%。在石家庄各县市比重中,位于中等偏下的水平。城镇所能提供的服务能力不足(中国城市规划设计研究院,2010)。

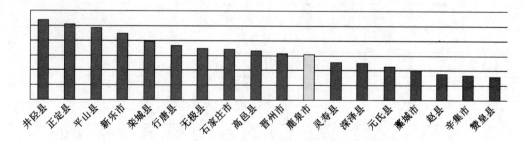

图5-16 石家庄各县市城区中公共设施用地的比重
数据来源:2009年河北省城镇建设统计年报

(2) 基础设施延伸至本地的意愿强烈

就农民对公共服务设施的调查意愿来看,基础设施延伸至本地的意愿要强于给予安置费迁入城镇,公共服务设施受地形及距离中心城区远近影响,有着显著的差别。通过实地调研的直观感受,发现并不是所预想的那样,越偏僻的地方迁入城镇的意愿越强。相反,越

偏僻的地方越希望基础设施延伸至本地。通过鹿泉市的个案调查,我们按距离中心城市远近和地形进行比较,从山区半山区这个地貌类型看,有白鹿泉乡、山尹村乡、上寨乡、石井乡,这些地方农民基础设施延伸至本地的意愿与给予安置费迁入城镇的意愿相比,分别高出38%、45%、19%、14%,这些乡镇相对鹿泉市其他乡镇距离中心城区最远,基础设施也不是很好。从平原村这个地貌类型看,有大河镇、黄壁庄镇、开发区(缺数据)、李村镇、寺家庄镇,这些乡镇基础设施延伸至本地的意愿与给予安置费迁入城镇户的意愿之差分别为13%、75%、28%、42%,这些平原村距离中心城区较近,因此基础设施延伸至本地或者给予安置费迁入城镇两者之差不如山区城镇的大。寺家庄镇在平原村中是个例外,村民意愿对基础设施延伸至本地达到了70%,而给予安置费迁入城镇仅占25%,这是因为寺家庄镇紧邻中心城区,现有大型基础设施通过,村民在本地安置意愿更强,因此,更希望基础设施延伸至本地。介于山区和平原之间的乡镇有获鹿镇、上庄镇、铜冶镇、宜安镇,这些乡镇基础设施延伸至本地的意愿与给予安置费迁入城镇户的意愿之差分别为15%、58%、28%、-1%(表5-17),获鹿镇为鹿泉市的县城,两种意愿相差不大,上庄镇资源条件较好,目前小李村的开心农场等办得有声有色,因此,此处的居民也不愿意搬迁,更希望基础设施延伸至本地。

总体上看,鹿泉市农民基础设施延伸至本地的意愿强烈,山区农民高于平原农民,基础设施良好的村落高于基础设施不好的村落,经济条件好的村落高于经济条件一般的村落。这也从一个侧面说明,国家城乡统筹背景下公共服务设施的必要性和迫切性。

表5-17 鹿泉市农民对公共服务设施的意愿调查

乡镇名称	基础设施延伸至本地	给予安置费迁入城镇	两者之差	地形	距离中心城市远近
白鹿泉乡	69%	31%	38%	山区半山区村	远
大河镇	57%	44%	13%	平原村	较远
黄壁庄镇	89%	14%	75%	平原村	较远
获鹿镇	56%	41%	15%	平原村、丘陵村	近
开发区	0%	0%	0%	平原村	较近
李村镇	67%	39%	28%	平原村	较近
山尹村乡	70%	25%	45%	山区半山区村	远
上寨乡	63%	44%	19%	山区半山区村	远
上庄镇	79%	21%	58%	平原村、山区半山区村	较近
石井乡	59%	45%	14%	山区半山区村	远
寺家庄镇	70%	28%	42%	平原村	近
铜冶镇	63%	35%	28%	平原村、丘陵村、山区半山区村	较远
宜安镇	47%	48%	-1%	平原村、丘陵村	较近

资料来源:实地调查问卷,2010

为了更好地理解鹿泉市村民对基础设施的需求,将各个选项以乡镇为边界落在了空间上(图 5-17),其中,将基础设施延伸至本地:颜色最深的是黄壁庄镇、上庄镇;其次是李村镇、白鹿泉乡、山尹村乡、寺家庄镇;再次是石井乡、大河镇、获鹿镇、铜冶镇、上寨乡;最后是开发区(缺数据)。给安置费迁居城镇:颜色最深的是宜安镇、石井乡、大河镇、上寨乡;其次是李村镇、获鹿镇、铜冶镇;再次是黄壁庄镇、白鹿泉乡、上庄镇、山尹村乡、寺家庄镇。

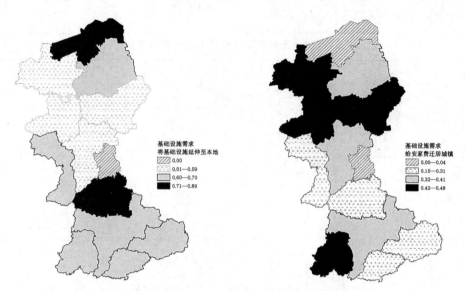

图 5-17　鹿泉市村民对基础设施的需求空间分布
(左图:将基础设施延伸至本地,右图:给安家费迁居城镇)

数据来源:调查问卷统计,2010

(3) 对公共服务选择的理论解释

我国地貌类型多样,山区、丘陵、平原地区在人口密度、政府财力、居民收入状况等方面存在明显的差异,且呈现出渐次升高的趋势。就公共服务设施的配给数量看,也呈现出由山区、丘陵到平原逐次升高的趋势。一般而言,地形条件越好的地区,设施配置的整体水平也就越高,而地形条件越差的地方,如山区,设施配置的整体水平也就越差。这样的整体状况,可以帮助我们理解为什么山区乡镇对基础设施延伸至本地的意愿要比平原乡镇强烈,主要原因是因为公共服务设施配置水平低下的缘故。此外,通过问卷调查还显示出地形因素不仅仅是决定村民公共服务设施需求意愿强烈与否的唯一因素。距离中心城市越近的地区对基础设施延伸至本地的意愿越强烈。原因是村民能够看到基础设施向村庄延伸,这可能是造成村落整体搬迁的巨大动力,通过基础设施延伸至本地可以自然而然地满足农民住上新民居的要求。整体来看,村民希望基础设施延伸至本地的意愿超过了给予安置补偿搬迁的意愿,主要原因是大多数村民怀有故土难离的情感。

5) 农民城镇化困境差异

(1) 没有条件迁入城镇是主要困境

尽管鹿泉市农民在不同层面上有迁居中心村、小城镇、县城的意愿,但是仍旧有相当大比例的农民未能享受城镇化的成果,顺利地迁入城镇。就鹿泉市农民未迁入城镇的原因来看(表 5-18),样本总量 1 273 个,涉及 13 个乡镇,相当多的选项集中在"没有条件"这一项上,而"喜欢乡村环境"、"方便从事农业生产"、"不愿失去承包地"则相对靠后,而选择"舍不得邻里关系"、"从未想过"这两个选项的人较少。由于该项选择对城镇定义的模糊性,导致很难理解是迁入县城还是小城镇或者大城市,因此不便于全面系统的分析。但可以通过正定县的问卷补充回答城镇化困境的问题。

表 5-18 鹿泉市农民未迁入城镇原因分析

乡镇名称	没有条件	喜欢乡村环境	方便从事农业生产	舍不得邻里关系	不愿失去承包地	从未想过
白鹿泉乡	61.00%	17.00%	5.00%	0.00%	17.00%	11.00%
大河镇	67.00%	16.00%	14.00%	20.00%	20.00%	16.00%
黄壁庄镇	68.00%	27.00%	10.00%	2.00%	16.00%	15.00%
获鹿镇	50.00%	30.00%	13.00%	10.00%	25.00%	10.00%
开发区	0.00%	0.00%	0.00%	0.00%	0.00%	0.00%
李村镇	73.00%	23.00%	10.00%	8.00%	10.00%	3.00%
山尹村乡	55.00%	30.00%	37.00%	8.00%	29.00%	16.00%
上寨乡	72.00%	38.00%	7.00%	7.00%	20.00%	10.00%
上庄镇	56.00%	46.00%	11.00%	10.00%	28.00%	12.00%
石井乡	62.00%	20.00%	31.00%	3.00%	3.00%	0.00%
寺家庄镇	65.00%	30.00%	20.00%	12.00%	30.00%	10.00%
铜冶镇	50.00%	30.00%	15.00%	5.00%	15.00%	15.00%
宜安镇	75.00%	17.00%	12.00%	4.00%	20.00%	2.00%

数据来源:调查问卷统计,2010

为了更好地理解鹿泉市村民未迁入城镇的原因,将各个选项以乡镇为边界落在了空间上(图 5-18),其中,选择没有条件的,颜色最深的是上寨乡,李村镇,宜安镇;其次是黄壁庄镇,大河镇;再次是石井乡、白鹿泉;颜色最浅的是获鹿镇、上庄镇、铜冶镇、山尹村乡;开发区数据缺失。选择喜欢乡村环境的,颜色最深的是上庄镇,上寨乡;其次是获鹿镇,铜冶镇,山尹村乡,寺家庄镇,黄壁庄镇;再次是李村镇,石井乡,颜色最浅的是宜安镇,白鹿泉乡,大河镇。选择需就近承包地,从事农业生产的,颜色最深的是山尹村乡,石井乡;其次是宜安镇、大河镇、获鹿镇、铜冶镇、寺家庄镇;再次是黄壁庄镇、李村镇、上庄镇、上寨乡颜色浅的是白鹿泉乡、开发区。选择舍不得亲戚邻里关系的,颜色最深的是获鹿镇、大河镇、上庄镇;其次是李村镇、寺家庄镇,再次是上寨乡、山尹村乡、宜安镇、石井乡;最后是黄壁庄镇、白鹿泉乡、开发区。选择不愿失去承包地的,颜色最深的是获鹿镇,上庄镇、寺家庄镇、山尹村乡、大河镇、宜安镇;其次是铜冶镇、白鹿泉乡、黄壁庄镇;再次是李村镇,颜色最弱的是石井乡、开发区。选择从来没有想过的,颜色最深的是铜冶镇、山尹村乡、大河镇、黄壁庄镇、白鹿泉乡、上庄镇；其次是获鹿镇，寺家庄镇，上寨乡，再次是李村镇、宜安镇，最后是石井乡，开发区。

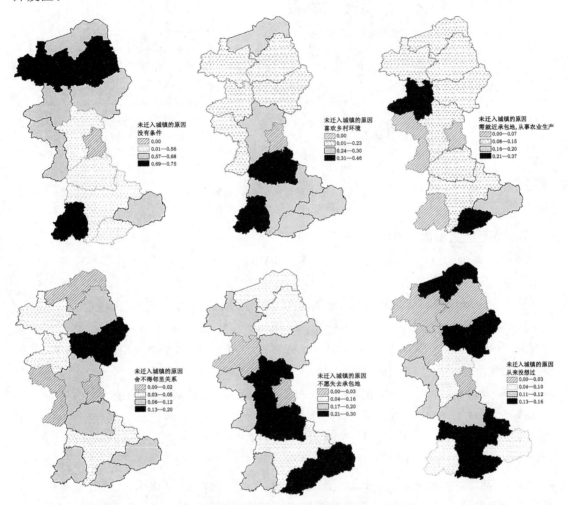

图 5-18　鹿泉市村民未迁入城镇原因的空间分布

（从左往右：第一幅，没有条件；第二幅，喜欢乡村环境；第三幅，需就近承包地，从事农业生产；第四幅，舍不得邻里关系；第五幅，不愿失去承包地；第六幅，从来没有想过）

数据来源：调查问卷统计，2010

(2) 难找工作是农民城镇化的主要困境

尽管石家庄地区的农村人口以县城或建制镇转移为主，但也面临着村民城镇化的困境，根据 2010 年"石家庄城乡统筹问卷"的调查显示，石家庄都市区中的正定县村民的城镇化困境突出表现在小城镇无法解决就业的问题上，正定县下发问卷 2 000 份，实际回收 1 938 份，其中，28% 的人在迁往小城镇的困境中选择了"难找工作"这一项，其次是"生活成本高"占了 22%，"买不起房子"占了 22%，"子女教育问题"占了 15%，之前一直认为的户籍、生活方式、不舍老宅仅占了 5%、5% 及 3%（图 5-19）。因此可以说，石家庄小城镇对农民而言的就业难，反映了在乡镇企业制度背景下小城镇产业结构与城市类似带来的后果，小城镇与农村生产生活联系不密切是制约小城镇发展的重要因素，也是导致大量农民越过小城镇这一级向大城市、特大城市打工,造成大城市、特大城市贫困空间产生的根本原因。

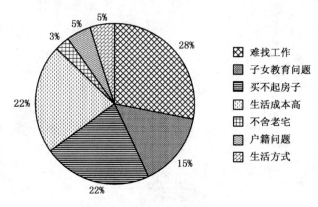

图 5-19　正定县村民城镇化困境调查
数据来源:调查问卷统计,2010

(3) 农民难进城的理论解释

就问卷调查的显示看,鹿泉市农民城镇化的困境在于没有条件,正定县村民城镇化突出的问题在于难以就业,其次是难以安居,以及生活成本高。造成这种"就业难"困境的主要原因是由于我国经济发展中存在一些结构性的问题,表现在以下几方面:一是农村劳动力的大量剩余与工业化缓慢消化的矛盾;二是小规模分散经营的农民进入大市场的桥梁尚未搭建起来,农业发展、农民增收面临着多重困境;三是以工促农、以城带乡的机制尚不完善,受传统二元经济社会结构的影响,国内的投资主要面向城市和工业,农村资金、人才等要素大量外流,农业的弱势产业地位更加突出,农业、农村的发展面临更多的新问题(陈锡文,2010)。

选择"难找工作"这一项占了28%,原因是多方面的。其一,城市吸纳就业能力有限,城市居民仍有很多无法充分就业;其二,县城或小城镇产业基本上是承接中心城区的二产,对农村经济带动能力不强,真正为农民提供的岗位并不多见。有学者解释了就业难的现实困境,即农民就业者的低学历、专业化程度低、工作可被替代性强,说到底是人力资本类型与城市企业的要求不契合。而且,城郊农民的人力资本,就其受教育的程度与类型、职业获取能力而言,以及就城郊农民进入城市企、事业所需训练与现实中可能得到的教育与训练的巨大差距而言,根本不是目前政府提出的对农民的初级、短期职业训练所能解决的——这些训练主要还是着眼于各种初级技能训练,或更多地适应劳动密集型企业的用工需要(毛丹,2006)。也有学者对这一现象进行了分析,如上海市关于征地劳动力安置有多种办法,但是大多数征地劳动力实际上只能进镇办企业或自谋职业,真正能进入城市社会的工作领域的,几乎可以忽略不计(陈映芳,2003)。因此,农民在城市难以就业的现状,并不是简单地靠政府提供短期培训、增加保安等工作岗位就能改变的。况且,目前大部分城市盲目进行产业结构调整和升级,大量缩减劳动密集型产业,也为农民进入城镇就业带来困难。

选择"买不起房子"这一项占了22%,主要原因是城市房价高,就初步的统计来看,东部一般县级市的县城或者乡镇房价已到了2 000—3 000元/m²,按100 m²计算,乡镇一套住房的价格基本上是农村建房的3—4倍,近年来县城及中小城市房价的上涨也加重了农民进城的困难。

"子女教育问题"这一项占了15%,有学者认为,"传统的户籍制度把户籍与社会保障制度、医疗、子女教育、社会福利、社会地位等直接挂钩。因为农民工的农业户口、农民身份,使农民工在城市生存和发展遇到了重重的阻碍"(程亮等,2005)。但石家庄的农民在户籍问题上考虑得并不多,子女教育问题也不完全是城乡户籍制度割裂带来的困境。石家庄市人民政府于2010年出台了《关于进一步深化户籍管理制度改革的意见》(冀政〔2009〕88号),其目的在于优化城乡结构,加快推进市城镇化进程,有序引导农村剩余劳动力和各类人才向城镇转移,扩大城镇规模,服务省会经济社会发展。在该文件中出现了多处有关保障农民工及时取得进入城镇落户的字眼及具体实施办法。伴随着学校的迁并,优势教育资源向大中城市集中,县城及乡镇教育资源锐减,"子女教育问题"选项突出了教育资源在城乡之间的分布不均等,造成了农民难以在本地安居乐业的困境。

"户籍问题"、"生活方式"、"不舍老宅"这几项的比例都较低,分别占了5%、5%、3%,就有关农民农转非的调查,由于农民转变户籍后,农民变工人,有些单位不景气,导致农民的月收入每月只能拿两三百,这种情况下,农民进城的积极性并不高。(毛丹,2006)

6) 外出务工流向及在外购房差异

鹿泉市城镇化进程明显落后于工业化。按照统计部门城市与农村的人口统计口径,现在鹿泉城镇化水平为23.8%。根据鹿泉市2008年统计年鉴,全社会从业结构中,劳动力在一产的从业比重仅为33%,非农产业的就业比重达到了67%。城镇化的发育水平远低于劳动力的非农就业水平(中国城市规划设计研究院,2010)。

大量劳动力滞留在农村。根据农业部门的统计,2010年鹿泉农村地区合计的劳动力总量为19.0万,其中外出务工的为4.3万人。在外出务工的劳动力中,常年外出务工的劳动力2.9万,占到外出务工劳动力总量的67.4%。在常年外出务工的劳动力中,流向鹿泉市内的占到60.2%(图5-20)。考虑到绝大多数外出务工者从事的是非农产业,可以认为鹿泉农村地区在本地进行就地非农转换的劳动力规模达到了较高的水平。换言之,尽管随着农业生产效率的提高,大量劳动力从土地上解放了出来,但是并没有实现真正的城镇化,而只是在劳动方式上转向了非农产业。

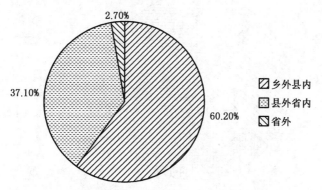

图5-20 鹿泉市常年外出务工劳动力流向调查

数据来源:调查问卷统计,2010

城镇吸引力不强是城镇化动力不足的重要原因。鹿泉紧邻石家庄市区,在城镇服务体系构建过程中,受中心城区辐射影响明显。乡镇的发展规模均有不足。由于规模有限,乡镇难以提供有效的公共服务设施与水平,导致其吸引能力不强。根据鹿泉市行政村调查问卷显示,受访的199个行政村中,在本村以外购置房屋的共有4 822户,占总户数的5.4%。其中在乡镇区购房的有630户,占全部在外购房户的13.1%,在县城购房的有3 172户,占65.8%,在市区购房的有1 020户,占21.1%(图5-21)。可见多数在外购房者选择县城或市区等设施条件相对较好的地域,而乡镇的吸引力偏弱。

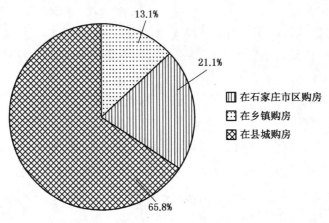

图 5-21　鹿泉市村民在外购房情况调查
数据来源:调查问卷统计,2010

在对都市区外出务工情况的调查中发现,四县市中从事非农产业的农民中,选择外出务工的人员实际上并不多,仅占非农就业人口总数的31.1%,大多数人为本地非农化,在附近村庄中的村办企业中工作,并继续在农村中居住(图5-22,表5-19)。这样一来,可以在从事非农产业的同时,兼顾务农。外出打工人员在工作地点的选择中,44.3%的人选择到镇上打工,19.8%的人选择到县城打工,25.1%的人选择在石家庄市区打工,只有10.8%的人选择到石家庄都市区外打工。

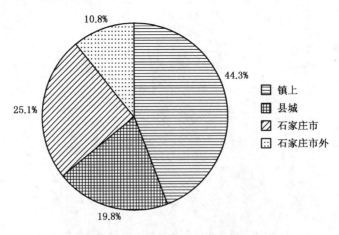

图 5-22　正定县农民外出务工地点选择
数据来源:调查问卷统计,2010

本地非农化是四县市农村发展的另一特征,多数人选择留在本地工作,一方面说明当地的村办企业十分活跃,另一方面也说明农民还不愿完全离开土地,放弃土地所带来的收益。

表 5-19　农村外出务工情况调查

	总体	藁城	鹿泉	正定	栾城
非农就业人员比例(%)	69.8	77.9	52.6	68.3	69.6
外出务工人员比例(%)	31.1	30.6	31.1	28.6	34.2

数据来源:中国城市规划设计研究院.石家庄城乡统筹规划(2010—2030)[R],2010.

5.2.2　城乡关系发展的难点

1)"发展新市镇"与"小城镇就业不足"的矛盾

关于发展"新市镇",强化农村增长极,从而达到缩小城乡差距的目的,这种思路没有错。但就本书的分析来看,目前小城镇存在就业不足的困境也很明显,主要原因是小城镇在长期的发展过程中是在城乡二元结构的背景下进行了工业化的过程,发展的产业基本上是城市淘汰下来的产业或者中心城区"退二进三"过程中的二产,这些产业本身往往少有劳动密集型的产业,加上小城镇自身的产业并没有发挥根植在农村本底这个特色的基础上,少有依据当地农业特色发展的农产品加工业等。目前,石家庄小城镇的产业结构偏向于二产,内部又是以微电子、信息产业等高技术为主,这些产业门类决定了石家庄的小城镇难以吸纳当地的农村人口就业。目前的小城镇产业人才需求以受教育程度较高、技能熟练的劳动力为主,而小城镇本底的农村人口却只能提供受教育程度较低、技能不熟练的劳动力,就业上的供需不匹配导致了小城镇的就业不足。农民只能在小城镇承接中心城区二产的机会中找到一些建筑工人类似的兼业工作,一旦这些高楼大厦建设完成,小城镇周边的农民仍将继续从事农业生产,农民仍然无法多渠道拓宽收入来源。

在规划上设立了"新市镇",这些"新市镇"都是些经济基础好、区位良好的乡镇,但规划上确定了"新市镇",却缺乏相关的制度保障和配套设施推动"新市镇"的发展,不像英国在推动"新市镇"的发展中有专门的"新市镇"运营公司,从企业或者政府的角度使"新市镇"的发展有别于其他一般的乡镇。这也是我国小城镇发展缺乏相关的配套法律法规所致。

2)"公共服务向小城镇集中"与"农民意愿基础设施本地延伸"的矛盾

我党在"十七大"时提出了公共服务均等化,开始关注农村的公共服务设施公平性问题。这是缩小城乡差距的一个重要举措,怎样将公共服务设施有效地布局在广大的农村地域上,一时间成为了学术研究和讨论的焦点。有一部分学者认为,通过公共服务向小城镇集中的方式吸纳农民向小城镇迁移,从而满足小城镇发展历来重生产轻生活的现状。但从实地调研的问卷中发现,在"基础设施延伸至本地"和"给予安置费向小城镇迁移"这个选项中,鹿泉市大部分农民的倾向是基础设施延伸至本地。山区和经济收入弱的地区对基础设施延伸至本地的需求超过平原地区以及经济收入相对强的地区。分析其原因，主要是因为目前石家庄的小城镇发展尚未达到吸引农村人口就业的能力，农民无法在小城镇就业，仅通过公共服务设施的拉动是难以长期发展的，只能说，就石家庄目前的情况而言，寄希望于公共服务设施向小城镇集中的城镇化阶段有些超前，只有先把小城镇的产业结构调整到和农村发展同步，强调小城镇产业与农村产业的联系，发展劳动密集型产业，吸纳当地农民就业的同时逐步将公共服务设施向小城镇集中，才是逐步让农民享有城镇化成果的明智做法。

3)"新民居建设"与"拆旧建新，重复建设"的矛盾

河北省近年来力推"新民居建设"，全国各地也以各种名目开展轰轰烈烈的"撤村并点"运动，新民居建设的初衷是通过新建、改建民居，提高农民住宅水平，优化农村环境质量。实际上，稍不留心，新民居建设就变成了让农民集中居住、腾挪土地指标的陷阱。就石家庄下辖市鹿泉市为例，由于新民居的组织方式以村为单位组织申报、就地建设，因此新民居的选址存在极大的随意性，将现在公布的新民居名单落在空间上（图5-23—图5-26），可以看出，新民居建设的点与未来石家庄发展趋势重合，这就意味着刚刚建设起来的新民居过不了几年又会因为占用了宝贵的地方经济发展空间而被强拆，这样会强化"拆旧建新，重复建设"的矛盾。新民居建设由于其规模小、分散，并不是具有集聚效应的城镇。新民居"固化人口"与推进城镇化战略存在着显著的矛盾，由于新民居自身缺乏统一规划，未从转移农民剩余劳动力，提高农民收入的方面考虑，这注定了浩浩荡荡的"新民居工程"是不能持久的，是昙花一现的。

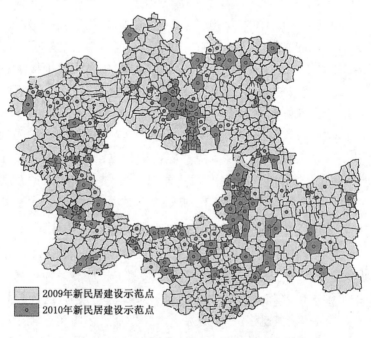

图5-23　石家庄都市区2009年、2010年新民居建设示范点

数据来源：中国城市规划设计研究院，2010

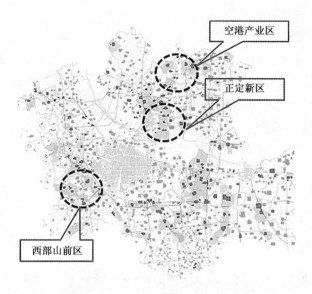

图 5-24　新民居与未来都市区发展趋势和空间框架不符合
数据来源：中国城市规划设计研究院，2010

图 5-25　鹿泉市某新民居建设情况
资料来源：实地调研拍摄

下面是关于石家庄新民居买卖的访谈，这段资料来自网络，由于访谈地点与本书研究案例地符合，因此选用以说明石家庄新民居建设带来的种种隐忧。该案例反映了新民居在占用农业用地后进行的房地产开发与出售行为，新民居带来的让农民上楼、集中居住由于推进过快，使得农民的利益受损，同时也无法通过新民居建设改善良性发展的城乡关系。

石家庄东开发区藁城市南营镇宜安村北口，2011，新民居建设

村民："这片楼盘叫'康泽园'，现已建成 8 幢，分别为土山新民居 4 栋和宜安新民居 4 栋。'康泽园'所占土地为两村的基本农田，楼盘两侧紧挨着刚种植的麦田。小区统一采用地源热供暖、液化气，是省重点建设的新民居项目。""人家打的是距离石家庄市区才 25 千米，很近，还有便宜的旗号！'康泽园'5、6 月份时均价 1 300 元，面积每套在 17 万元左右，而

7月份的石家庄房屋均价都到5 870元/平方米了!"

售楼人员:"5、6月份刚开卖时便宜,前一阵我们的价钱是1 450元,再前一阵是1 300元,最之前年初的时候是1 070元。现在这不快交房了吗,价格又往上调了,现在好楼层1 600多,一层、四层1 565元,二层、三层1 605元,五层1 435元,六层1 343元。地下室必须要买,每平方米1 000元。我们价格都是标一样,一把头都没有降价,一下就这么卖了。"

——千龙网,2011年10月24日《石家庄"新民居"公然叫卖 誓称办市证房价低得吓人》

此外,新民居建设的争议也非常大,网络上提到的"新民居建设"与"违规"字眼频繁,不加区分地进行新民居建设,不考虑村民的实际需要与实际的城乡关系发展阶段,这样的做法十分武断。就笔者在石家庄鹿泉市调研时,也发现有的新民居超过了20层,体量之大超过了城市中中央商务区的高级写字楼(图5-26),这样的做法没有顺应城乡关系发展的一般规律,超前地、人为地进行了村屯合并,给村民的生产和生活都带来了很大的困难。

图5-26 鹿泉市某新民居与旧村的关系图
数据来源:中国城市规划设计研究院,2010

河北省新民居建设,2011

河北省其他地方,新民居建设工程也在如火如荼开展。

董姓村民说,村里连续召开党员会,不过建新民居的方案一直都没通过,"党员会上都吵翻了天"。

现在,每天的高音喇叭里都在动员,"明白纸"(类似拆迁通知)发了三次,补偿标准都不一样。

村民说,村里一无工矿企业,二无大规模集体养殖,是个完全靠种地生活的山村,"要住到楼里,还咋种地呢?"

这些项目当中,无论是偏远山村,还是靠近市郊的村庄,都开始建设楼房。

多数村民不认同这个观点。他们认为,自家房子被拆、宅基地被拿走,换到的只是一处小面积的房子,而且住进楼房后,收入没增加,生活开支更大了。

——新京报,2010年11月3日《河北新民居工程涉多重违规》

5.3 本章小结

本章在第4章对城乡关系演变的空间特征及动力机制的宏观把握基础上,分析了石家庄城乡关系面临的现状问题,包括农地产出高,城乡差别小;村庄规模大,镇区规模小;农村工业园区集中度不高;农村人口滞留,住宅需求大。在此基础上,基于农民意愿的千份问卷的调查,从现实情况中着重分析了影响石家庄城乡关系变化的微观行为主体因素,问卷的分析结果集中在农民进城方式选择差异、公共服务设施均等化差异、农民城镇化困境差异、外出务工流向及在外购房差异几个方面,这些差异的背后影响因素是农民自身的因素,包括教育水平、性别、年龄等,以及城市本身的因素,包括城镇化的滞后、产业的选择和同构,以及诸如户籍制度、土地制度、社会保障制度、就业制度、城市用工制度等。最后,点出城乡关系发展的难点,即三对矛盾,分别是"发展新市镇"与"小城镇就业不足"的矛盾,"公共服务向小城镇集中"与"农民意愿基础设施本地延伸"的矛盾,"新民居建设"与"拆旧建新,重复建设"的矛盾。

6 石家庄城乡关系的重构:城乡统筹

6.1 城乡关系统筹发展的策略

很难说城乡关系有一般策略,因为我国幅员辽阔,地区发展水平差异极大,不同地区的城乡统筹规划着力点不同(张京祥等,2010)。采取"一刀切"则会带来难以估量的损失。因此,阐述城乡关系的一般策略是从宏观层面上进行阐述,并不针对具体地区,具体地区的城乡统筹策略需要在充分认识自身特点的基础上,量体裁衣、重点发展。就目前城乡关系的一般策略来看,主要有以下几个方面:

6.1.1 发展小城镇承接城市与乡村

小城镇在城乡发展结构中承上启下,既是工业化的重要载体,又是农业产业化的服务依托,还是城镇化的基础支撑。因此,小城镇在城乡统筹中发挥的作用巨大。韩国自1970年以来,开始将农村发展上升为国家战略,并且出台了促进小城镇的一系列政策措施,分为营造城镇、营造小城镇、开发小城镇几个阶段,由最初的以环境整备为重点,逐渐发展到重视小城镇的基础设施和生产流通设施等方面,并且按步骤、有计划地确定了小城镇发展的落实对象,从而逐步发挥小城镇作为农村增长极的作用,带动农民收入增加、农村事业发展。

我国也意识到了发展小城镇的重要性,并且在国家"十二五"规划中明确了"当前要把加强中小城市和小城镇作为发展的重点",强调充分发挥市场机制对推进城镇化和小城镇建设的基础性作用(李兵弟,2004;2010)。但长期以来,我国小城镇发展总是呈现先天不足的状态,原因是多方面的。小城镇的发展始终以国家宏观层面的制度背景作为自身的发展特点。有一种发展小城镇的观念是要不得的,不少地方把小城镇发展简单地理解为追求实现完整的城镇体系,其后果是引起城市更加扩张性外延式发展,削弱了小城镇在解决"三农"问题中的重要性。支持小城镇发展的体制性障碍依然存在;对"镇"(包括县城、建制镇和较大规模的中心镇)的发展认识不统一;小城镇建设指导思想的偏差依然不同程度地存在;相当部分镇的规划建设水平低,布局不合理,盲目招商引资;对有历史和文化价值的古村古镇,开发破坏严重,保护工作难度很大;基层管理机构和人员散失(李兵弟,2004;2010)。

石家庄中心城市不强,周边农村由于中心城市"退二进三"产业转移和农业的发展,与中心城市差别不大。农民本地非农化率达75%以上,应重点研究非农化率较高这一现象,分析非农化率较高的影响因素,发掘农村地区自下而上的动力机制,增强农村地区的内生能力。

6.1.2 公共服务设施向农村延伸

日本在改善农村发展方面加大了对农村基础设施和公共服务设施的投入,并且对公共服务设施供给渠道也是多种多样的,比较显著的做法是中央政府对建设项目进行财政拨款及贷款,地方政府除财政拨款外,还可以发行地方债券,用于公共设施建设。公共服务的多种供给主体这种模式在国外十分常见,我国城乡统筹的典型地区——成都城乡统筹示范区近年来也开始明确了自上而下、自下而上两种公共服务供给主体,为公共服务的融资提供了多种渠道。就日本的经验来看,日本农村的市政基础设施完全是市场化的结果,日本政府细分了农户的居住条件,对于平原且规模大的农村居民点配置了齐全的市政设施,而对于远郊区居住分散的农户则仅配套必要的基础设施,如水、电等,燃气不使用燃气管道而是罐装液化气,这样的区别对待的公共服务供给策略,有效地减轻了政府的财政负担,增强了公共服务设施向农村延伸的效率。

基础设施及公共服务设施的完善,能够为农民兼业创造良好的条件,农村基础设施的改善,加强了城镇间、城乡间的联系,有效地提升了农村的发展能力,也为城市产业和人口的扩散提供了良好的条件。

石家庄地区的城乡空间格局具有其特殊性。尽管规划上无法做到对未来的精确预测,但应坚持对城乡关键要素的核心把握,建议划分空间管制区,控制核心要素,用规划的方法积极引导城乡统筹建设。

6.1.3 依法进行农村居民点的集中建设和用地调整

农村居民点的调整是我国城镇化发展的必然,目前这已成为绝大多数学者的共识。农村居民点调整的原因主要包括现状乡村人均建设用地多(人均150—200 m^2)、城市发展的用地需求大、农民在快速城镇化进程中涌入城市导致农村出现"空心村"现象。从国际城镇化发展的一般规律看,城镇化发展过程中城乡居民点调整的重点从来都不是城市,主体也不是建制镇,而是农村的村庄,是农村大量散落的居民点与分散的自然村落。中国也不会例外,全国建设用地面积多22万 km^2,其中,建制镇建设用地面积17万 km^2,城市大概5.5万 km^2。整理村镇用地是可行的,但是这个过程是渐进的(李兵弟,2004;2010)。

农村居民点调整关乎农民利益,需要遵从城镇化发展的客观规律与农村发展的实际。就目前将城乡统筹规划片面地理解为"建设用地指标转移规划",缺乏乡村地区长远合理发展的整体考虑,忽视对农民利益的保障,变成了新一轮圈地运动的工具和助推,并且还套上了"城乡统筹"的美丽光环,这不能不说是城乡统筹规划的巨大悲哀(张京祥,2010)。城乡统筹的难点、焦点、分歧点都在土地问题上(韩俊,2010)。

由于当前许多地方将城乡统筹规划的重点放在了城乡建设用地指标的核算上,对乡村生产用地的规划用途管制不足,特别是城乡二元土地制度带来的巨大利益落差,导致乡村地区大量的违法用地行为泛滥,如"小产权房",工业用地"以租代征",以农家乐方式建设度假中心、永久性商业用地,在蔬菜大棚里"种"出别墅等(张京祥,2010)。农村居民点的用地调整关乎稳定大局。因此,有学者认为依法规制度规范农村居民点的集中建设和用地调整很有必要,主要从以下几方面展开:一是切实稳定农村土地承包关系;二是保障农民变市民过程中农民的土地权益;三是"城镇建设用地增加与农村建设用地减少挂钩"实施过程中,要切实保护农民的土地承包权和宅基地权益(韩俊,2010)。农村居民点调整需要注意以下几个方面的规律:一是农村居民点调整要尊重城镇化发展的客观规律和依循农村发展的实际;二是农村新居民点建设要有好的规划和公共设施建设保障;三是严格依法规范农村集中居民点建设;四是严格规范农村新建居民点的动迁(李兵弟,2004;2010)。

  石家庄的土地制度改革与天津和成都存在差异,它既不像天津有强大资金支持,又不像成都地区村落规模小和分散,它有其自身的特点。在调研过程中,石家庄都市区周边地区存在土地流转和土地托管等形式,这种既有的现象,应予以关注、适当引导,探索多元化、具特色的符合石家庄城乡统筹的土地制度改革。

6.1.4 强化制度创新和法律保障

  城乡统筹规划不是单纯的城市建设规划或者新农村建设规划,它涉及很多制度性因素的层面,因此亟须城乡统筹规划中的制度创新。目前,学者们普遍认识到我国的空间规划缺乏配套法规,在根本上缺乏法定的约束力。就城乡统筹规划而言,有学者认为应该把城乡统筹规划视为一种理念,而非一种特定的规划类型,以城乡统筹理念渗透到其他各种法定规划中,包括城镇体系规划、总体规划、镇乡村规划等都可视为"城乡统筹规划"(张京祥,2010)。但为了使城乡统筹规划能够更加顺利地推行,有必要加快与城乡统筹规划配套的相关制度建设和法规建设。如美国为促进乡村地区的发展,先后通过了《地区再开发法》、《加速公共工程法》、《公共工程与经济开发法》、《人力训练与发展法》、《农村发展法》、《联邦受援区法案》;日本有《过疏地区活跃法特别措施法》、《山区振兴法》、《向农村地区引入工业促进法》;德国有《联邦空间布局法》、《联邦改善区域结构共同任务法》等;意大利几乎将所有开发南方的措施都以法律形式颁布(乔森,2009)。

  还有学者认为城乡统筹规划是被赋予了更多公共政策属性的规划,制度创新的重点应该集中在土地、人口流动与就业、基本公共服务均等化、财政转移支付等几个方面。在土地制度方面,应将赋予农民相对完整的土地产权作为改革的基本方向。在不改变土地集体所有性质的基础上,制度需要进一步创新的方向是:赋予承包用地更为完整的处置权,例如抵押;探索农村宅基地的用益物权、农村集体建设用地与城镇建设用地增减挂钩的实现形式等,尤其是要探索农村集体建设用地使用权流转的途径和模式。在人口流动和就业方面,基本方向是改革城乡二元的户籍制度,尤其是户籍背后所包含的社会保障体系方面,如养老、就业、培训、劳动权益保障等。在基本公共服务均等化方面,重点保障城乡义务教育一体化、城乡基本医疗和公共卫生一体化、城乡公共文化服务一体化的机制体制。在财政转移支付方面,从事权和财权相匹配的角度,探索实现城乡之间、区域之间均衡发展的财政转移支付的途径和方式。从城乡资源的统一利用和生态环境的统一保护出发,创新"发展权"补偿的重点和方式等(赵群毅,2009)。

石家庄地区现行大规模开展的新农居建设,关系到农民的切身利益,需要加以重视,建议放缓新农居推进力度,在相关配套制度完善的同时,推进村庄合并的进程。

6.2 城乡关系统筹发展的保障措施

6.2.1 统一规划和管理新市镇建设

新市镇的最初设想源于英国的"新城镇运动",英国为确保"新城镇"的建设能够顺利推进,进行了卓有成效的尝试,主要包括颁布《新镇法》(New Town Act),以立法形式确立在英国境内建立不同规模等级的新镇。到 1974 年,英国共设立了 33 个新城镇,容纳了 180 万人,迁入了 2 009 个新企业,创造了 18.8 万个就业岗位。新镇规划理论被誉为"英国城市规划皇冠上的明珠"。石家庄在 2010 年的城乡统筹规划中明确提出了建设新市镇,这为从空间上集聚产业和人口创造了良好的条件。但也应意识到,我国的"新市镇"建设并不像英国那样有完备的法律、完善的市场化公司运营,为了能更好地推进"新市镇"建设,有必要从地方政府层面保障新市镇的推进。我国在城乡统筹背景下为打破长久以来的城乡割裂的格局,近年来出台了各种各样的政策措施,体现在城镇化道路上则是传统城镇化道路与新型城镇化道路的区别。

图 6-1 通过表述乡村城镇化和城市城镇化这两种道路对农村地区的影响,可以看出,原先的城市偏向的城镇化发展道路,通过都市区内部的土地流转,将土地转为国有后建立

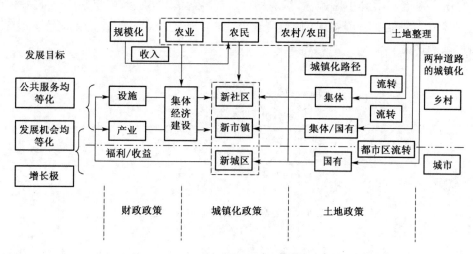

图 6-1 统筹城乡发展路径研究框架

资料来源:中国城市规划设计研究院.石家庄城乡统筹规划(2010—2030)[R],2010.

新城区,传统的城镇化道路到这一步基本上就结束了,这实际上是明显的城市盘剥农村土地资源、剥夺农村发展机会的城市偏向发展政策。而在城乡统筹视角下,发挥了乡村城镇化的内生动力,使原有的传统城镇化道路得到了延伸,即城市城镇化建设新城区以后的收益并不仅仅归城市使用,城市用收益为农村建设基础设施、社会设施及发展产业,达到工业反哺农业、城市反哺乡村的效果。而来自乡村内生的城镇化需求,首先通过土地整理后流转的方式转化为集体用地或国有用地,产生的收益用于建设新社区和新市镇。此外,通过农业规模化经营带来的农民收入增加,也能促进新社区和新市镇的建设。这样一来,通过制度创新带来的城乡要素流的双向流动,使城市和乡村都能获益,最终的效果是城市和乡村收入差别较小,两者只存在居住方式和生活方式的不一样,其他的并无二异。通过新型城镇化路径,盘活农村土地资产、促进农民增收,是确保"新市镇"得以建成的重要抓手。

6.2.2 增加农村公共服务设施供给方式

石家庄市公共服务均等化的现状特征主要表现在以下几个方面:各部门对公共服务均等化重视程度高,各类设施空间均等化进程不一;公共服务空间均等存在内部差异,总体上看,医疗、教育、广播电视和社会保障设施水平高,文体设施水平低;公共服务设施配建密度受地形、人口密度、经济发展水平、财政实力、距中心城市的距离等影响,呈现由平原至山区逐渐降低的趋势;距中心城市越近,越有与中心城市共用公共服务设施的趋势,缺乏基本公共服务的空间配置方式、规模的相关标准;公共服务设施的配置与现行供给方式和决策模式有很大关系。

图 6-2 是对石家庄的下辖市鹿泉市村民对公共服务需求的问卷调查统计结果,其中对老年活动中心的需求占 31%,医疗设施占 25%,图书馆占 19%,体育设施占 14%,文化站占 11%。之所以对老年活动中心的需求高达 31%,是因为石家庄人口年龄结构的变化趋势,老龄化已经成为鹿泉市不可忽视的特点,因此,加强养老设施的配置是未来石家庄农村地区必须加强的环节。

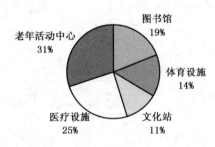

图 6-2 鹿泉市公共服务需求调查
数据来源:调查问卷统计,2010

在城乡公共物品配置上,成都采取了政府向社会组织购买公共服务,农村公共服务从单纯的政府投入转向政府引导、市场参与。2009 年,成都出台了《关于建立政府购买社会组织服务制度的意见》,提出2010年将在全市范围内初步形成政府购买社会组织服务的制度框架;到2013年,在准公共物品领域基本建立政府购买社会组织服务的机制,在公共卫生、公共就业、社会保障、法律、公共文化、养老等服务领域,加快推进政府购买社会组织服务工作。成都公开近5 000项公共服务信息,包括医疗、金融、住房等领域。此外,成都市人民政府于2008年发布了《关于深化城乡统筹进一步提高村级公共服务和社会管理水平的意见(试行)》,明确了现阶段村级公共服务和社会管理的主要内容和供给主体,其中,医疗卫生类主要是政府为主,教育类是市场和政府兼顾,文体类包括政府、市场和村自治等。为了让村级公共服务设施能够推行,成都市财政对每个村(社区)每年的村级专项资金安排不少于20万元,用于建立村级公共服务和社会管理的分类供给机制、经费保障机制、设施统筹建设机制、民主管理机制和人才队伍建设机制等。

  石家庄也可参照成都市公共服务设施的经验,财政设立专项的公共服务资金,引入多元主体共同配置公共服务,出台专门针对公共服务的政府红头文件,确保公共服务得以实施。

6.2.3 渐进式推进"新民居建设"

  "新民居建设"初衷是改善农民居住条件,至于是原地建设还是异地建设,都容易变相地成为了政府为腾挪土地指标的驱赶行为。成都目前关于迁村并点较为成功的案例是"五朵金花"模式,天津关于迁村并点较为成功的案例是"华明镇",但这些地方的情况与河北并不完全相同。成都由于受地形地貌限制,10余户的林盘也好迁并,而天津的"华明镇"则是依托大天津处于工业化后期、快速城镇化阶段的实践,石家庄与天津、成都所处的阶段和模式都不一样,因此,经验借鉴方面更应该从自身特色出发。就实地调研的访谈来说,某领导关于石家庄迁村并点的看法是:"我们这里不存在迁村并点的矛盾,因为相对来说河北比较平坦,不需要按四川地区的迁村并点走,四川的'五朵金花'模式并不适合河北。"对于石家庄村落规模较大、村落密度较为密集的情况而言,推进"新民居建设"必将是一个缓慢而且慎重的过程。

  表6-1是鹿泉市新民居建设农民意愿的实地调查,可以看出位于不同区位的村落在建设新民居上有不同的驱动力和问题。以位于东部平原区的黄壁庄镇为例,它地处水源保护地,因此保护大于发展,他们也想进行新民居建设,却苦于无资金支持。位于县城的获鹿镇,新民居建设更多的是容积率的问题。对于资源条件较好的上庄镇,农民搬迁的意愿很高,却苦于土地产权不明,难以量化,缺乏保障机制的迁并也难以继续推行。此外,新民居建设是表象,背后蕴含着宅基地是否能安全退出抑或是扩大了占用建设用地的数量,土地产权的确权流转问题,开发商以项目带动的新民居建设实际解决就业的问题,等等。从下面的实地调查也可以看出村庄迁并带来的土地集约是大方向,但这个过程绝不是一蹴而就的,是根据当地城乡关系转变的具体阶段而缓步推进的。

表 6-1 鹿泉市新民居建设农民意愿实地调查

区位	镇名		动力	形式	问题
东部平原区	李村镇	邓村	中心镇建设	村集体自建	—
	黄壁庄镇	—	水源地保护	—	有意向,无资金
	大河镇	霍寨村	重点项目带动	开发商+村集体	原地新建
	寺家庄镇	曲寨村	工业园区建设	村集体自建	原地新建
		东良政村	基础设施	村集体自建	异地新建
中部丘陵区	获鹿镇	北海山村	县城建设	村集体统一管理征地费,统一租用	异地新建	失地农民补偿方式,控制性详细规划的低容积率限制与现状高容积率的需求(0.6∶1.5)
	上庄镇	谷家庄、庄窝、钟家庄	西部山前区建设	开发商+村集体	几村联建(原地新建)	村民对搬迁的意愿很高,但缺乏机制保障,产权不明,土地难量化
		小李村		村集体,土地入股	—	—
	铜冶镇	南任村	工业园区建设、中心镇建设	村集体出租土地	—	农地性质不变更
		桥门沟村	景区开发	开发商	—	龙凤湖联体别墅,一次开发,对当地就业带动作用小
		南铜冶村		村集体自建	—	退出原有宅基地难,实际扩大了占用建设用地数量
	山尹村镇	—	旅游开发	—	—
西部山区	宜安镇	东焦东队、东焦西队、东焦中队	工业园区建设	村集体自建		村庄行政区划调整困难,宅基地不能流转到别的村庄
	石井乡镇	天井沟、黄岩、山后张庄、东庄	特色林业开发	村集体自建	—	脱离采矿区
	白鹿泉镇	西土门村	特色林业开发	村集体提供土地,村民集资建房	—	—
	上寨乡	北寨、上寨、南寨、梁家庄	特色林业开发	开发商+村集体	—	村民贫困,无资金

数据来源:实地调查,2010

6.3 本章小结

本章针对第 5 章分析的石家庄城乡关系面临的具体问题,提出了石家庄城乡关系重构策略,即城乡统筹。首先阐述了城乡关系统筹发展的策略,包括发展小城镇承接城市与乡村、公共服务向农村延伸、依法规制度规范农村居民点的集中建设和用地调整、制度创新和法律建设,在此基础上提出了石家庄城乡关系统筹发展的保障措施,分别是统一规划和管理新市镇,加强农村公共服务多元供给渠道,渐进式推进"新民居建设"等。

7 结 语

　　自 2000 年以来,我国连续八个中央一号文件关注"三农"问题,2010 年一号文件标题直指"城乡统筹发展",我国已经到了以城带乡、以工促农的新阶段。对城乡统筹发展的研究大多局限在概念或者机制体制的定性描述上,却鲜有具体到城市空间城乡统筹发展的问题上。本书在对城乡关系相关概念和理论梳理的基础上,具体到石家庄这一具体地域考量石家庄城乡关系的历史演变与制度变迁,石家庄城乡关系的多维透视,石家庄城乡关系的具体问题以及石家庄城乡关系的重构,即采用城乡统筹的策略进行石家庄城乡关系的调整。

　　本书通过研究,主要得出以下五方面的结论:

　　1) 国内外城乡统筹发展的经验表明,农业结构调整、土地制度改革、公共服务均等化是统筹发展的核心环节

　　中东欧和中亚的城乡统筹经验主要体现在鼓励农村市场化进程上,具体的措施包括:(1)鼓励农民提高"非农收入",缩小城乡收入差距;(2)通过农业结构改革以及土地改革、农村金融推动农村地区市场化进程;(3)注重建立统筹城乡就业的管理体制,中东欧国家建立健全了农村劳动力转移的服务体系,在加强职业技能培训、保护农民合法权益方面做出了有益的尝试。

　　日本的城乡统筹经验主要体现在町村改造上:(1)采取"市町村合并"提高农村地区的行政效率;(2)注重农村法律保障;(3)促进农村多产业发展;(4)加强农村基础设施;(5)对农村实行倾斜政策等以保障农村地区的发展。

　　韩国的城乡统筹经验主要体现在农村基础设施建设上,韩国于 20 世纪 70 年代发起了"新村运动",制订了阶段性目标,分别是基础建设阶段、扩散阶段、充实和提高阶段、国民自发运动阶段、自我发展阶段,在对小城镇的营建上,各个阶段侧重点不同,划分了以开发据点为主的营造城镇阶段、以在开发基础上提升的营造小城镇阶段以及以全面提升为主的开发小城镇阶段。

　　德国的城乡统筹经验主要体现在德国城乡等值化运动上。这一发展模式不仅仅出现在德国,并从 20 世纪 90 年代开始成为欧盟农村政策的新方向。城乡等值化运动主要表现在"土地整理"上,通过对土地的确权流转,为农民增收、促进农民就业打下了良好的基础。并在此基础上总结了德国巴伐利亚州的五种土地整理类型,分别是常规性土地整理、简化土地整理、项目土地整理、快速土地合并、资源交换土地等。

　　我国刚刚进入统筹城乡发展阶段,各地进行了卓有成效的实践活动。其中,比较突出的是天津的宅基地换房、成都的"三集中"策略,以及各地对制度进行的改革,包括成都统一

城乡户籍,重庆发出"农转城"户口簿,浙江、山东两省的强镇扩权,北京农村集体土地试点建租赁房,四川省出台新农村总体规划编制办法等。

2) 石家庄城乡关系的历史演变呈现阶段性

不同的城乡关系发展阶段,城乡关系也处于不同的状态。具体表现在城乡分离时期农村的被动发展、城乡关联时期农村的主动嵌入以及城乡融合时期城乡的协调发展。

首先对石家庄城乡关系的历史演变进行梳理,得出交通因素、行政区划调整因素是促使城乡关系发生变化的重要影响因素。在此基础上描述了石家庄城乡关系在不同状态下的特征:①城市分离视角下的农村被动发展,主要从城市偏向的视角出发,中心城区的功能不断向周边扩散,外围县市承接中心城区"退二进三",进行了功能布局的调整,城镇建设用地"摊大饼"式扩展,这种视角下始终是以中心城区为核心的,外围县市的发展被动地位未曾得到改变,城乡关系也是一种处于分离状态的关系。②从城乡关联视角下的农村主动嵌入出发,强调外围县市的小城镇和农村在中心城区发生变化时,明确地意识到自身的发展应随中心城区的变化而动,因此,城乡关联视角下的城乡关系是一种积极主动的关系,它的具体过程包括都市型农业的兴起、农民非农收入的增加、农村城镇化进程的加速、农民就业结构向二三产转变。③首先,采用了城乡融合视角下的城乡协调发展的视角,分析了城乡要素双向流动下小城镇及城乡各方面的变化,通过运用断裂点、空间作用衰减率进行了石家庄都市区功能地域的划分,明确了中心城区辐射能力的可达范围。其次,从城镇体系角度树立了石家庄镇村格局变化下的新市镇建设;采用县域城乡统筹评价指标体系,选取收入、消费、投资、公共服务设施几个方面对石家庄城乡统筹发展水平进行分析,从城乡收入差距来看,石家庄城镇居民收入增长减缓,农村居民收入平稳增长;从城乡消费差距来看,石家庄城乡消费支出比呈逐年下降的趋势,说明农村消费水平提高,趋向理性化和合理化;从城乡投资差距来看,石家庄城乡投资比持续缩小,这与国家持续增加对农村地区的投资力度有关;从公共服务设施来看,农村公共服务设施匮乏的局面依然存在。最后,对石家庄各区县城乡统筹进程进行整体评价,采用"效率—公平"协调度的单效率指标模型对石家庄各区县城乡一体化进程进行整体评价,并且归纳了石家庄城乡关系的动力机制,分别是产业聚集区的拉动机制、中心城区集聚与扩散的推动机制、新城及小城镇的加速发展机制、城镇化及制度调控机制。结论是石家庄各区县存在城乡地域差异,主要表现在矿区、鹿泉、藁城、正定、辛集效率较高,而晋州、高邑、新乐、栾城、无极、深泽、元氏、正定公平度较高,综合起来看,都市区内部城市体现效率和公平双特征。

3) 石家庄当前城乡关系的具体问题体现在小城镇对农业人口就业吸纳不足、公共服务可得性差异以及农民城镇化困境等方面

通过上一章对石家庄城乡关系演变的空间特征及动力机制的梳理,结合问卷调查和统计数据明确了城乡关系的现状问题,分别是农地产出高,城乡差别小;村庄规模大,镇区规模小;农村工业园区集中度不高;农村人口滞留,住宅需求大等。接下来,从对石家庄县级市鹿泉市的基于千份问卷的实地调查,依现实情况着重分析了影响石家庄城乡关系变化的微观行为主体因素,问卷的分析结果集中在农民进城方式选择差异、公共服务设施均等化

差异、农民城镇化困境差异、外出务工流向及在外购房差异几个方面,这些差异的背后影响因素是农民自身的因素,包括教育水平、性别、年龄等,以及城市本身的因素,包括城镇化的滞后、产业的选择和同构,以及制度的因素,诸如户籍制度、土地制度、社会保障制度、就业制度、城市用工制度等。

4) 石家庄城乡统筹策略包括统一规划和管理新市镇建设、加强农村公共服务设施供给渠道、渐进式推进"新民居建设"

上一章首先阐述了城乡关系统筹发展的策略,包括发展小城镇、公共服务向农村延伸、制度创新和法律建设,其次概述了石家庄近年来有关调整城乡关系的具体做法,包括发展"新市镇"、公共服务的延伸方向、"新民居建设"等,最后在比较国内外关于上述几点的具体做法后,强调了石家庄所处的城乡关系发展阶段及石家庄城乡关系的特色和重点,提出统一规划和管理新市镇,加强农村公共服务多元供给渠道,渐进式推进"新民居建设"等。

目前,关于城乡统筹发展的研究多处于定性的讨论阶段,少有从空间视角讨论城乡统筹问题的,本书围绕石家庄这一具体地域,试图揭示特定地区特定阶段城乡关系发展的一般规律。围绕这个问题,本书从石家庄城乡关系的形成和演变进行梳理,接下来对石家庄现有的城乡关系进行多维透视,包括城乡分离视角下的农村被动发展、城乡关联视角下的农村主动嵌入、城乡融合视角下的城乡协调发展。在此基础上对石家庄城乡关系存在的问题进行梳理,首先是城乡关系面临的一般问题;其次是基于石家庄鹿泉市的千份问卷对石家庄城乡关系的重点和难点进行概括,分别从农民进城方式选择差异、公共服务均等化差异、农民城镇化困境差异、外出务工流向及在外购房差异进行研究;最后,在问题基础上提出石家庄城乡关系重构的策略,即城乡统筹,提出统一规划和管理新市镇建设、加强农村公共服务设施供给渠道、渐进式推进"新民居建设"几个方面。

附件 A：鹿泉市城乡一体化规划居民调查问卷

您好！根据市委、市政府的工作要求，为科学编制《石家庄都市区城乡一体化规划(2009—2030)》以及四县市域一体化规划，规划编制组对都市区村庄进行基本情况的摸排调查，以便科学制定城乡统筹发展策略。由于本次调查将成为石家庄乡村地区发展宏观政策的重要依据，**请您务必如实、认真填写**。感谢您的大力支持！

1. 性别：(1) 男＿＿＿＿　(2) 女＿＿＿＿
2. 年龄：＿＿＿＿岁
3. 文化程度：
   (1) 初中以下＿＿＿＿　(2) 初中＿＿＿＿　(3) 高中或中专＿＿＿＿　(4) 高中以上＿＿＿＿
4. 您居住在＿＿＿＿＿＿＿＿乡/镇＿＿＿＿＿＿＿＿村。
5. 您2009年的年收入大概为＿＿＿＿＿＿＿＿元，其中，＿＿＿＿＿＿＿＿%是本地农业生产所得，＿＿＿＿＿＿＿＿%是外地务工所得。
6. 您没有迁入城镇生活，是因为：
   (1) 没有条件　(2) 喜欢乡村环境　(3) 需就近承包地，从事农业生产　(4) 舍不得亲戚邻里关系　(5) 不愿失去承包地　(6) 从来没想过
7. 以下两种选择，您会选择哪一种？
   (1) 政府将基础设施(道路、供水等)延伸到本地
   (2) 政府将同样的投资转为安置费，将您迁居城镇
8. 如果让您选择进城方式，您会选择以下哪种？
   (1) 就近迁入中心村　(2) 就近迁入小城镇　(3) 迁入县城
9. 如果因为建设需要征用您的土地，您认为以下哪种方式的补偿更有利于自己的长远发展：
   (1) 房子＿＿＿＿　(2) 资金＿＿＿＿　(3) 社保＿＿＿＿　(4) 投资企业的股份＿＿＿＿　(5) 技术培训＿＿＿＿　(6) 就业岗位＿＿＿＿　(7) 其他＿＿＿＿
10. 在以下政府可能提供的帮助中，您最需要的是：
    (1) 提供进城就业的各种技能培训＿＿＿＿　(2) 改善农业生产设施＿＿＿＿　(3) 改善农业生产的组织和销售＿＿＿＿　(4) 改善村容村貌＿＿＿＿。
11. 您认为现在你们村最缺少哪些公共设施？
    (1) 图书馆＿＿＿＿　(2) 体育设施＿＿＿＿　(3) 文化站＿＿＿＿　(4) 医疗设施＿＿＿＿　(5) 老年活动中心＿＿＿＿　(6) 其他＿＿＿＿

12. 您认为目前你们村的村容村貌和环境存在的问题是(可多选)：
   (1) 垃圾乱扔乱倒____ (2) 房屋规划凌乱____ (3) 街道、道路状况差____
   (4) 厕所卫生条件差____ (5) 工业污染严重____ (6) 村落绿化、美化差____
   (7) 其他____

13. 您认为要改善村容村貌,最重要的是：
   (1) 规划设计____ (2) 资金投入____ (3) 村干部组织____ (4) 居民素质的提高____ (5) 其他____

14. 您认为农业生产最有可能的出路在哪里：
   (1) 更多的人进城,剩下的村民拥有更多的土地,实现规模化生产____ (2) 发展特色农业____ (3) 提高农业的科技水平含量____ (4) 其他____ (5) 农业生产没有前景____

15. 您家在农业生产中遇到的主要困难是什么(可多选)？
   (1) 缺少资金投入____ (2) 劳动力不足____ (3) 缺乏销售渠道____ (4) 灌溉等基础设施差____ (5) 缺少技术____ (6) 农产品卖不出好价钱____ (7) 其他____,您认为最急需解决的是第____项。

16. 在农业生产方面,您最希望从政府那里得到什么帮助？
   (1) 种粮补贴____ (2) 给予信贷资金支持____ (3) 解决市场销售问题____
   (4) 技术支持____ (5) 帮助实现生产的组织化____ (6) 其他____

17. 您认为以下哪种农业生产的组织形式最利于提高农业产出：
   (1) 农户单独经营____ (2) 以公司的形式经营,实现规模化生产____ (3) 公司+农户的经营方式____ (4) 其他____

18. 村里有以下哪种类型的农民合作组织或协会？(可多选)
   (1) 经济合作组织____ (2) 文艺类协会或组织____ (3) 专业技术协会或组织____ (4) 基金或信贷方面的组织____ (5) 其他组织____ (6) 都没有____ (7) 不知道____

19. 您最希望有哪些农民组织？
   (1) 经济合作组织____ (2) 文艺类协会或组织____ (3) 专业技术协会或组织____ (4) 基金或信贷方面的组织____ (5) 其他组织____

20. 您家目前急需政府帮助解决的问题是(可多选)：
   (1) 养老问题____ (2) 就业问题____ (3) 看病难和看病贵____ (4) 孩子学费负担____ (5) 农产品销售问题____ (6) 基本生活保障问题____ (7) 其他____ (8) 不需要____
   请按急需程度排序：_____(最急需的在前面)。

附件B:鹿泉市城乡一体化规划乡镇调查问卷

_____ 镇(乡、街道)

尊敬的乡镇长、乡镇支书(您的姓名)_____,联系电话:_____

您好!根据市委、市政府的工作要求,为科学编制《石家庄都市区城乡一体化规划(2009—2030)》,在新的《城乡规划法》2008年1月1日开始实施的背景下,规划编制组对全市乡镇庄进行乡镇庄基本情况的调查,以便科学制定全市的城乡统筹发展策略。由于本次调查将成为石家庄市乡镇地区发展的宏观政策的重要依据,因此,**请您务必如实、认真填写**。感谢您的大力支持!

负责联络人: 电话:
调查单位:石家庄市人民政府   2010年5月

一、乡镇概况

1. 本乡镇截至2009年年底,共有行政村_____个,自然村_____个。
2. 共有户籍居民_____户,人口_____人,其中(1)男性_____人,女性_____人;(2)农业户_____人,非农户_____人。
3. 在所有户籍人口中,年龄在65周岁以上的_____人,14周岁以下的_____人。
4. 本乡镇本地就业人数约_____人。其中户口为本县其他乡镇的_____人,本市其他县的乡镇_____人,本市以外的_____人,分别为(哪里)_____人。
5. 外出务工人数_____。外出劳动力中,流向县城驻地的数量_____,流向石家庄市区的数量_____,流向石家庄市区以外的数量_____。主要去往城市_____
6. 本乡镇人口的受教育情况:
(1)小学及以下_____人 (2)初中_____人 (3)高中(包括中专、职技校)_____人 (4)大专_____人 (5)大学本科及以上_____人。

二、经济发展情况

7. 本乡镇企业总产值_____,固定资产投资_____,财政收入_____,农民人均收入_____。

8. 本乡镇农业总产值_____。其中:(1) 种植业总产值_____ (2) 林业总产值_____ (3) 畜牧业总产值_____ (4) 渔业总产值_____

9. 本乡镇主要的经济联系方向_____(包括市内城镇、省内城市)。

10. 本乡镇多数居民每人平均年收入(可多选):(1) 500元以下 (2) 1 000元左右 (3) 1 500元左右 (4) 2 000元或以上

11. 整体看,本乡镇家庭平均年收入与5年前相比:(1) 降低 (2) 差不多 (3) 稍有增加 (4) 明显增加

12. 整体看,本乡镇家庭收入主要来源中,务农收入占总收入的比例:(1) 无务农收入 (2) 20%以下 (3) 20%—40% (4) 40%—60% (5) 60%—80% (6) 80%以上

13. 本乡镇居民工作情况:(1) 务农_____人 (2) 本乡镇工厂_____人 (3) 经商_____人 (4) 农忙时务农,农闲时务工_____人 (5) 外地打工_____人 (6) 其他_____人,主要工作形式为_____。

14. 本乡镇共有乡镇企业_____家,共有职工_____人。

15. 主要生产_____(产品名称)的_____家;生产_____(产品名称)的_____家;生产_____(产品名称)的_____家;生产_____(产品名称)的_____家。(表格不够,可自行添加)

16. 相比较5年前,乡镇企业数目增加了_____家(或是减少了_____家)。

17. 本乡镇是否开发矿产资源:(1) 是 (2) 否;如果有,开发资源种类及储量分别为_____。

18. 本乡镇所辖村庄中重点发展的村庄有几个_____,请列举本乡镇有待发展的特色村庄,并详细说明重点发展村庄的发展条件,以及特色村庄的特别之处。
_____
_____

19. 本乡镇现状主要利用的交通通道名称以及主要的交通联系方向为(包括市内城镇、省内城市):_____
_____

20. 本乡镇内旅游资源情况(包括自然风景区、文物遗址以及有待开发的旅游资源等):
_____

21. 本乡镇是否有针对促进民营经济发展的相关政策?(1) 是 (2) 否。如果有,请说明:_____
_____

22. 近年来,本乡镇土地是否被征用过?(1) 是 (2) 否。如果有的话,已征用的土地面积大约多少_____,占到全乡镇面积的_____%。

如果土地被征用过,您认为在整个用地征用和房屋拆迁过程中存在哪些问题(比如,征用土地的补偿、安置政策、拆迁的补偿等方面)? 请说明:_____
_____

您认为合理的建议是什么：＿＿＿＿＿＿＿＿＿＿＿＿＿＿＿＿＿＿＿

三、基础设施情况

23. 专科学校、职业学校名称及学生数量＿＿＿＿＿＿＿＿＿＿＿＿＿＿
24. 中学数量、名称及学生人数＿＿＿＿＿＿＿＿＿＿＿＿＿＿＿＿＿
25. 医院数量、名称及床位数量＿＿＿＿＿＿＿＿＿＿＿＿＿＿＿＿＿
26. 集贸市场数量、名称及规模＿＿＿＿＿＿＿＿＿＿＿＿＿＿＿＿＿
27. 文化、体育设施数量、名称及规模＿＿＿＿＿＿＿＿＿＿＿＿＿＿
28. 水源位置＿＿＿＿＿＿＿，水厂规模＿＿＿＿＿＿＿，年用水量＿＿＿＿＿＿＿＿，服务范围＿＿＿＿＿＿＿＿。
29. 水源保护区是否有污染＿＿＿＿＿＿＿＿＿，何种类型的污染＿＿＿＿＿＿＿＿＿＿＿＿＿。
30. 现状垃圾的处理方式＿＿＿＿＿＿＿＿＿＿，垃圾填埋厂位置＿＿＿＿＿＿＿＿＿＿＿，垃圾产生量＿＿＿＿＿＿＿＿＿＿＿＿，服务范围＿＿＿＿＿＿＿＿＿＿＿＿＿＿。
31. 液化气换气方式＿＿＿＿＿＿＿＿＿＿＿，供气站位置＿＿＿＿＿＿＿＿＿，服务范围＿＿＿＿＿＿＿＿＿＿＿。
32. 污水排放、处理方式＿＿＿＿＿＿＿＿＿＿＿＿＿，服务范围＿＿＿＿＿＿＿＿＿＿＿＿＿＿。
33. 用电电源位置及规模＿＿＿＿＿＿＿＿＿＿＿＿＿＿，服务范围＿＿＿＿＿＿＿＿＿＿＿＿＿。
34. 本乡镇乘公交车是否方便：(1) 是　(2) 否。

四、其他

35. 对本地建设最不满意的地方：(1) 村镇面貌　(2) 交通条件　(3) 卫生条件　(4) 绿化环境　(5) 公共设施配套　(6) 市政设施配套　(7) 其他(注明)：＿＿＿＿＿＿
36. 您认为影响本镇进一步发展的主要问题是什么：(1) 居民素质　(2) 干部素质　(3) 经济资源　(4) 管理机制　(5) 土地资源　(6) 其他(注明)：＿＿＿＿＿＿

请自由说明您对本乡镇乡镇庄建设、经济发展的看法。
＿＿＿＿＿＿＿＿＿＿＿＿＿＿＿＿＿＿＿＿＿＿＿＿＿＿＿＿＿＿＿＿＿＿＿
＿＿＿＿＿＿＿＿＿＿＿＿＿＿＿＿＿＿＿＿＿＿＿＿＿＿＿＿＿＿＿＿＿＿＿
＿＿＿＿＿＿＿＿＿＿＿＿＿＿＿＿＿＿＿＿＿＿＿＿＿＿＿＿＿＿＿＿＿＿＿

非常感谢您提供的宝贵信息！

保密：本次调查内容仅为本次规划研究所用。根据《统计法》第三章第二十五条，本资料非经调查人同意，不得泄露。

附件C:鹿泉市城乡一体化规划行政村调查问卷

_____ 镇(乡、街道)_____村

尊敬的村长、村支书(您的姓名)_____,联系电话:_____
您好!根据市委、市政府的工作要求,为科学编制《石家庄都市区城乡一体化规划(2009—2030)》以及四县市域一体化规划,规划编制组对都市区村庄进行基本情况的摸排调查,以便科学制定城乡统筹发展策略。由于本次调查将成为石家庄乡村地区发展宏观政策的重要依据,**请您务必如实、认真填写**。感谢您的大力支持!

调查单位:石家庄市人民政府　　　　　　　　　　　　2010年3月
调查联络人:石家庄市规划局
　　　　　　中国城市规划设计研究院

一、村庄概况

1. 本村距离镇区_____千米,距离县城_____千米,距离石家庄市区_____千米。
2. 本村共有_____户,_____人。其中14岁以下的儿童_____人,65岁以上的老人_____人。
3. 本村共辖自然村屯_____个。其中,最大的自然村_____(名称),_____(户数),_____(人数);最小的自然村_____(名称),_____(户数),_____(人数)。
4. 本村所辖用地总面积_____亩。其中,村庄建设用地_____亩,农地_____亩。农地中,基本农田_____亩。另,水田_____亩,旱田_____亩,水塘_____亩,林地_____亩(如有其他请填写,其他1_____亩,其他2_____亩,其他3_____亩)。
5. 每户宅基地面积平均为_____亩。
6. 本村2009年在外打工的有_____人。其中_____人在镇上打工,_____人在县城打工,_____人在石家庄市打工,_____人在石家庄以外的地区打工。
7. 本村2000年在外打工的有_____人。其中_____人在镇上打工,_____人在县城打工,_____人在石家庄市打工,_____人在石家庄以外的地区打工。
8. 2008年农民人均纯收入为_____元。

9. 不同收入类型农户的构成:以农业收入为主的户数_____,以务工收入为主的户数_____,以经商收入为主的户数_____,以创业收入为主的户数_____。

10. 本村劳动力数量_____。其中:在本村的劳动力数量_____;外出劳动力数量_____。外出劳动力中,流向乡镇政府驻地的数量_____,流向石家庄市区的数量_____,流向石家庄市区以外的数量_____。

二、经济发展情况

11. 本村主要有哪些类型合作经济组织(如龙头企业+农户、产业协会等):
_____、_____、_____、_____。
参与以上任一合作经济组织的农户总数量_____。

12. 列举本村两种主要粮食作物_____、_____,种植面积分别是_____(亩)、_____(亩),其中订单农业面积_____(亩)。

13. 本村种粮大户的户数_____,种蔬菜大户的户数_____,畜牧业大户的户数_____。

14. 本村的特色产业是_____,特色产业兴起的原因是(四选一):(1) 长久的历史 (2) 个别"能人"带动 (3) 政府帮扶带动 (4) 其他

15. 农副产品的主要销售地区(可多选):(1) 本乡镇____ (2) 石家庄市区____ (3) 其他省市____

16. 村里工业企业数(家)_____,占地面积(亩)_____。村里企业的产品是什么?_____。共有工人(人)_____,其中:来自外地(人)_____。

17. 本村村民主要收入构成的大致比例:(1) 种粮食_____% (2) 种经济作物(如水果、蔬菜等)_____% (3) 养殖家畜家禽_____% (4) 在本地工业企业的工资收入_____% (5) 在外地经商工作收入_____% (6) 村委会集体股份分红(如预留地承包费、集体企业利润等)_____% (7) 从事交通运输、餐饮业、旅游业等第三产业的收入_____%。

18. 本村有哪些集体经济?贵村对发展集体经济有哪些设想(如村办企业、招商引资、发展旅游)?
_____
_____
_____
_____

19. 本村村民大约有多少户已经在城区或镇区购买了商品房?_____。比例占到整个村民户数的多少?_____%。这些人中,到乡镇政府驻地买房的户数_____;到县政府驻地买房的户数_____;到石家庄城区买房的户数_____。

20. 您认为,本村是否存在民宅建设占地过大的情况?(1) 是 (2) 否。

21. 您认为,本村是否存在村寨集中安置,腾出空地的可能性。(1) 是 (2) 否。

22. 如果可能的话,您认为村庄改造的较好方式是什么?请说明:

23. 近年来,本村土地是否被征用过?(1)是 (2)否。如果有的话,已征用的土地面积大约多少?_____,占到全村面积的_____%。

24. 如果土地被征用过,您认为在整个用地征用和房屋拆迁过程中存在哪些问题(比如,征用土地的补偿、安置政策、拆迁的补偿等方面)?请说明:

您认为合理的建议是什么:

25. 据您了解,本村村民是否存在放弃农民身份,转化为城市居民的愿望?(1)愿意 (2)不愿意。请您说明愿意或者不愿意的原因:

三、基础设施情况

26. 农业灌溉用水是否充足:(1)是 (2)否;主要水源:(1)水井;(2)水库;(3)河流。
27. 本村农业机械化的覆盖率是_____。
28. 参加过农业技术培训的农户总数量_____。
29. 农副产品的销售途径(二选一):(1)以个人卖给收购商为主;(2)以通过合作组织销售为主。
30. 本村获取农业信息(如农产品价格走势等)的渠道(四选一):(1)以多年经验为主;(2)以电视报纸为主;(3)以电脑网络为主;(4)以农业经纪人为主。
31. 本村是否有小学:(1)是;(2)否。若有,年级数量_____;学生数量_____。
32. 本村是否有农药、化肥销售点:(1)是 (2)否。
33. 本村是否有农业培训点:(1)是 (2)否。
34. 本村是否有农机维修服务点:(1)是 (2)否。
35. 本村乘公交车是否方便:(1)是;(2)否;村中心位置距最近公交站点的距离_____米。
36. 未来发展设想(请认真填写,可写到问卷背面)。
37. 您认为本村发展面临的主要问题是什么?请说明您对本村村庄建设、经济发展、村民增收的看法。

_____

_____

非常感谢您提供的宝贵信息!

保密:本次调查内容仅为本次规划研究所用。根据《统计法》第三章第二十五条,本资料非经调查人同意,不得泄露。

参考文献

[1] [美]阿瑟·刘易斯.1989.二元经济论[M].施炜,译.北京:北京经济学院出版社.
[2] [美]阿瑟·刘易斯.1998.经济增长理论[M].周师铭,沈丙杰,译.北京:商务印书馆.
[3] 安虎森,陈明.2005.工业化、城市化进程与我国城市化推进的路径选择[J].南开经济研究,1:48-54.
[4] [美]巴泽尔.1997.产权的经济分析[M].费方域,段毅才,译.上海:上海人民出版社.
[5] 曹广忠.1998.改革开放以来中国城市体系空间格局发展变化研究[D].北京:北京大学.
[6] 曹菊新.2001.现代城乡网络化发展模式[M].北京:科学出版社.
[7] 柴彦威,史中华,王宏伟.2001.地域轴的概念、形成过程及其政策意义[J].城市规划,25(5):24-28.
[8] 陈波翀,郝寿义,杨兴宪.2004.中国城镇化快速发展的动力机制[J].地理学报,59(6):1068-1075.
[9] 陈明生.2005.马克思主义经典作家论城乡统筹发展[J].当代经济研究,3:13-16.
[10] 陈天惠,刘盛和.2009.我国流动人口研究综述[J].安徽农业科学,37(30):14940-14942.
[11] 陈锡文.2010.必须增强农民自身的发展能力[N].农民日报,2010-04-12.
[12] 陈向明.2010.质的研究方法与社会科学研究[M].北京:教育科学出版社.
[13] 陈洋,李郇,许学强.2007.改革开放以来中国城镇化的时空演变及其影响因素分析[J].地理科学,4(2):142-148.
[14] 陈映芳.2003.征地农民的市民化——上海市的调查[J].华东师范大学学报(哲学社会科学版),35(3):88-95.
[15] 陈玉福,孙虎,刘彦随.2010.中国典型农区空心村综合整治模式[J].地理学报,65(6):727-735.
[16] 成都市国土局.2008.郫县唐元镇长林村拆院并院概况[EB/OL].2008-04-15. http://www.chengdu.gov.cn/GovInfoOpens2/detail_allpurpose.jsp?id=TU2GPNHO81czIe49fpmW.
[17] 成都市统计局.1981—2009.成都市统计年鉴[M].北京:中国统计出版社.
[18] 程亮,郭剑雄.2005.农民工的市民化问题探微[J].中北大学学报(社会科学版),

21(1):26-28.

[19] 崔功豪,马润潮.1999.中国自下而上城镇化的发展及其机制[J].地理学报,2:12-21.

[20] [美]大卫·哈维.2006.希望的空间[M].南京:南京大学出版社.

[21] [美]大卫·哈维.2011.资本之谜:人人需要知道的资本主义真相[M].北京:电子工业出版社.

[22] 丁万钧,李诚固.2004.基于全球化环境平台的长春市城镇化动力机制和支撑体系[J].东北师范大学学报:自然科学版,3:108-114.

[23] 董黎明,袁利平.2000.集约利用土地——21世纪中国城市土地利用的重要方向[J].中国土地科学,14(5):6-8.

[24] 杜受祜,丁一.1988.中国城市化道路——思考与选择[M].成都:四川大学出版社.

[25] 杜志雄,张兴华.2006.世界农村发展与城乡关系演变趋势及政策分析[J].调研世界,7:7-8.

[26] 段娟,文余源,鲁奇.2006.近十五年国内外城乡互动发展研究述评[J].地理科学进展,25(4):118-128.

[27] 恩格斯,葆华,其伺.1951.论住宅问题(Vol.1,p.955)[M].人民出版社.

[28] 樊琳,孙华强.2005.紧扣规划 因地制宜 三种农村居民点整理模式的实践[J].浙江国土资源,11:34-36.

[29] 范丹宇.2002.我国城镇化战略与模式分析的视角转换——空间结构变动的演化机制[J].科学学与科学技术管理,6:60-62.

[30] 冯健,杜巍.2000.对小城镇发展与规划中几个基本问题的诠释[J].人文地理,5:10-13.

[31] 冯健.2001.1980年代以来我国小城镇研究的新进展[J].城市规划汇刊,3:28-33.

[32] 傅崇兰,李红玉.2003.中国城镇化与城乡一体化理论与实践问题研究[J].社会科学管理与评论,1:79-80.

[33] 高燕.2004.农村居民点用地整理的适宜性评价模式及政策选择[D].杭州:浙江大学硕士学位论文.

[34] 葛雄灿,张三庆.2002.农村居民点用地的调查与思考[J].经济地理,S1:100-104.

[35] 辜胜阻.1991.非农化与城镇化研究[M].杭州:浙江人民出版社.

[36] 郭建军.2007.日本城乡统筹发展的背景和经验教训[J].国际农业,2:27-30.

[37] 国家体改委中国小城镇课题组.1996.体制变革与中国小城镇发展[J].中国农村经济,3:11-16.

[38] 国家统计局石家庄调查队.2000—2009.石家庄统计年鉴[M].北京:中国统计出

版社.

[39] 藁城县统计局.2002—2009.藁城县国民经济统计资料[M].内部发行.

[40] 韩俊.2010.城乡统筹发展中的几个问题和误区[J].中国发展观察,3:9-11.

[41] 杭州西湖区档案馆.2002.杭州市撤村建居农转居多层公寓建设管理实施办法[EB/OL]. http://www.hzxhqda.zj001.netshow_hdr.phpxname=U7M1LU0&dname=TNSHM01&xpos=111.

[42] 何炳生.2008.工业反哺农业的理论与实践研究[M].北京:人民出版社.

[43] 何流,崔功豪.2000.南京城市空间扩展的特征与机制[J].城市规划汇刊,6:56-61.

[44] 何一民.1994.中国城市史纲[M].成都:四川大学出版社.

[45] 胡必亮,马昂主.1993.城乡联系理论与中国的城乡联系[J].经济学家,4:98-109.

[46] 胡智勇.2001.新时期沿海发达地带城市化动力机制与战略对策的实例研究[J].科技进步与对策,6:27-29.

[47] 黄建伟,江芳成.2009.韩国政府"新村运动"的管理经验及对我国新农村建设的启示[J].理论导刊,4:1-4.

[48] [美]黄宗智.2000.华北的小农经济与社会变迁[M].北京:中华书局.

[49] 焦必方,孙彬彬.2008.日本的市町村合并及其对现代化农村建设的影响[J].现代日本经济,161(5):40-47.

[50] 河北省统计局.2011.河北经济年鉴[M].北京:中国统计出版社.

[51] 敬松,黄茂军.1998.集体土地入市研究的现状及走向[J].重庆工业管理学院学报,12(1):68-71.

[52] 李阿琳.2009.日本农村分散集落中小城市的出现及其特征[J].城市规划,33(5):50-59.

[53] 李兵弟.2010.城乡统筹规划:制度构建与政策思考[J].城市规划,12:24-32.

[54] 李兵弟.2004.关于城乡统筹发展方面的认识与思考[J].城市规划,6:9-19.

[55] 李兵弟.2011.中国城乡统筹规划的实践探索[M].北京:中国建筑工业出版社.

[56] 李春华,张小雷,王薇.2003.新疆城镇化过程特征与评价[J].干旱区地理,(4):396-401.

[57] 李垚.2000.城镇化过程中农民进城就业问题研究[D].北京:中国农业大学博士学位论文.

[58] 李国平.2004.首都圈结构、分工与营建战略[M].北京:中国城市出版社.

[59] 李汉宗,单欣欣.2007.城市化理论的发展与城市化概念的规范化[J].中国西部科技,8:29-32.

[60] 李洁.2009.论石家庄城市发展演变[J].才智,26:116-117.

[61] 李水山.2006.韩国新村运动及启示[M].南宁:广西教育出版社.

[62] 李王鸣,王纯彬.2002.温台地域城镇化机制与转型分析[J].经济地理,5:

598-601.

[63] 李银河.1994.生育与村落文化[M].北京:中国社会科学出版社.

[64] [美]理查德·P.格林,詹姆斯·B.皮克.2011.城市地理学[M].北京:商务印书馆.

[65] 刘剑锋,[日]寺原让治.2005.中国西南地区中小城市人口流动分析及对城镇化的启示——5个案例城市及农户调查[J].城市规划学刊,3:18-23.

[66] 刘觉民,唐常春,金卫华.2002.湖南省农村居民点建设用地规划管理的探讨[J].经济地理,22(6):7501-7503.

[67] 刘世定.1995.乡镇企业发展中对非正式社会关系资源的利用[J].改革,2:62-68.

[68] 刘文纪.2010.中国农民就地城镇化研究[M].北京:中国经济出版社.

[69] 刘西锋,李诚固,谭雪兰.2002.东北地区城镇化的特征与机制分析[J].城市问题,(5):17-23.

[70] 刘彦随,邓旭升,甘红.2005.我国城市土地利用态势及优化对策[J].重庆建筑大学学报,27(3):1-3.

[71] 刘英杰.2004.德国农业和农村发展的政策特点及启示[J].世界农业,2:36-39.

[72] 龙花楼,李裕瑞,刘彦随.2009.中国空心化村庄演化特征及其动力机制[J].地理学报,10:1203-1213.

[73] 路永忠,陈波翀.2005.中国城镇化快速发展的机制研究[J].经济地理,4:506-510.

[74] 罗其友,高明杰,张晴,等.2010.城乡统筹发展研究[M].北京:气象出版社.

[75] 鹿泉市统计局.2002—2009.鹿泉县国民经济统计资料[M].内部发行.

[76] 栾城县统计局.2002—2009.栾城县国民经济统计资料[M].内部发行.

[77] [德]马克思,恩格斯.1997.共产党宣言[M].北京:人民出版社.

[78] [德]马克思,恩格斯.1972.马克思恩格斯全集(第3卷)[M].北京:人民出版社.

[79] [德]马克思.1953.资本论第三卷[M].北京:人民出版社.

[80] [德]马克思.2004.资本论第一卷[M].北京:人民出版社.

[81] 马远军,张小林.2006.我国城乡关系研究动向及其地理视角[J].地理与地理信息科学,22(3):78-84.

[82] 毛丹,王燕锋.2006.J市农民为什么不愿做市民[J].社会学研究,6:45-73.

[83] 毛丹.2006.现代企业的激励策略[J].科技经济市场,7:171.

[84] [美]刘易斯·芒福德.2005.城市发展史[M].宋俊岭,倪文彦,译.北京:中国建筑工业出版社.

[85] [美]M.P.托达罗.1988.第三世界的经济发展(上、下)[M].北京:中国人民大学出版社.

[86] [美]托达罗.1988.第三世界的经济发展[M].于同申,译.北京:中国人民大学出版社.

[87] 孟晓晨.1992.城乡劳动力的转移与城市化[J].地理学报,47(5):442-447.

[88] 苗运周.2007.农村城镇化问题理论与实证研究——基于县域经济框架[D].济南:山东大学硕士学位论文.

[89] 闵捷,张安录,高魏.2007.江汉平原农地城市流转与经济发展阶段的耦合关系[J].地理与地理信息科学,1:68-71.

[90] 穆光宗.2011.思考"农民荒"[J].劳动保障世界,1:4-5.

[91] 宁越敏.1998.新城镇化进程——90年代中国城镇化动力机制和特点探讨[J].地理学报,5:470-477

[92] 农民日报.2011.2010年新农村建设和城乡统筹领域大事盘点[EB/OL].2011-01-01.http://news.aweb.com.cn/2011/1/1/1172011101011004430.html.

[93] 唐鹏.2009."全域成都"规划探讨[J].规划师,8(25):31-34.

[94] 齐永忠,陈宏毅.2008.发展天津市沿海都市型现代农业的对策[J].时代财经,97(6):89-90.

[95] [美]H.钱纳里,S.鲁宾逊,M.赛尔奎因.1989.工业化和经济增长的比较研究[M].上海:上海三联书店.

[96] 乔森.2009.国外城乡统筹发展的历史实践与经验借鉴[EB/OL].2009-03-20.http://www.curb.com.cn/dzzz/sanji.asp?id_forum=012308.

[97] [韩]权晤赫.2002.韩国小城镇政策展开过程与发展方向[C]//韩国地方行政研究院.小城镇开发,如何进行.

[98] 人民网.2010.天津滨海新区创新服务模式,探索基层社会管理新模式[EB/OL].2010-06-16.http://www.022net.com/2010/6-16/485157262721107.html.

[99] [日]岸根卓郎.1990.迈向21世纪的国土规划——城乡融合系统设计[M].高文琛,译.北京:科学出版社.

[100] 石成球.2000.关于我国城市土地利用问题的思考[J].城市规划,24(2):11-15.

[101] 石家庄地区地方志编纂委员会.1994.石家庄地区志[M].北京:文化艺术出版社.

[102] 石家庄市地方志编纂委员会.1998.石家庄市志(第二卷)[M].北京:中国社会出版社.

[103] 石家庄市地方志编纂委员会.1995.石家庄市志(第一卷)[M].北京:中国社会出版社.

[104] 石家庄市郊区志编纂委员会.1995.石家庄郊区志[M].北京:中国社会出版社.

[105] 石家庄客运站.2012.石家庄客运总站长途汽车班次查询[EB/OL].http://www.sjz-kyzz.comcheci.htm.

[106] 石家庄市城乡规划局.2010.石家庄市城市总体规划(2010—2020)[R].

[107] 石家庄市规划局.1994.石家庄市规划志[M].北京:新华出版社.

[108] 石家庄统计局.2010.石家庄统计年鉴(2009)[M].北京:中国统计出版社.

[109] 石忆邵.2002.沪苏浙经济发展的趋异性特征及区域经济一体化[J].中国工业经济,(9):23-31.

[110] 四川机构网.2009.国务院批复成都统筹城乡发展九方面先行先试[EB/OL].2009-06-18. http://news.scjg.com.cn/printarticle.asp?id=54361.

[111] 四川在线.2009.成都统筹城乡综合配套改革试验总体方案解读[EB/OL].2009-05-22. http://sichuan.scol.cn/cddt/20090522/200952253257.htm.

[112] 苏雪串.2005.中国的城镇化与二元经济转化[M].北京:首都经济贸易大学出版社.

[113] [英]托马斯·莫尔.1982.乌托邦[M].戴镏龄,译.北京:商务印书馆.

[114] 天津市统计局.2002—2010.天津市统计年鉴[M].北京:中国统计出版社.

[115] 托达罗.1988.第三世界的经济发展[M].中国人民大学出版社.

[116] 汪宇明.2002.核心—边缘理论在区域旅游规划中的运用[J].经济地理,3:372-375.

[117] 王德文,程杰,赵文.2011.重新认识农民收入增长的源泉[J].云南财经大学学报,1:34-45.

[118] 王国霞,鲁奇.2007.中国近期农村人口迁移态势研究[J].地理科学,27(5):630-635.

[119] 王宏远,樊杰.2007.北京的城市发展阶段对新城建设的影响[J].城市规划,31(3):20-24.

[120] 王华,陈烈.2006.西方城乡发展理论研究进展[J].经济地理,3:463-468.

[121] 王建国,胡克.2003.农村居民点整理的必要性与可行性[J].国土资源,4:42-44.

[122] 王建军,吴志强.2009.城镇化发展阶段划分[J].地理学报,64(2):177-188.

[123] 王克忠.1996.农村集体土地入市的几个问题——兼论建立城乡统一的地产市场[J].中国土地科学,(S1):83-88.

[124] 王伦强,雍国玮.2008.农地整理可有效增加城市建设用地供给实现城乡综合配套发展——郫县唐元镇长林村"拆院并院"工作的调研报告[J].决策咨询通讯,1:42-47.

[125] 王小广.2010.别落入中等收入国家陷阱[EB/OL]. http://finance.ifeng.com/opinion/mssd/20101203/3.

[126] 王振亮.1999.试论小城镇的建设与乡镇工业化的发展[J].城市规划汇刊,1:7-10.

[127] 王华,陈烈.西方城乡发展理论研究进展[J].经济地理,2006,26(3):463-468.

[128] 隗瀛涛.1998.中国近代不同类型城市综合研究[M].成都:四川大学出版社.

[129] 温家宝.2011.2011政府工作报告[R],2011-03-15.

[130] 温铁军.2006."十五"期间中国农业问题及政策建议[EB/OL]. http://www.snzg.cn/article/2006/1029/art.

[131] 吴殿廷,王丽华,戎鑫,等.2007.我国各地区城乡协调发展的初步评价及预测

[J].中国软科学,10:111-135.

[132] 吴自聪,王彩波.2008.农村公共产品供给制度创新与国际经验借鉴——以韩国新村运动为例[J].东北亚论坛,17(1):72-76.

[133] 夏安桃,许学强,薛德升.2003.中国城乡协调发展研究综述[J].人文地理,18(5):56-60.

[134] 谢经荣.1996.明晰土地产权是划拨土地入市和调控土地收益的保障[J].中国土地科学,10(10):28-30.

[135] 新华网.2009.天津城乡居民医保一体化:参保缴费补贴标准统一[EB/OL].2009-09-05. http://www.tj.xinhuanet.com/2009-09/05/content_17608948.htm.

[136] 徐雪林,杨红,肖光强,等.2002.德国巴伐利亚州土地整理与村庄革新对我国的启示[J].土地整理与复垦,5:35-39.

[137] 夏振坤,李享章.1988.城市化与农业劳动力转移的阶段性和层次性[J].农业经济问题,1,19-23.

[138] 严冰.2009.城镇化的"土改"路径——以成都统筹城乡改革实践为例[J].城市发展研究,16(1):45-48.

[139] 杨庆媛,田永中,王朝科.2004.西南丘陵山地区农村居民点土地整理模式——以重庆渝北区为例[J].地理研究,23(4):469-478.

[140] 杨庆媛,张占录.2003.大城市郊区农村居民点整理的目标和模式研究[J].中国软科学,6:115-119.

[141] 杨亦民,陈和钧.2000.城镇化与耕地保护协调发展浅析[J].农村经济与科技,11(1):11-12.

[142] 姚洋.2007.新农村建设与农村发展观的转变[J].学习与探索,2:140-146.

[143] 叶裕民.2013.中国统筹城乡发展的系统架构与实施路径[J].城市规划学刊,1:1-9.

[144] [英]霍华德.2010.明日的田园城市[M].金经元,译.北京:商务印书馆.

[145] 于亚滨.2006.哈尔滨都市圈空间发展机制与调控研究[D].长春:东北师范大学博士学位论文.

[146] 袁俊,吴殿廷.2007.中国农村人口老龄化的空间差异及其影响因素分析[J].中国人口科学,3:41-47.

[147] 袁中金.2007.中国小城镇发展战略[M].南京:东南大学出版社.

[148] [英]约翰·伦尼·肖特.2011.城市秩序:城市、文化与权力导论[M].郑娟,梁捷,译.上海:上海人民出版社.

[149] 张富刚,刘彦随.2008.中国区域农村发展动力机制及其发展模式[J].地理学报,63(2):115-122.

[150] 张京祥,陆枭麟.2010.协奏还是变奏:对当前城乡统筹规划实践的探讨[J].国际城市规划,1:12-15.

[151] 张泉.2006.城乡统筹下的乡村重构[M].北京:中国建筑工业出版社.

[152] 张善余.2004.人口地理学概论[M].上海:华东师范大学出版社.

[153] 张正芬,王德.2009.经济发达地区农村居民点拆并和整理模式实践与评价——上海的经验[J].规划师,25(4):14-18.

[154] 张志斌.1999.城市土地利用面临的挑战与对策探讨[J].人文地理,14(3):36-40.

[155] 赵景海,秦新光,宫金辉,等.2007.哈尔滨都市区城镇化发展格局与调控思路[J].城市规划,31(9):25-29.

[156] 赵群毅.2009.城乡关系的战略转型与新时期城乡一体化规划探讨[J].城市规划学刊,6:47-51.

[157] 郑国,叶裕民.2009.中国城乡关系的阶段性与统筹发展模式研究[J].中国人民大学学报,6:87-92.

[158] 郑弘毅.1998.我国乡村城镇化的主要理论和基本特征[J].城乡建设,7:6-8.

[159] 政务网.2009.天津市城乡居民基本医疗保险和基本养老保障规定解读[EB/OL].2009-06-05. http://www.tgcoc.com/learn/zhengcedaodu/201006/04-574.html.

[160] 中国城市规划设计研究院.2010.鹿泉市城乡统筹规划总报告(2010—2030)[R].

[161] 中国城市规划设计研究院.2010.石家庄城乡统筹规划(2010—2030)[R].

[162] 中国城市科学研究会.2011.中国城市规划发展报告(2010—2011)[M].北京:中国建筑工业出版社.

[163] 中国建筑设计研究院.2005.国外城镇化发展模式[J].小城镇建设,6:74-76.

[164] 中国经济时报.2010.天津探索城乡统筹发展,以宅基地换房推城镇建设[EB/OL].2010-02-28. http://news.sohu.com/20100228/n270476330.shtml.

[165] 中国新闻网.2009.1.24万平方公里初现新型城乡形态[EB/OL].2009-08-12. http://news.sina.com.cn/c/2009-08-12/081016109390s.shtml.

[166] 周其仁.2010.还权赋能——成都土地制度改革探索的调查研究[J].国际经济评论,2:54-92.

[167] 周滔,杨庆媛,刘筱非.2003.西南丘陵山地区农村居民点整理难点与对策[J].中国土地科学,17(5):45-48.

[168] 周一星.1992.论中国城市发展的规模政策[J].管理世界,6.

[169] 周一星.1995.城市地理学[M].北京:商务印书馆.

[170] 周毅.2003.城镇化释义[J].锦州师范学院院报,5:101-105.

[171] 朱传民,程久苗,刘广栋,等.2005.农村居民点用地问题研究——以安徽宣城市为例[J].资源开发与市场,21(6):518-520.

[172] 朱红波.2005.湖北省农村居民点用地问题与对策[J].安徽农业科学,33(7):1331-1332.

[173] 朱磊,诸葛燕.2002.温州城镇化机制研究[J].经济地理,S1:166-170.

[174] 朱连海.2004.方城县农民建房用地情况的调查与建议[J].河南国土资源,5:18-19.

[175] 朱晓华,陈秧分,刘彦随,等.2010.空心村土地整治潜力调查与评价技术方法——以山东省禹城市为例[J].地理学报,6:736-744.

[176] 邹兵.2003.小城镇的制度变迁与政策分析[M].北京:中国建筑工业出版社.

[177] 中华人民共和国农业部.2009.中国农业发展报告[M].北京:中国农业出版社.

[178] 正定县统计局.2002—2009.正定县国民经济统计资料[M].内部发行.

[179] Adelaja A,K Sullivan,Y G Hailu. 2011. Endogenizing the planning horizon in urban fringe agriculture[J]. Land Use Policy, 28(1):66-75.

[180] Adell G. 1999. Theories and models of the peri-urban interface: A changing conceptual landscape[R]. Literature Review for the strategic environmental planning and management for the peri-urban interface research project, London: The Development Planning Unit, University College London.

[181] Adrián G Aguilar, Peter M Ward, C B Smith Sr. 2003. Globalization, regional development, and mega-city expansion in Latin America: Analyzing Mexico City's peri-urban hinterland[J]. Cities,20(1):3-21.

[182] Aguilar A G. 2008. Peri-urbanization, illegal settlements and environmental impact in Mexico City[J]. Cities,25(3):133-145.

[183] Aimin Chen, N Edward Coulson. 2002. Determinants of Urban Migration: Evidence from Chinese Cities[J]. Urban Studies, 39(12):2189-2197.

[184] Alan Geoffrey Wilson. 2000. Complex Spatial Systems: The Modelling Foundations of Urban and Regional Analysis[J]. Pearson Education, 36(4):446.

[185] Anders Lofgren. 2000. A thousand years of loneliness? Globalization from the perspective of a city in a European periphery[J]. Geoforum, 31:501-511.

[186] Angus Maddison Statistics on World Population. 2010. GDP and Per Capita GDP 1-2006[EB/OL]. http://www.ggdc.net/maddison/Historical_Statistics/horizontal-file_02-2010.xls.

[187] Arthur O'Sullivan. 2000. Urban Economics[M]. 4th ed. New York: The McGraw-Hill Companies.

[188] Athar Hussain, Peter Lanjouw, Nicholas Stern. 1994. Income Inequalities in China: Evidence from Household Survey Data[J]. World Development,22:1947-1957.

[189] Ayele Gelan. 2002. Trade Liberalisation and Urban-Rural Linkages: a CGE analysis for Ethiopis[J]. Journal of Policy Modeling, 24(7):707-738.

[190] Bengs C, Schmidt-Thomé K. 2005. Urban-rural relations in Europe[R]. Final report ESPON, Luxembourg.

[191] Bontje M, Burdack J. 2005. Edge cities, European-style: examples from Paris and the Randstad[J]. Cities, 22(4):317-330.

[192] Bontje M. 2005. Facing the challenge of shrinking cities in East Germany: The case of Leipzig[J]. Geojournal, 61:13-21.

[193] Breman J, Mundle S. 1991. Rural transformation in Asia[M]. Oxford:Oxford University Press.

[194] Brian Roberts, Robert J Stimson. 1998. Multi-sectoral qualitative analysis: a tool for assessing the competitiveness of regions and formulating strategies for economic development[J]. Regional Science, 32:469-494.

[195] Bright H, Davis J, Janowski M, et al. 2000. Rural non-farm livelihoods in Central and Eastern Europe and Central Asia and the reform process: A literature review [J]. World Bank Natural Resources Institute Report, (2633).

[196] Brotchie J, Newton P, Hall P, et al. 1999. East west perspectives on 21st Century urban development: sustainable eastern and western cities in the new millennium [J]. Ashgate, 9(3):430-432.

[197] Carter H, Wheatley S. 1979. Fixation lines and fringe belts, land uses and social areas: nineteenth-century change in the small town[J]. Transactions of the Institute of British Geographers, 4(2):214-238.

[198] Caruso G, Rounsevell M, Cojocaru G. 2005. Exploring a spatio-dynamic neighbourhood-based model of residential behaviour in the Brussels periurban area[J]. International Journal of Geographical Information Science, 19(2):103-123.

[199] C Cindy Fan. 2003. Rural-Urban migration and gender division of labor in transitional China [J]. International Journal of Urban and Regional Research, 27 (1):24-27.

[200] C Cindy Fan, Youqin Huang. 1998. Waves of rural brides: Female marriage migration in China[J]. Annals of the Association of American Geographers, 88(2):227-251.

[201] Cecilia Tacoli. 2003. The links between urban and rural development[J]. Environment and Urbanization, 15(3):3-12.

[202] Clonts H A. 1970. Influence of urbanization on land values at the urban periphery[J]. Land Economics, 4:489-497.

[203] Cooke P, Morgan K. 1993. The network paradigm: new departures in corporate and regional development[J]. Environment and Planning D. Society and Space, 11 (5):543-564.

[204] Dahiya B. 2003. Peri-urban environments and community driven development: Chennai, India[J]. cities, 20(5):341-352.

[205] David F Batten. 1995. Network Cities:Creative Urban Agglomerations for the

21st Century[J]. Urban Studies, 32(2):313-327.

[206] David P. 1989. Understanding the economics of QWERTY: The necessity of history[M]//William N Parker. Economic History and the Modern Economist. Oxford and New York: Black well.

[207] Davies J. 2002. Urban regime theory: A normative-empirical critique[J]. Journal of Urban Affairs, 24:1-17.

[208] Delik Hudalah. 2007. Peri-urbanisation in East Asia From spatial to institutional rationale[C]. The 1st IRSA Institute: The Role of Infrastructure in Achieving Millennium Development Goals, Bandung.

[209] De Roo G. 2008. A theory of transition and its relevance to planning theory and practice. A non-linear understanding of spatial development[C]. Proceedings of the VIIth meeting of Aesop's Thematic Group on Complexity and Planning.

[210] De Roo G. 2003. Environmental planning in the Netherlands: Too good to be true[M]. Aldershot: Ashgate.

[211] Douglass M. 1998. A regional network strategy for reciprocal rural-urban linkages: An agenda for policy research with reference to Indonesia[J]. Third World Planning Review, 20:1-34.

[212] Dupont V. 2007. Conflicting stakes and governance in the peripheries of large Indian metropolises — An introduction[J]. Cities, 24(2):89-94.

[213] EU Commission. 1999. European Spatial Development Perspective(ESDP):Towards balanced and sustainable development of the territory of the European Union[R].

[214] Firman, Tommy. 1998. The restructuring of Jakarta Metropolitan Area: A "global city" in Asia[J]. Cities, 15 (4):229-243.

[215] Firman, Tommy. 1996. Urban development in Bandung Metropolitan Region: A transformation to a Desa-Kota region[J]. Third World Planning Review, 18 (1):1-21.

[216] Ford T. 1999. Understanding population growth in the peri-urban region[J]. International Journal of Population Geography, 5(4):297-311.

[217] Friedman J R. 1966. Regional Development Policy: A Case Study of Venezuela [M]. Cambridge:MIT Press.

[218] Fujii T, Hartshorni T A. 1995. The changing metropolitan structure of Atlanta, Georgia: locations of functions and regional structure in a multinucleated urban area [J]. Urban Geography, 16(8):680-707.

[219] Gant R L, Robinson G M, Fazal S. 2011. Land-use change in the 'edgelands': Policies and pressures in London's rural-urban fringe[J]. Land Use Policy, 28 (1): 266-279.

[220] Gidwani V, Sivaramakrishnan K. 2003. Circular migration and the spaces of cultural

assertion[J]. Annals of the Association of American Geographers, 93(1):186-213.

[221] Gilbert A, Phimister E, Theodossiou. 2003. Low pay and income in urban and rural areas: Evidence from the British Household Panel Survey[J]. Urban Studies, 40(7):1207-1222.

[222] Gingsburg N. 1991. Extended metropolitan region in Asia: a new spatial paradigm[M]//Ginsburg N S, Koppel B. The Extended Metropolis: Settlement Transition Is Asia. Honolulu, HI: University of Hawaii Press.

[223] Gregory Veeck a, Clifton W Pannell. 1989. Rural Economic Restructuring and Farm Household Income in Jiangsu, People's Republic of China[J]. Annals of the Association of American Geographers, 79(2):275-292.

[224] Gregory Veeck. 1989. Rural Economic Restructuring and Farm Household income in Jiangsu, People's Republic of China[J]. Annals of the Association of American Geographers, 79:275-292.

[225] Huang S L, Wang S H, Budd W W. 2009. Sprawl in Taipei's peri-urban zone: Responses to spatial planning and implications for adapting global environmental change [J]. Landscape and urban planning, 90(1):20-32.

[226] Working Paper. Vrban and Regional studies constitute, Uriversity of Coronigneen.

[227] Hu D. 2002. Trade, rural-urban migration, and regional income disparity in developing countries: a spatial general equilibrium model inspired by the case of China[J]. Regional Science and Urban Economics, 32(3):311-338.

[228] Hudalah, D., De Roo, G. (2007). Transition: A Relevant Issue to Planning. Planning Theory. (Working paper. Urban and Regional studies institute. University of Groningen)

[229] Isabel Maria Madaleno. 2004. "Urban versus rural" no longer matches reality: an early public agro-residential development in periurban Santiago, Chile[J]. Cities, 21 (6):513-526.

[230] Islam N, Huda N, Narayan FB. 1997. Addressing the urban poverty agenda in Bangladesh: critical issues and the 1995 survey findings[M]. Dhaka: Dhaka University Press Ltd. 1997

[231] Jim C Y. 2000. The urban forestry programme in the heavily built-up milieu of Hong Kong[J]. Cities, 17(4):271-283.

[232] Johnson D G. 2002. Can agricultural labour adjustment occur primarily through creation of rural non-farm jobs in China? [J]. Urban studies, 39:2163-2174.

[233] Katherine V Gough, Paul Yankson. 2009. A neglected aspect of the housing market:the caretakers of peri-urban accra. Ghana[J]. Urban Studies, 48(4):793-810.

[234] Keeble D, Tyler P. 1995. Enterprising behavior and the urban-rural shift[J]. Urban Studies, 32:975-997.

[235] Kelly, Philip F. 1999. Everyday urbanization: The social dynamics of development in Manila's extended metropolitan region[J]. International Journal of Urban and Regional Research,23(2):283-303.

[236] Kironde J M L. 2000. Understanding land markets in African urban areas: The case of Dar es Salaam, Tanzania[J]. Habitat International, 24(2):151-165.

[237] Kivell P. 2002. Land and the city: patterns and processes of urban change [M]. New York:Routledge.

[238] Kombe J W M. 1994. The demise of public urban land management and the emergence of the informal land markets in Tanzania: A case of Dar-es-Salaam city[J]. Habitat International, 18(1):23-43.

[239] Kombe W J. 2005. Land use dynamics in peri-urban areas and their implications on the urban growth and form: The case of Dar es Salaam, Tanzania[J]. Habitat International, 29(1):113-135.

[240] Lai L W C. 2002. Planning and property rights in Hong Kong under constitutional capitalism[J]. International Planning Studies, 7(3): 213-225.

[241] L Bertolini, M Dijst. 2003. Mobility environments and network cities[J]. Journal of urban design, 8(1):27-43.

[242] Leaf M. 2002. A Tale of Two Villages: Globalization and Peri-Urban Change in China and Vietnam[J]. Cities, 19(1):23-31.

[243] Lee E S. 1966. A theory of migration[J]. Demography, 3(1):47-57.

[244] Li B, Y Lu. 2009. Geographic concentration and vertical disintegration: Evidence from China[J]. Journal of Urban Economics, 65(3):294-304.

[245] Ligmann-Zielinska A, P Jankowski. 2010. Exploring normative scenarios of land use development decisions with an agent-based simulation laboratory[J]. Computers, Environment and Urban Systems, 34(5):409-423.

[246] Li J, Chiang Y H, Choy L. 2011. Central-local conflict and property cycle: A Chinese style[J]. Habitat International, 35(1):126-132.

[247] Lin C C, C C Mai, P Wang. 2004. Urban land policy and housing in an endogenously growing monocentric city[J]. Regional Science and Urban Economics, 34(3):241-261.

[248] Lin G. 2001. Evolving Spatial Form of Urban-Rural Interaction in the Pearl River Delta, China[J]. The Professional Geographer, 53(1):56-70.

[249] Li Zhang. 2008. Conceptualizing China's urbanization under reforms[J]. Habitat International,32(4):452-470.

[250] Losada H, R Bennett, R Soriano, et al. 2000. Urban agriculture in Mexico

City:Functions provided by the use of space for dairy based livelihoods[J]. Cities,17(6): 419-431.

[251] Lynch K. 2005. Rural-urban Interaction in the Developing World[M]. New York: Routledge.

[252] Lewis W A. 1954. Economic developmort with unlimited supplies of labour [J]. The manchester school, 22(2): 139-191.

[253] Ma J C. 2006. The state of the field of urban China: A critical multidisciplinary over view of the literature[J]. China Information, 20(3):363-389.

[254] Maliti Musole. 2009. Property rights, transaction costs and institutional change:Conceptual framework and literature review[J]. Progress in Planning, 71:43-85.

[255] Ma L J, Cui G. 1987. Administrative changes and urban population in China [J]. Annals of the Association of American Geographers, 77(3):373-395.

[256] Ma L J C. 2005. Urban administrative restructuring, changing scale relations and local economic development in China[J]. Political Geography, 24(4):477-497.

[257] Ma L J C. 2002. Urban transformation in China,1949—2000: A review and research agenda[J]. Environment and Planning A, 34(9):1545-1569.

[258] Ma L J C, Wu F. 2004. Restructuring the Chinese city: changing society, economy and space[M]. New York: Routledge.

[259] Ma L J, Fan M. 1999. Urbanization from below:The growth of towns in Jiangsu, China[J]. Urban Studies, 31(10):1625-1645.

[260] Marco Bontje, Joachim Burdack. 2005. Edge Cities, European Style Examples from Paris and the Randstad[J]. Cities, 22(4):317-330.

[261] McGee T G. 1989. Urbanisasi or kotadesasi? Evolving patterns of urbanization in Asia[C]. Urbanization in Asia: Spatial dimensions and policy issues.

[262] McGee T, Lin G C S, Wang M, et al. 2007. China's urban space: development under market socialism[M]. New York: Routledge.

[263] McGee T, Robinson I. 1995. The new southeast Asia:Managing the mega-urban regions[M]. Vancouver, Canada: UBC Press.

[264] Miranda D, Crecente R, Flor Alvarez M. 2006. Land consolidation in inland rural Galicia, N. W. Spain, since 1950: Anexample of the formulation and use of questions, criteria and indicators for evaluation of rural development policies[J]. Land Use Policy, 23:511-520.

[265] Moffat T, Finnis E. 2005. Considering social and material resources: the political ecology of a peri-urban squattercommunity in Nepal[J]. Habitat International, 29(3): 453-468.

[266] Mukherjee A N, Kuroda Y. 2002. Convergence in rural development: Evi-

dence from India[J]. Journal of Asian Economics, 13(3):385-398.

[267] More, T. (1869). *Utopia* (No. 14) [M]. A. Murray & son.

[268] Overbeek G, Vader J. 2003. Urban pressure and rural land use[C]. The Congress of the European Society for Rural Sociology, Sligo.

[269] Padadopoulos A G. 2008. Planning on the edge: The context for planning at the rural-urban fringe[J]. Urban Studies, 45:454-456.

[270] Pain K. 2008. Examining "core-periphery" relationships in a global city-region: The case of London and South East England[J]. Regional Studies, 42(8):1161-1172.

[271] Pannell C W. 2002. China's continuing urbantransition[J]. Environment and Planning A, 34(9):1571-1589.

[272] Papadopoulos A G. 2008. Planning on the edge: The context for planning at the rural-urban fringe[J]. Urban Studies, 45(2):454-456.

[273] Paul J Zak, Yi Feng, Jacek Kugler. 2002. Immigration, fertility, and growth[J]. Journal of Economic Dynamics & Control, 26:547-576.

[274] Potter R B. 1993. The Urban-rural Interface in Africa — Expansion and Adapation[J]. Urban Studies, 30:1785-1786.

[275] Preston D. 1975. Rural-Urban and Inter-Settlement Interaction: Theory and Analytical Structure[J]. Area, 7:171-174.

[276] Q Lu, J Y Zhan, K W Lee. 2001. An overview on the urban rural interaction in the past 50 years in China[J]. Chinese Geographical Science, 3:193-200.

[277] Rachel Silvey. 2009. Development and geography: anxious times, anemic geographies, and migration[J]. Progress in Human Geography, 33(4):507-515.

[278] Rauws W S, Roo G de. 2009. Peri-urban dynamics: the exciting phenomenon of transition: A case study of Montpellier[R]. University of Groningen.

[279] Rauws W S, Roo G de. 2010. Peri-urban dynamics: towards managing transitional change. 6th Framework PLUREL European research project[R]. University of Groningen.

[280] Ravi Kanbur, Xiaobo Zhang. 1999. Which Regional Inequality? The Evolution of Rural-Urban and Inland-CoastalInequality in China from 1983 to 1995[J]. Journal of Comparative Economics, 27(4):686-701.

[281] Romein A. 1995. The Production Structure of Smaller Towns in Rural Regions in Latin America-A case from Northern Costa-Rica[J]. Urban Studies, 32:491-506.

[282] Rondinelli D A, Ruddle K. 1976. Urban functions in rural development: an analysis of integrated spatial development policy[R]. USAID.

[283] Roo De G, Porter G. 2007. Fuzzy Planning: the role of actors in a fuzzy governance environment[M]. Hampshire: Ashgate Publishing Limited.

[284] Rauws W S, Roo G de. 2010. Peri-urban dynamics: Towards managing transitional change. 6th Framework PLUREL European research project[R]. University of Groningen.

[285] Roo, G. D., Porter, G. (2007). Fuzzy planning: the role of actors in a fuzzy governance environment[M]. *Hampshire: Ashgate Publishing Limited.*

[286] Shen J F. 2006. Understanding dual-track urbanization in post-reform China: Conceptual framework and empirical analysis[J]. Population, Space and Place, 12(6):497-516.

[287] Shen Xiaoping, Ma Laurence J C. 2005. Privatization of rural industry and de facto urbanization from below in southern Jiangsu, China[J]. Geoforum, 36:761-777.

[288] Sieverts T. 2003. Cities without cities: an interpretation of the Zwischenstadt [M]. New York: Routledge.

[289] Siqi Zheng, Fenjie Long, C Cindy Fan, et al. 2009. Urban Villages in China: A 2008 Survey of Migrant Settlements in Beijing[J]. Eurasian Geography and Economics, 50(4):425-446.

[290] Soja E. 2000. Postmetropolis: Critical Studies of Cities and Regions[M]. Oxford: Blackwell.

[291] Song Y, Zenou Y, Ding C. 2008. Let's not throw the baby out with the bath water: the role of urban villages in housing rural migrants in China[J]. Urban Studies, 45(2):313-330.

[292] Southern Levant. 1998. Annals of the Association of American Geographers, 88:1, 107-125

[293] Sullivan W C, Anderson O M, Lovell S T. 2004. Agricultural buffers at the rural-urban fringe: an examination of approval by farmers, residents, and academics in the Midwestern United States[J]. Landscape and Urban Planning, 69(2):299-313.

[294] Sullivan W C, O M Anderson, S T Lovell. 2004. Agricultural buffers at the rural-urban fringe: an examination of approval by farmers, residents, and academics in the Midwestern United States[J]. Landscape and Urban Planning, 69(2-3):299-313.

[295] Susan M Walcott. 2006. Metropolitan spatial dynamics: Shanghai[J]. Habitat International, 30:199-211.

[296] Tacoli C. 1998. Rural-urban interactions: a guide to the literature[J]. Environment and Urbanization, 10:147-166.

[297] Tacoli C. 2003. The links between urban and rural development[J]. Environment and Urbanization, 15(1):3-12.

[298] Thomas K, Roberts P. 2000. Metropolitan strategic planning in England: Strategies in transition[J]. Town Planning Review, 71(1):25.

[299] G Tian, J Liu, Yxie, et al. 2005. Analysis of spatio-temporal dynamic pattern

and driving forces of urban land in China in 1990s using TM images and GIS[J]. Cities, 22(6):400-410.

[300] Tian G, J Liu, Z Zhang. 2002. Urban functional structure characteristics and transformation in China[J]. Cities, 19(4):243-248.

[301] Tim Unwin. 1997. Agricultural Restructuring and Integrated Rural Development in Estonia[J]. Journal of Rural Studies, 13(1):93-112.

[302] Todaro. 1996. Economic Development[M]. 6th ed. New Jersey: Addison Wesley publishing company.

[303] Topfer K. 2000. Rural Poverty, Sustainability and Rural Development in the 21st Century: A Focus on Human Settlements[J]. Zeitschrift Für Kulturtechnik Und Landentwicklung, 41:98-105.

[304] Thomas K, Roberts P. (2000). Metropolitan strategic planning in England: Strategies in transition[J]. Town Planning Review, 71(1): 25.

[305] Walcott S M, Pannell C W. 2006. Metropolitan spatial dynamics: Shanghai[J]. Habitat International, 30(2):199-211.

[306] Wang Y, Scott S. 2008. Illegal farmland conversion in China's urban periphery: local regime and national transitions[J]. Urban Geography, 29(4):327-347.

[307] Watson V. 2009. "The planned city sweeps the poor away…": Urban planning and 21st century urbanisation[R]. Progress in planning, 72(3):151-193.

[308] Webster D, Cai J, Muller L, et al. 2003. Emerging third stage peri-urbanization: Functional specialization in the Hangzhou peri-urban region[R]. Research Monograph. Stanford, CA: Asia-Pacific Research Center, Stanford University.

[309] Webster D, Muller L. 2002. Challenges of peri-urbanization in the Lower Yangtze Region: The case of the Hangzhou-Ningbo Corridor[R]. Asia/Pacific Research Center.

[310] Webster D, Muller L. 2000. Urban competitiveness assessment in developing country urban regions: the road forward[J]. Urban Group, INFUD, 17: 47.

[311] Webster D. 2002. On the edge: Shaping the future of peri-urban East Asia[R]. Asia/Pacific Research Center.

[312] Webster F. 2014. Theories of the Information Society[M]. New York: Routledge.

[313] Wehrwein G S. 1942. The rural-urban fringe[J]. Economic Geography, 18(3):217-228.

[314] Wellman B, Berkowitz S D. 1988. Social structures: A network approach[M]. Cambridge: Cambridge University Press.

[315] Wing Shing Tang, Him Chung. 2002. Rural-urban transition in China: illegal land use and construction[J]. Asia Pacific Viewpoint, 43(1):43-62.

[316] Kombe W J. 2005. Land use dynamics in peri-urban areas and their implications on the urban growth and form: The case of Dar es Salaam,Tanzania[J]. Habitat International, 29(1):113-115.

[317] Xu Wei, Tan K C. 2001. Reform and the process of economic restructuring in rural China: A case study of Yuhang,Zhejiang[J]. Journal of Rural Studies, 11:165-181.

[318] Xu Y,B Tang, E H W Chan. 2011. State-led land requisition and transformation of rural villages in transitional China[J]. Habitat International, 35(1):57-65.

[319] Yeung H W, Lin G C S. 2003. The orizing economic geographies of Asia[J]. Economic Geography, 79(2):107-128.

[320] Yeung H W. 2009. Regional development and the competitive dynamics of global production networks: an East Asian perspective[J]. Regional Studies, 43(3):325-351.

[321] Yeung Y. 2005. The Pearl River Delta mega urban-region: Internal dynamics and external linkages[R]. Shanghai – Hong Kong Development Institute.

[322] Zebardast E. 2006. Marginalization of the urban poor and the expansion of the spontaneous settlements on the Tehran metropolitan fringe[J]. Cities, 23(6):439-454.

[323] Zhang K H. 2003. Rural-urban migration and urbanization in China:Evience from time-series and cross-section analyses[J]. Economic Review, 14(4):386-400.

[324] Zhang K H. 2002. What explains China's rising urbanisation in the reform era? [J]. Urban Studies, 39(12):2301-2315.

[325] Zhang L. 2004. Chinas limited urbanization: under socialism and beyond[M]. New York: Nova Science Publishers.

[326] Zhang L. 2008. Conceptualizing China's urbanization under reforms[J]. Habitat International, 32(4):452-470.

[327] Zhao P, Lü B, Roo De G. 2010. Urban expansion and transportation: the impact of urban form on commuting patterns on the city fringe of Beijing[J]. Environment and planning. A, 42(10):2467.

[328] Zhao P, Lü B, Woltjer J. 2009. Conflicts in urban fringe in the transformation era: An examination of performance of the metropolitan growth management in Beijing [J]. Habitat international, 33(4):347-356.

[329] Zhao P. 2011. Managing urban growth in a transforming China: Evidence from Beijing[J]. Land Use Policy, 28(1):96-109.

[330] Harvey, D. (1978). The urban process under capitalism: a framework for analysis. *International journal of urban and regional research*, 2(1-4), 101-131.

[331] Zhang K H. What Explains China's RisingUrbanisation in the Reform Era? [J]. Urban Studies, 2002, 39(12):2301-2315.